U0949124

华东政法大学国际金融法律学院
上海“五个中心”建设丛书

现货与衍生品
跨市场监管研究

刘凤元 ◎ 著

上海人民出版社

目录

跨市场操纵的市场化约束机制

跨市场监察、信息分享及危机处置的国际经验

价格操纵监管的国际经验

国内跨市场价格操纵的监察与监管

价格操纵监管相关建议

第一章

导　论

第一节　研究背景与意义

自 1995 年债券期货因价格操纵退市后，我国的金融衍生品种一直缺位，这种状况一直延续到 2010 年 4 月沪深 300 指数期货开始交易。而从全球金融产品交易量看，近年来，金融衍生品特别是股指类衍生品交易量持续大幅度上升。金融衍生品能够为现货市场投资者提供避险工具，同时也为投机者提高了更多的选择。各国为提升金融市场竞争力，纷纷开发各类指数期货、期权等金融衍生品种。

为提升国内金融市场竞争力，2006 年 9 月中国金融期货交易所在上海成立。2010 年 4 月 16 日沪深 300 指数期货开始交易，标志着中国金融衍生品市场进入了新的历史阶段。虽然股指期货为国内市场提供了新的机会，但值得注意的是，在中国证券和期货市场规范化的过程中，价格操纵一直是一个突出问题。20 世纪 90 年代，国内期货交易所曾经多达 50 个以上，期货品种多达 35 个，但因“少数机构和个人联手操纵市场，牟取暴利”，国务院最终仅保留了上海、郑州和大连 3 家期货交易所，品种压缩到 12 个。①

衍生品市场，特别是金融衍生品市场，具有高风险、高技术性等特征，而且与现货市场息息相关，使得衍生品和现货交易的跨市场影响的层面很广，形态上也比单一市场更加复杂，危害性更大。而对价格操纵的法律认定和研究，一般都是事后的。这种事后研究和认定不能改变价格操纵行为已经发生和已经给市场带来危害的事实。因此，金融衍生品市场建立后，如何维持现货与衍生品市场的公平、公正与公开，防范现货市场与衍生品市场之间的联合操纵、内幕交易，避免挂牌交易的期货合约因价格操纵被退市的悲剧重现，显得非常重要和急迫。

虽然目前我国金融衍生品市场还处于建设阶段，但随着市场的发展，将来会有更多的个股期货、指数期权，甚至波动率指数衍生品等产品上市交易。同时，从全球衍生品市场看，基于股票指数开发的金融衍生品一直是投资者关注的焦点，同时也是跨市场操纵者试图通过非法交易获利的主要目标。因此本书重点分析股票现货和股指期货的跨市场案例、应对策略，以及监管手段。本书拟通过研究全球主要金融市场对跨市场的监管政策和相关的跨市场操纵案例，从合约设计、资金监管、法律处罚、跨市场信息共享、跨市场危机处理程序等角度对跨市场监管进行全面而系统的探讨，并提出自己的建议和意见，以期将来减少跨市场价格操纵现象，提升投资者福利。

第二节　文献综述

一、证券现货市场价格操纵及监管文献

（一）国外研究文献

早期，对价格操纵的研究主要集中在证券相对成熟的市场——美

① 详见《国务院关于进一步整顿和规范期货市场的通知》，国发〔1998〕27 号。

国，这得益于美国证券市场在全球的影响力。美国证券市场萌芽于18世纪末，1817年美国纽约证券交易所①的建立标志着严格意义的美国证券市场真正形成。但由于缺乏对价格操纵、内幕交易的监管，早期的美国股票市场是一个操纵现象严重的市场。由于没有立法禁止价格操纵，因此学界对其的关注也较少。进入20世纪，随着媒体和投资者对价格操纵的讨论，研究者也开始对价格操纵相关问题进行探讨。

较早的研究可见Stedman(1905)，他在其著作中主要讨论股票价格操纵及其给证券市场带来的危害。②随着《1933年证券法》的实施，一些学者开始探讨对价格操纵监管是否合理、应该如何处罚等。而对其的理论研究则始于20世纪70年代，Hart(1977)第一次从纯理论角度提出操纵存在的可能性，通过建立资本市场动态模型，在一定的条件下，他认为投机者可以获利。③Allen and Gale(1992)对股价操纵进行了经典分类，并将信息经济学理论引入股价操纵的研究之中，有效地解释了交易型操纵存在的可能性。④同年Allen and Gorton(1992)将价格操纵纳入资本市场微观结构中，同样使用信息经济学中的信息不对称理论对价格操纵进行研究。上述两个模型开创了股价操纵信息模型时代，后来众多学者对他们的模型进行了不同角度的深入研究。⑤

(1) 关于价格操纵监管的研究

20世纪90年代，研究股票价格操纵的学者对操纵监管的对象与范围进行争论，涉及的主要问题是是否应该对通过交易进行的价格操纵实施监管？Fischel and Ross(1991)对之前一些学者提出的股票市场价格操

---

① 纽约证券交易所在1863年前一直被称为纽约股票和交易委员会(New York Stock & Exchange Board)，1863年美国内战时期更名为纽约证券交易所(Newyork Stock Exchange)。

② Edmund Clarence Stedman, The New York Stock Exchange, New York: Greenwood Press[1969, © 1905].

③ Hart, Oliver, 1977, On the profitability of speculation, Quarterly Journal of Economics 101, 579—597.

④ Allen and Douglas Gale (1992), Stock-Price Manipulation, The Review of Financial Studies, Vol.5, No.3.(1992), pp.503—529.

⑤ Allen, Franklin & Gorton, Gary, 1992. "Stock price manipulation, market microstructure and asymmetric information", European Economic Review, Elsevier, vol. 36(2—3), pages 624—630, April.

纵的定义进行了商榷，他们认为价格操纵不存在完全客观的定义，必须根据情况考虑主观态度与交易者的心理状况；正由于无法客观定义导致监管成本很高，由此对通过交易进行价格操纵的监管没有必要。目前归类到价格操纵类别中的非交易型市场操纵行为和信息披露相关联的操纵，可以直接认定为欺诈；而联合操纵行为即POOLS的关键因素是洗售和对敲行为。①最后，他们通过案例研究得出结论，认为对通过交易型操纵获利，即以交易行为影响价格而获利的行为不应当监管，对非交易型操纵行为应当使用证券欺诈相关法规进行监管，因此没有必要存在操纵的概念。②

对Fischel and Ross(1991)的上述观点，Steve Thel(1994)结合具体案例进行了分析，认为实际案例和金融学理论，以及模型理论分析结果都显示，操纵者能够通过具体交易行为影响价格并从中获利，应该对通过交易操纵股票价格的行为进行监管。③

Kose & Narayanan(1997)研究了信息披露规定与价格操纵之间的关系。其研究表明美国证券交易委员会要求内部人进行交易前披露其交易，会促使知情内部人产生做反向交易的动机，即掌握好消息时卖出，掌握坏消息时买进，试图以此达到操纵股票市场的目的。由于反向交易使得其他交易者不能确定内幕交易者买入股票到底是否意味着好消息，使得内幕交易者能在较长的时间内保持信息优势，从而在以后的正向交易中获得利润。④

随着时间推移，对投资者保护能够提升资本市场效率，增加资本市场吸引力逐渐成为共识，对是否应该监管与打击通过交易操纵股价的行为的争论不复存在。从各国证券实践与监管实务看，对包括通过交易进

---

① 目前大部分证券市场区分了股票共享(stock pools)与合谋操纵，前者一般为合法，后者为非法。

② Fishel, D.R, Ross, D.T., Should the Law Prohibit "Manipulation" in Financial Market? [J]. Harvard Law Review, 1991, 105, 503—553.

③ Steve Thel, the Mechanics of Securities Manipulation, 79 Cornell L Rev. 219, 1994.

④ Kose & Narayanan, 1997, "Market Manipulation and the Role of Insider Trading Regulations", (with R. Narayanan), Journal of Business, 1997, Vol.70, No.2.

行价格操纵的打击是监管工作中的重要组成部分。

随着法金融学研究的兴起，对价格操纵监管的研究也进入了新的阶段。LLSV(1998)开创性研究显示，法律对金融市场的重要性成为研究的新热点。大部分的研究显示，法律环境的提高、法律对中小投资者有较好的保护，往往伴随着较大规模、较高价值、较好流动性，以及较快的新股发行速度、更好的外部融资、较高的股票收益率等。①

(2) 关于价格操纵的模型研究

对股价操纵从理论模型角度进行研究开始于20世纪70年代，Hart(1977)在研究资本市场动态模型时认为：如果静态均衡不稳定，或需求函数非线性关系，在采用一些令人满意的技术条件下，投机者是可以获利的。第一次从纯理论模型角度研究了操纵存在的可能性。②

Allen and Gale(1992)根据市场操纵的行为方式将操纵分为三种类型：基于行动的操纵、基于信息的操纵和基于交易的操纵。此后大部分学者都基于他们的分类对股票价格操纵进行研究。进一步地，他们以信息不对称理论研究了交易型市场操纵存在的可能性，用三阶段模型分析了理性预期下的交易者操纵行为，模型结果显示，当所有市场参与者都追求个人利益最大化的前提下，如果投资者以正的概率将操纵者视为知情交易者的话，那么未知情的操纵者通过简单的股票买卖就可以达到操纵股票获利的目的。只要大额交易者为操纵者的概率足够小，而且中小投资者严格风险厌恶，这样就存在一个混合均衡，使交易操纵行为获利。③

Bagnoli and Lipman(1996)讨论了行动型操纵存在的可能性，他们选择并购行为作为研究的出发点，操纵者首先宣布对公司进行并购并发出收购要约，导致股价上涨，当股价上涨到一定程度后，操纵者出售手

① La Porta, R., Lopez-de-Silanes, F., Shleifer, A., Vishny, R., 1998. Law and finance. Journal of Political Economy 106, 1113—1155.

② Hart, O. 1977, On the Profitability of Speculation, Quarterly Journal of Economics, 91, 579—597.

③ Allen and Douglas Gale (1992), Stock-Price Manipulation, The Review of Financial Studies, Vol.5, No.3.(1992), pp.503—529.

中的股票并宣布退出并购而获取操纵利益。他们的模型指出，若一个市场并购活性本身比较低，那么并购者将选择获取操纵利润而不真正并购公司，这时，其他持股者将反对并购的发生，相反，若一个市场并购活性本身较高，那么并购者若选择操纵，则操纵利润会很低，因此，并购者将选择真正并购行为，社会剩余将增加，其他持股者将支持并购行为的发生。①

Aggarwal and Wu(2006)对 Allen and Gale(1992)的模型进行了扩展，研究竞价制度下的操纵行为，他们建立了一个模型，包括三类交易者：消息搜寻交易者(Information Seeker)、内幕交易者和操纵者。并使用了 1990 年至 2001 年美国证券市场(包括所有市场，如纽约证券交易所，纳斯达克，亚美特克，场外交易市场，粉红单市场等)共发生的 142 起股价操纵案，并对这些操纵事件进行分类分析和特征分析。他们的研究表明，有将近一半(47.89%)的操纵案件发生在市值小、成交量小和流动性差的场外交易市场。股票被操纵时间最短为 2 天，最长为 1373 天，平均 202 天。通过进一步的回归分析，指出在被操纵之前，和同样规模的同一市场的股票相比，被操纵的股票的换手率要更低些，而与此相反的是，在操纵期间，被操纵股票的换手率要比同一市场同样规模的股票高，这说明了操纵增大了股票的交易量。同时，他们对被操纵股票的流动性、回报率和波动性进行了实证分析，实证分析的结果表明：在操纵前和操纵后，被操纵股票显示低流动性，而在操纵期间却显示出高流动性；在被操纵期间，被操纵股票的平均回报率要显著高于操纵前和操纵后；在被操纵期间，被操纵股票的波动性显著性地大幅增加了，操纵增大了股票的波动性。最后，他们认为操纵成功与否还取决于操纵行为被发现后所受的惩罚的成本。②近年来，随着黑池交易的盛行，

① Mark Bagnoli & Barton L. Lipman, 1996. "Stock Price Manipulation Through Takeover Bids", RAND Journal of Economics, The RAND Corporation, vol.27(1), pages 124—147, Spring.

② Aggarwal, R. K., & Wu, G.(2006). Stock market manipulations—Theory and Evidence. Journal of Business, 79(4), 1915—1953.

Florian Klöck，Alexander Schied & Yuemeng Sun(2017)①则系统性地研究了订单在传统交易所和黑池中执行的价格操纵模型。

(3) 关于价格操纵的实证研究

Felixon and Pelli(1999)以芬兰股票市场数据作为实证，对收盘价的操纵进行了详细的研究，指出由于收盘价是衡量交易者表现的最常用的标准，因此当某交易者建立了大的净头寸时，他可能为了改善别人对他的绩效评估而对收盘价进行操纵，特别是对一些经纪人或基金经理来说。他们以芬兰股票市场的数据为例进行了实证研究，结果表明，大额交易和价差交易被操纵的可能性较大。②

Park Seong-Rok(2001)对韩国股票市场操纵监管和股票市场操纵的一般特性进行了研究。他认为，股票价格操纵指符合以下条件的各种行为，即通过对特定股票或市场的供求关系的人为影响，以企图操纵股票价格为目的的行为。他认为监管机构执行关于市场操纵的监管规定非常困难，主要问题是合法的交易行为和违法的股票价格操纵交易行为区别很小。同时由于信息技术的发展，通过互联网操纵股票市场价格的行为逐步增加，其带来的直接影响是市场操纵者处于一个更加有利的位置，而侦测操纵行为变得更加困难。由此，他建议利用事件研究方法侦测违法交易行为是否存在。③

以色列学者 Yadlin(2001)以以色列证券市场 20 世纪最后十年发生的 45 个股票市场操纵案件进行了研究，对是否应对交易型操纵行为监管进行了实证分析。他认为在许多情况下交易型操纵行为是可以获利的，同时他也放宽了关于认定困难的限制，认为法院能够作出正确判

---

① Florian Klöck，Alexander Schied & Yuemeng Sun，2017，Price manipulation in a market impact model with dark poolApplied Mathematical Finance，Volume 24，2017-Issue 5.

② Felixson，Karl，and Anders Pelli，1999，Day end returns—stock price manipulation，*Journal of Multinational Financial Management* 9，95—127.

③ Park Seong-Rok. Event Studies on Stock Price Manipulation. THE INSTITUTE OF PUBLIC POLICY AND MANAGBMENT OF KDI WORKING PAPER 2001—2041，June 2001.

决。在操纵可以获利且认定成本较低的情况下，是否应对交易型操纵行为进行监管呢？Yadlin认为，操纵并不都是消极负面的，操纵行为可能是一种向市场的信息交流渠道和信息拥有者与市场之间的沟通方式；通过这种方式，可以提高市场效率，给其他交易者带来利益，在这种情况下，操纵不是欺诈性的；因此，即使法院可以区分出操纵行为和投资行为，但对所有操纵行为的禁止并不是必然的，重要的是区分操纵者是否拥有信息。实证研究的结果表明，以色列股票市场的操纵行为大部分是非信息优势者的交易行为，监管当局的监管行为一定程度是正确的。①

Asim Ijaz Khwaja and Atif Mian(2005)以巴基斯坦的卡拉奇证券交易所为研究对象，通过比较内部经纪人和外部投资者之间的收益率，发现内部经纪人的年度化投资收益比外部投资者高50%—90%。他们的实证研究进一步显示，内部经纪人比外部投资者多获取的这些收益不能用经纪人能力和他们的流动性优势来解释，超额收益是经纪人通过“拉升和打压”（pump and dump）模式的操纵获得的。②Gerace，Dionigi etc (2014)③通过研究中国香港证监会公布的价格操纵处罚案例，发现操纵降低了市场的效率，如扩大了买卖价差、增加了波动等。并通过实证否认了关于“基于交易的价格操纵无利润”的观点，因此对价格操纵的禁止是合理和必须的。

（二）国内研究文献

随着20世纪90年代初国内证券开始交易，股市的社会关注程度很高，同时价格操纵、内幕交易也十分猖獗。但由于法规的不健全和缺乏，使得很多价格操纵并没有受到处理，因此可供研究和分析的案

---

① Yadlin，Omri(2001)“Is Stock Manipulation Bad? Questioning the Conventional Wisdom with Evidence from the Israeli Experience”，Theoretical Inquiries in Law：vol.2：No.2，Article 10.

② Khwaja，Asim Ijaz & Mian，Atif，2005. “Unchecked intermediaries：Price manipulation in an emerging stock market”，Journal of Financial Economics，Elsevier，vol.78(1)，pages 203—241，October.

③ Gerace，Dionigi；Chew，Charles；Whittaker，Christopher；and Mazzola，Paul，Stock Market Manipulation on the Hong Kong Stock Exchange，Australasian Accounting，Business and Finance Journal，8(4)，2014，105—140.

例非常少，[①]导致学界对此关注度不高。在中国期刊网以："操纵"为标题关键词搜索发现，2000 年至 2005 年间，国内监管机构对"亿安科技"和"中科创业"等严重价格操纵违法行为的处罚，吸引了众多研究者的关注，对价格操纵的研究兴趣开始增加，相关的研究成果数量也大量出现。随着沪深交易所上市股票的增加，以及对价格操纵监管的持续改进，学界对此的研究也呈多元化发展。

总体看，国内学者对证券价格操纵的研究主要集中在三个方面：第一，对价格操纵监管的国际借鉴与对国内监管的建议、立法依据及其合理性等；第二，价格操纵的模型研究，包括价格操纵对相关股票价格和交易量的影响，被操纵股票具体表现等。第三，价格操纵的实证研究：主要内容包括通过模型对价格操纵进行描述与判别，以及使用模型分析操纵获利可能性等。

（1）关于价格操纵监管的研究

刘胜军(2001)在《股价操纵与反操纵监管》中说明了操纵的目的、方法及反操纵的目标，并具体说明如何对股价操纵进行调查取证，文中提出的调查取证方法，具有较强的实际指导意义。[②]

何基报(2002)根据中国证监会处理的 16 起股价操纵案件归纳了四类操纵的特征：连续操纵、合谋操纵、洗售操纵和其他操纵，并针对各类操纵提出了监管思路和方法。另外，他提出根据交易过程中的一些异常行为或非理性行为来推测行为人的目的或动机，并根据行为结果来判断行为人操纵股价的客观依据，提出了具体的监管指标设计方案。[③]

史永东和蒋贤峰(2003)在 Allen and Gale(1992)、Aggarwal and Wu (2006)的研究基础上，引入了动态交易成本，理论上首次较全面地分析

---

① 国内第一个因价格操纵而招致罚款的从业机构为山东渤海和君安深圳发展中心营业部。1995 年 1 月，因操纵股票价格，上述机构被证监会分别罚款 100 万元；国内第一个以"操纵证券交易价格罪"进行判罚的案例直到 2001 年才出现。详见：《股票交易案例之全国首例"操纵证券交易价格"罪名首现》，《江南时报》2001 年 5 月 24 日。

② 刘胜军：《股价操纵与反操纵监管》，《证券市场导报》2001 年 7 月。

③ 何基报：《证券交易中违法违规行为的监控研究》，《证券市场导报》2002 年第 10 期。

了政府在防范股票市场操纵中的主要作用。他们认为，政府应该要求各有关主体加强真实信息的及时披露，并应该加强对交易的监控，最后，投资者教育也应该得到加强。①

宋逢明、田萌(2004)利用模拟的方法研究了操纵所造成的股价行为以及可以采取的监管措施。结果表明，股票操纵将使得股票价格出现信息的提前过度反应，且价格过程存在可预测性。操纵使得财富集中于庄家手中，虽然某些散户在坐庄初期可以获得收益，但总的来说都是亏损的。监管上采用的一些措施如卖空限制(散户)、借款限制(散户)、借款限制(庄家)、涨跌停板、交易费用等都不能从根本上缓解操纵现象的存在。因此，只有增加理性投资者，改善散户投资者的现状，才能使得庄家的欺骗手段不能得逞，庄家变成纯粹的内部交易人；只有增加对内部信息交易的限制，加强对内幕消息泄漏的管理，才能使得内幕交易的机会减少，才能从根本上减少操纵的发生。②

张保华、李晓斌(2005)对欧盟的《关于内幕交易和操纵市场(市场不当行为)的指令》以及欧盟委员会制定的一系列执行措施进行了研究，详细分析了操纵市场行为的定义及其监管范围、股份回购计划及安定操作的豁免以及主管机关的执行及合作等，并对国内市场监管价格操纵提出了建议。③

向中兴(2006)通过运用博弈理论，对股价操纵与市场监管之间相互的决策进行了分析，博弈分析的结果表明，有效的股价操纵监管机制主要表现为三个方面：一是加大对操纵者的处罚力度；二是监管主体不能缺位；三是监管主体不仅不能缺位，而且还应加大对监管主体失职的处罚力度。④

---

① 史永东、蒋贤锋：《政府在防范市场操纵中的作用》，《中国金融学》2003年第3期。

② 宋逢明、田萌：《中国股票市场的操纵与监管：模拟分析》，《财经理论与实践》2004年第4期。

③ 张保华、李晓斌：《欧盟关于市场操纵行为的监管与立法实践》，《证券市场导报》2005年第1期。

④ 向中兴：《股价操纵与市场监管的博弈分析》，《广西民族大学学报(哲学社会科学版)》2006年第9期。

董安生、郑小敏、刘燊(2005)对我国证监部门对操纵市场行为的监管进行了反思，认为监管失灵的原因包括监管难度和高成本、制度供给不足、监管能力尚待提高以及我国证券市场的结构性缺陷等。要改善上述局面需要从宏观的制度完善与观念转变、中观的自律监管与新闻监督和微观的专业监管与执法能力三个层面完善我国的操纵市场行为的监管体制。①

张梅琳(2006)认为我国在证券监管领域比较重视市场准入合规资格的监管，对市场流动性风险的监管基本处于空白状态。因此他使用事件研究法监测和评价我国股票市场的流动性，进而探讨我国证券监管效应方面的一些问题，认为要加强流动性监管可以从以下方面入手：分阶段逐步、妥善解决股权分置和市场分割问题；建立流动性风险监管效应的预警指标体系；引入做空机制；建立投资者的风险补偿机制，恢复投资者信心；股市供需监管的着眼点应由以供应监管为主向以供需均衡监管为目标的方向转变，从而使流动性监管的政策目标尽可能达到预期的效果——在供需基本均衡的条件下增强股市的流动性、减小股市的流动性风险。②

一些学者从价格操纵者应当承担的责任角度进行了研究。如，唐延明(2004)从民事责任方面对操纵进行了探讨，认为操纵的民事责任构成要件包括：损害事实的存在、操纵市场行为的存在、主观过错和因果关系，并对民事责任的实现机制从集团诉讼和次级举证责任在辩方进行了分析。③金泽刚(2002)则从行政责任、刑事责任和民事责任等方面研究了操纵证券交易价格法律责任的承担。④

(2) 关于价格操纵的模型研究

赵涛、郑祖玄(2002)认为，在中国股市中，股票二级市场价格常常

---

① 董安生、郑小敏、刘燊：《我国操纵市场行为的监管：现状、反思与进路》，《法学家》2005 年第 1 期。

② 张梅琳：《我国股票市场监管效应：流动性监测与评价》，《财经研究》2006 年第 7 期。

③ 唐延明：《操纵证券市场行为民事责任研究》，《东北财经大学学报》2004 年第 5 期。

④ 金泽刚：《操纵证券交易价格行为的认定及其法律责任》，《华东政法大学学报》2002 年第 1 期。

在短期内发生剧烈变化。这种现象产生的原因在于，在信息不对称的情况下，机构通过操纵上市公司基本面信息来影响股票交易价格，以获得超额收益。鉴于机构之间信息不对称程度远远低于机构与散户之间信息不对称程度，发展机构投资者可以最终减少市场操纵行为，机构在投资者中所占比例与市场整体被操纵程度的关系可以用倒“U”型曲线表示。①

倪全宏、邹小山(2004)通过运用一个三阶段模型，论证了交易操纵者通过在股票市场严格模仿内幕交易中内部人获利的一般模式，并分析了内幕交易和交易操纵各阶段的特点，指出了众多的跟风者和盛行的内幕交易是导致交易操纵的激励兼容条件容易满足的原因，并对我国股票市场操纵行为进行了实证。他们认为，通过减小内幕交易的比率，以及加大对交易操纵的惩罚力度等措施，可以减少交易操纵行为。②

周春生、杨云红、王亚平(2005)通过推广 Mei、 Wu 和 Zhou(2005)的模型，研究在市场不允许卖空的条件下，交易型价格操纵发生的条件。实证的主要结果有：(1)非充分理性投资者的存在和有限套利的制约是交易型价格操纵获利的重要原因，投机者套利能力越弱，操纵者的价格操纵越容易获利；(2)当市场中投机者的总禀赋大于 0 时，即使不允许卖空，价格操纵者依然可以操纵价格来获得利润；(3)如果市场监管者无法杜绝操纵者通过对敲等手段来拉抬股价，则在市场中引入卖空机制反而可以减小股价对基本面的偏离程度，从而在某种程度上限制操纵者操纵股价的空间；(4)在股价被操纵的过程中，存在一个建仓期和抛盘期；操纵期内换手率更高、股价波动更大；在建仓期，回报率与换手率、换手率与回报波动率之间存在正相关关系。③

张永鹏、邱沛光(2005)结合行为金融学的观点，利用进化博弈论的

① 赵涛、郑祖玄：《信息不对称与机构操纵——中国股市机构与散户的博弈分析》，《经济研究》2002 年第 7 期。

② 倪全宏、邹小山：《股票市场中交易操纵的一般模式和实证研究》，《广西社会科学》2004 年第 11 期。

③ 周春生、杨云红、王亚平：《中国股票市场交易型的价格操纵研究》，《经济研究》2005 年第 10 期。

理论工具，通过建立一个模型，对股票市场上的操纵者利用散户的非理性反馈进行操纵的过程进行了分析，并基于模型认为提高市场容量、引进多元做市商制度和卖空机制、异常交易的重点账户实施谈话提醒制度等措施能够减少价格操纵。①

徐高(2007)在Kyle(1985)模型的基础上，假设噪声交易者对资产需求的波动性与上一期资产价格正相关。通过模型推导，发现具有私人信息的内部交易者可以推高资产价格，使噪声交易者的需求波动增大，从而增加市场的深度。于是内部交易者可以在深度更深的市场中获得更大的利润，弥补在推高资产价格的过程中所承受的损失。在考虑了这种价格操纵的因素之后，理性交易者的交易策略与市场均衡方面都与传统的噪声交易者模型有了很大不同。该模型对中国股票市场中的价格操纵行为给出了一个解释。②

张屹山、方毅(2007)在有限理性的假设下建立了行为主动庄家的交易操纵模型，通过该模型捕捉到了庄家操纵时的市场价格波动情况，揭示了其交易策略，最为关键的是给出了庄家交易操纵获利的条件。根据这个模型，羊群效应是庄家进行交易操纵获利的关键，最后基于此模型对中国股市进行了政策分析。③

徐爱农(2007)运用操纵收益模型分析了股价操纵者模仿内幕交易者进行市场操纵的过程，并分析了影响操纵成功的因素及操纵者、跟风者的收益状况。研究结果表明，与操纵者相比，跟风者承担的风险较高而获得的收益较低；减少市场内幕交易可以在一定程度上遏制市场操纵行为；在市场整体价值水平保持平稳，或保持稳定提高的情况下，出现市场操纵的可能性较大，监管者尤其要加以重点关注。④

---

① 张永鹏、邱沛光：《市场操纵过程的进化博弈分析》，《系统工程理论方法应用》2005年第3期。

② 徐高：《内部交易与价格操纵》，《浙江社会科学》2007年第3期。

③ 张屹山、方毅：《中国股市庄家交易操纵的模型与政策分析》，《管理世界》2007年第5期。

④ 徐爱农：《股票市场操纵行为的模型分析》，《同济大学学报(自然科学版)》2007年第7期。

刘钰善、刘海龙(2009)新股询价发行中如果没有对配售权的限制，承销商和关联机构投资者有可能利用自由配售权和信息不对称进行市场操纵。通过建立模型研究了承销商和关联投资者如何在IPO累计投标询价过程中进行策略的分配，并在二级市场中实施基于交易的操纵。采用逆推法求出操纵的混同均衡解，分析了混同均衡操纵存在的条件并考察了各个因素对操纵存在的影响，发现当新股未来可能的价值差异足够大时不存在操纵，而当价值差异较小时可能存在操纵，且操纵存在的概率与未来价值为高的概率、关联投资者长期持股成本、动量交易者数量以及承销商从关联投资者处获取的提成比例正相关，与操纵者进入市场的先验概率、流动性交易者申购量对发行价的敏感度、市场价格对需求量的敏感度、承销商从发行公司处获得的佣金比例以及发行规模负相关。①

姚远、翟佳、曹弋(2016)基于三类典型的市场价格操纵实例，分析市场价格操纵行为模式的内在特性，利用小波变换和梯度分析作为特征抽取工具，抽取关键特征模式，量化操纵行为的特征模式，通过隐含状态转换机制完整描述市场操纵行为的各种情况组合，解决“异常检测”进行价格操纵监测时不能确定异常行为的具体类型及概率密度函数问题，提出了一种基于隐马尔可夫模型的市场价格操纵监测模型系统。②

(3) 关于价格操纵的实证研究

黄长青、陈伟忠和杜少剑(2004)以截至2002年年底中国证监会对股价操纵的16起处罚决定为依据，对操纵特征和操纵效应进行了系统的实证研究，发现操纵主体、操纵客体以及操纵行为都具有明显特征，日平均超常成交量对操纵行为具有适时预警作用，日平均超常收益率对操纵行为具有事后检验作用。③

① 刘钰善、刘海龙：《无新股配售权限制下的操纵行为》，《系统工程理论与实践》2009年第4期。

② 姚远、翟佳、曹弋：《基于量化特征的价格操纵行为监测模型研究》，《系统工程理论与实践》2016年第11期。

③ 黄长青、陈伟忠、杜少剑：《我国证券市场股价操纵的实证研究》，《同济大学学报(自然科学版)》2004年第9期。

张宗新、潘志坚、季雷(2005)认为，在证券市场上，内幕信息操纵是信息占优的知情交易者与信息劣势的非知情交易者之间的一种动态信息博弈行为，具有信息优势的机构投资者利用内幕信息进行操纵，使资产价格的均衡不断被打破，新的市场均衡渐次形成，这个过程本身就是对股价的冲击过程。实证表明，中国股市存在较为严重的内幕消息操纵行为。因此，强化证券监管，对内幕信息操纵行为进行有效控制，成为保护公众投资者利益的必要条件。①

尹筑嘉、黄建欢(2008)基于中国上市公司的股价操纵案例，从理论和逻辑上分析股价操纵与公司治理之间的关系。研究表明，被操纵的公司不但在信息披露方面呈现出异常行为，而且在董事会特征、股权结构等公司治理方面也出现了异常。这证明中国上市公司的内部治理机制与股价操纵行为存在着紧密联系。其启示是，完善上市公司内部治理机制是遏制股价操纵的重要措施。②

陆蓉、陈小琳(2009)对被查处的44只股票市场操纵案例进行整理分析，研究了被操纵股票的市场表现和交易特征，最终构建了股票市场操纵的判别模型。实证研究发现，被操纵股票在操纵期间确实存在低Beta系数现象，且有较高的收益率和人均市值；而在换手率、成交量、波动率和成交金额方面，操纵期间与操纵前后有一定的差异。③

李志辉、邹谧(2018)基于中国A股市场的分时高频交易数据，构建了连续交易操纵识别和测度模型。基于研究结果，他们建议要提高上市公司质量，严厉打击市场操纵行为，并对不同类型上市公司股票采取更具有针对性的市场操纵监管措施。④

① 张宗新、潘志坚、季雷：《内幕信息操纵的股价冲击效应：理论与中国股市证据》，《金融研究》2005年第4期。

② 尹筑嘉、黄建欢：《内部公司治理与股价操纵的关系——基于中国上市公司的实证研究》，《经济经纬》2008年第2期。

③ 陆蓉、陈小琳：《股票操纵行为市场表现及其判别研究》，《证券市场导报》2009年第4期。

④ 李志辉、邹谧：《中国股票市场操纵行为测度与影响因素研究——基于上市公司特征角度》，《中央财经大学学报》2018年第12期。

李志辉、王近、李梦雨(2018)基于收盘价操纵后股票价格的变动特征，构建了收盘价操纵行为的识别方法——尾市价格偏离模型，并利用中国股票市场的分时高频交易数据实现了可疑收盘价操纵行为的监测。研究结果表明，收盘价操纵会导致股票交易成本上升和流动性下降，这种影响往往在股票市场处于震荡和下跌阶段时更为显著。①

二、衍生品价格操纵及监管文献

(一) 国外研究文献

因衍生品交易最先在西方金融市场出现，因此，相关的研究成果也较为丰富。Edwards and Edwards(1984)从法律的角度对期货市场价格操纵行为进行了分析，提出从动机、行为和后果三个方面对价格操纵行为进行界定，但在实际操作过程中存在许多困难。②Kumar & Seppi(1992)研究了现金结算下的期货操纵问题，通过假定操纵者为完全无信息交易者并引入策略性独立信息交易者之后发现，在信息不对称下，不管是否采取现金结算方式替代实物交割方式，期货合约本身就易受到市场操纵的影响。③

Cooper & Donaldson(1998)发展了一个多期期货市场博弈模型，分析受逼仓与挤压的市场的动态价格，集中讨论期货市场中强迫交割的特征。他们设计的模型价格路径可以模拟潜在的存在逼迫的商品所有可能的价格现象，解释了某些场合下，即使没有操纵，价格波动也偶尔产生价格泡沫。即使不存在风险厌恶与储存成本，也能解释期货市场价格正常延迟的存在。④

Wang(1999)借助贝叶斯估计，在不完全信息条件下建立了价格操

① 李志辉、王近、李梦雨：《中国股票市场操纵对市场流动性的影响研究——基于收盘价操纵行为的识别与监测》，《金融研究》2018 年第 2 期。

② Edwards L N，and Edwards F R.A Legal and Economic Analysis of Manipulation in Futures Markets[J]. The Journal of Futures Markets，1984，4:333—336.

③ Praveen Kumar，Duane J.Seppi. Futures Manipulation with "Cash Settlement". The Journal of Finance，1992，47(4):1485—1502.

④ David J.Cooper，R.Glen Donaldson. A strtategic analysis of corners and squeezes[J]. Journal of financial and quantitative analysis，1998，33(1):117—137.

纵的动态模型，讨论了存在和不存在价格操纵的条件。①Pirrong and Olin(2004)提出从期货价格和现货价格数据中挖掘信息，分析被操纵月份期货合约期货价格与其后续月份期货合约期货价格以及现货商品价格之间的比价关系，借助统计模型给出了识别期货市场价格操纵行为的方法。②Chakraborty and Yilmaz(2004)将知情者交易与 Glosten-Milgorm 模型结合，让知情者反复交易，得出结论：只要市场面对知情交易者的不确定性，交易的时间足够长，均衡必有操纵。③

（二）国内研究文献

与股票现货市场价格操纵研究相比，对国内以期货为主的衍生品市场价格操纵的研究则相对较少。从时间分布看，与证券市场对价格操纵的研究类似，虽然 20 世纪 90 年代初国内期货价格操纵十分猖獗，但学界对此关注度并不高。随着 2006 年 9 月中国金融期货交易所的成立，众多研究者开始关注期货市场的价格操纵及其监管问题，相关成果也大量出现。

早期主要集中在对商品期货价格操纵的研究以及对国外市场监管经验的介绍方面。如周小梅(2000)认为我国商品期货市场上屡屡发生价格操纵事件，对期货市场试点工作的顺利进行造成极大的危害。而杜绝和防范这一现象的发生可以从合约设计、交易规划、监管体系等方面进行改进。④

Chao Chen and Zhongguo Zuo(2003)对中国 1993—1995 年国债期货进行了实证研究，对一系列国债期货的波动形式进行了简单的考察，提出了操纵的一些直观判断。⑤

---

① Wang C. A Dynamic Model of Futures Manipulation with Incomplete Information, Working paper, National University of Singapore, 1999.

② Pirrong S C, and Olin J M. Detecting Manipulation in Futures Markets: the Ferruzzi Soybean Episode, American Law and Economics Review, 2004, 6:28—71.

③ Chakraborty, Yilmaz. Informed manipulation. Journal Economics Theory[J], 2004(114):132—152.

④ 周小梅：《商品期货市场价格操纵的经济学分析》，《商业研究》2000 年第 12 期。

⑤ Chao Chen, Zhongguo Zuo. The Rise and Fall of the Government Bond Futures Market in China: 1993—1995. Working paper, 2003.

张红娜(2004)认为导致20世纪90年代中期我国商品期货市场频繁发生价格操纵的原因，除了资本逐利的本性外，更重要的原因是期货市场本身建设不完善。她认为应该从法规完善、价格监控、增加期权等衍生品，以及信息共享等角度防范价格操纵。①

刘庆富(2005)认为我国期货市场存在较强的投机性，在对“价格操纵”行为进行界定的基础上，他系统论述了价格操纵行为的具体表现形式及其成因，构建了识别价格操纵行为的基本模型，分析了我国期货市场发生价格操纵行为的背景和原因。在此基础上，为防范期货市场价格操纵行为的发生，建立价格操纵行为监控体系，并提出对策建议。②

毛小云(2006)将防止期货市场操纵的手段分为三类：事前防止措施、事后防止措施，以及合约型防止措施。通过研究这三类不同防止市场操纵的监管措施的效率，他认为事后防止措施是其中最有效率的方法，而合约设计尤其是交割条款的设计是它的一种非常有效的补充方法。但是结合中国实际，发现这两类有效率的措施或者使用不多，或者受到各类因素影响，没有发挥出应有的作用。③

马卫锋、黄运成(2006)基于美国期货市场的实践和学术界的相关研究，提出了期货市场操纵的定义，归纳了期货市场操纵的类型和手法。通过几个典型判例分析了美国在对期货市场操纵进行认定上的经验，并介绍了国外学术研究在市场操纵的判断依据和方法上的进展。④

蒋云鹤、刘海龙(2016)在Kyle、Viswanathan的研究基础上，提出价格信息对交易的敏感程度是影响操纵的首要因素，通过模型证明了操纵者收益是其所获得信息优势的单调增函数。当价格信息对交易变得敏感时，大交易者会通过交易尽可能获取最大的信息优势，价格信息中个

---

① 张红娜：《我国期货市场操纵行为防范的研究》，《南方金融》2004年第8期。

② 刘庆富：《中国期货市场波动性与价格操纵行为研究》，《东南大学》2005年博士论文。

③ 毛小云：《防止期货市场操纵：监管措施及其效率评价》，《河北经贸大学学报》2006年第1期。

④ 马卫锋、黄运成：《期货市场操纵的认定：美国经验及其启示》，《上海管理科学》2006年第2期。

人信息越多，合约被操纵的可能性就越大。掺杂了大量个人信息的合约价格即虚假价格，虚假价格会掩盖供求关系并“欺骗”其他交易者，诱使他们帮助操纵者获利并掩盖操纵事实。以此为基础，他们提出了一种考察不同时期个人信息数量的计量方法。对价格信息的进一步研究发现，被操纵合约同品种中其他合约的价格发现功能也会不同程度扭曲，距被操纵合约越近所受到影响越大。①

随着中国金融期货交易所的成立，以及 2010 年 4 月 16 日，沪深 300 指数期货开始交易，期货市场的价格操纵研究开始向股指期货价格操纵问题集中。如郑尊信、吴冲锋(2006)将 Kumar 和 Seppi② 假设中市场交易机制延伸到指令驱动市场。研究表明，根据股指期货和现货市场的特点而设计恰当的现金结算方式有助于控制股指期货的操纵行为；③邢精平等对境外股指期货的操纵案例或疑似案例进行研究，将股指期货的操纵行为分为三类，即资金推出型、信息引导型与到期日短期操纵型，归纳了每类操纵的特点与防范措施；④胡茂刚(2008)对中国股指期货三层监管体系进行了研究，从监管法规方面提出了完善建议；⑤王郧、张宗成(2008)分析了外资操纵的案例，用格兰杰检验和脉冲响应函数证明了其投机路径可行，认为一系列迹象表明国外投机力量正在做操纵中国股指期货的准备，并对其具体操纵路径和手法做了猜想，提出了防范监管措施的具体建议；⑥孙秀琳、宋军(2009)采用 5 分钟的高频数据重点对股指期货操纵模式进行定量研究，分析了操纵中的五大放大环节，即杠杆效应、权重股联动、非权重股的跟随效应、期货的放大

---

① 蒋云鹤、刘海龙：《基于价格信息的期货市场交易操纵模型及其应用》，《管理工程学报》2016 年第 1 期。

② Praveen Kumar, Duane J.Seppi. Futures Manipulation with “Cash Settlement”. The Journal of Finance, 1992, 47(4), 1485—1502.

③ 郑尊信、吴冲锋：《防范操纵下的股指期货现金结算价设计》，《管理科学》2006 年第 19 期。

④ 邢精平、张鹏、宋福铁：《股指期货市场操纵风险及其防范》，《中国金融期货交易所 2006 年研究报告》2006 年。

⑤ 胡茂刚：《我国股指期货三层监管体系的法律思考》，《政治与法律》2008 年第 5 期。

⑥ 王郧、张宗成：《外资操纵中国股指期货的路径猜想及防范分析》，《华中科技大学学报》2008 年第 4 期。

效应与期货保证金交易放大倍数，并对参数进行了估计，结论认为，基于权重股的股指期货操纵模式可以获得较高的收益率，股指期货被操纵的风险存在，并提出监管意见；①熊熊、许金花等(2009)对中国股指期货市场操纵风险的监控系统进行了分析，构建了风险监控体系的三维概念模型，并通过各个维度的具体分析将该模型应用于对股指期货操纵的监控体系当中，最后对我国股指期货风险监控体系的构建提出了建议。②

另一些学者则从国际经验借鉴的角度对国内股指期货监管进行了研究，如王少飞、郑享清(2011)通过对美国、英国等国家和地区股指期货市场监管体系的对比分析，归纳总结了这些国家(地区)在股指期货发展中的共同点和经验教训，并对我国股指期货监管体制的建设提出了建议。③贾洁(2011)认为，发达国家的历史经验证明，股指期货市场的发展和监管必须相辅相成，才能有利于整个经济的稳定和发展。美国、英国、德国、日本等国家和地区股指期货市场监管架构不尽相同，我国应借鉴发达国家和地区股指期货市场监管的经验，加强对沪深300指数期货交易的监管，建立健全对股指期货市场的监管体系。④熊玉莲(2011)通过研究发现，美国场外金融衍生品规则经历了从普通法规则到成文法规范，从分散到集中立法，从监管竞争到合作的演变。美国以证券和商品划分的传统监管导致场外金融衍生品交易面临法律的不确定，监管权异化为豁免权。监管改革虽没有触及多头监管的基本模式，但交叉机制的引入以及协调合作的强制性制度安排有效地防止了监管权冲突，顺应了场外金融衍生品的创新发展及其与证券界限日趋模糊的现实需求。⑤

① 孙秀琳、宋军：《基于权重股的股指期货操纵模式研究——2007—2008交易数据的实证检验》，《世界经济情况》2009年第1期。
② 熊熊、许金花、张今：《中国股指期货市场操纵风险的监控体系研究》，《财经理论与实践》2009年第5期。
③ 王少飞、郑享清：《境外股指期货市场监管体制对比研究》，《特区经济》2011年第10期。
④ 贾洁：《中外股指期货市场监管架构比较研究》，《时代金融》2011年第23期。
⑤ 熊玉莲：《美国场外金融衍生品规则演变及监管改革》，《华东政法大学学报》2011年第2期。

三、跨市场价格操纵及监管文献

（一）国外研究文献

国外学者对跨市场联合监管的研究基本上是从 1995 年 2 月巴林银行事件发生后开始的。很多学者认为金融衍生产品交易国际监管的协调问题，非常必要和关键。Taylor（1995）据此提出了“双峰”论（twin peaks)，即衍生产品的监管应着重于确保系统稳定和保障消费者权益两大目标，应当成立独立、统一监管机构，而不必按市场功能来区分监管的构架。①Mwenda、Mvula(2003)提出了一个联合监管的框架，认为在联合监管或监管协调过程中，决策者之间的信息共享最为关键，这一点对于衍生金融市场的监管非常重要。② Kremers、schoenmaker、Witerts(2003)通过分析具体国家的各种跨部门联合监管，认为并没有一个最好的联合监管模式，各国还是要根据自身的特点来选择合适的联合监管模式。③

（二）国内研究文献

因国内金融市场产品及结构方面的制约，国内学者对跨市场价格操纵的监管研究近几年才开始。随着金融全球化发展的不断深入，金融风险跨市场传递问题也日益显示出其危害性。王素珍(2004)通过探讨跨市场金融风险的表现形式，以及主要发达国家和地区在跨市场金融风险监管方面所采取的措施，并针对中国目前在跨市场金融风险监管方面的现状提出了建立人民银行与三家监管机构之间的协调机制，建立人民银行与监管机构之间的信息共享机制，加强人民银行、监管机构与政府部门之间的合作等建议。④

---

① Taylor，M.(1995)，Twin Peaks：A Regulatory Structure for the New Century，London，Centre for Study of Financial Innovation，December.

② Mwenda，K.K. and J.M. Mvula，“A framework for unified financial services supervision：Lessons from Germany and other European countries”，Journal of International Banking Regulation，Sep 2003.

③ Jeroen J. M. Kremers，Dirk Schoenmaker，Peter J.Wierts，Financial Supervision in Europe，edited by Netherlands Ministerie. Edward Elgar Pub，2003/03/01.

④ 王素珍：《国外跨市场金融风险监管及其启示》，《海南金融》2004 年第 2 期。

随着我国金融改革步伐的加快，金融创新不断涌现，金融业务进一步相互渗透、融合，跨市场金融风险的传递变得日益复杂，已经成为金融监管的难点。郑庆寰、林莉(2006)因此建议监管机构要以证券公司流动性、创新金融工具和金融控股公司作为监管重点，通过明确监管主体、建立预警机制、强化行业自律等方式，切实加强跨市场金融风险管理。①

谢群(2007)从较宏观的角度对现阶段我国产生跨行业跨市场金融风险的金融载体的发展现状、可能产生的金融风险表现以及在监管实践中存在的缺陷进行了阐述，进而提出通过明确监管主体，建立防火墙制度，构建同一信息平台等方式，完善对跨行业跨市场金融风险的监管制度。②

曹元芳、吴超(2007)认为，国际金融业综合经营的趋势对我国目前分业经营、分业监管模式提出了严峻的挑战。后过渡期即将结束，金融竞争更加激烈。必须重视对跨行业、跨市场金融工具和金融机构的研究，加强监管合作。在鼓励金融创新的基础上，推动金融业综合经营，规范金融控股公司的发展成为未来发展的必然趋势。③

石晓波(2007)认为股指期货作为金融衍生工具的一种，与现货市场有着高度关联，为防范股指期货市场的风险，需加强期货与现货市场风险关联度的研究，并建议监管机构从协调市场间的法令规定、建立股指期货的跨市场信息监管，以及股指期货的跨市场稳定机制等角度建立跨市监管体系。④

张雪莹(2007)分析了1987年10月美国股市和期市暴跌的原因及改革措施。并在此基础上探讨了我国股票现货市场与期货市场的监管现状

① 郑庆寰、林莉：《跨市场金融风险的传递与监管》，《南方金融》2006年第8期。

② 谢群：《现阶段我国跨行业跨市场金融风险监管制度探析》，《现代商业》2007年第29期。

③ 曹元芳、吴超：《跨市场金融风险与金融监管合作》，《上海金融》2007年第1期。

④ 石晓波：《股指期货市场与股市的跨市监管研究》，《财政研究》2007年第12期。

与存在的问题。提出应该从制度设计上加强建立股票现货市场与期货市场在控制价格过度波动之间的协调机制。①基于我国的股票权证市场已经有一定规模，股指期货也即将在我国推出的市场背景，张雪莹(2008)进一步从大额交易者在市场操纵中的作用出发，讨论基于交易的股票现货与衍生品之间的跨市场操纵行为，并对现货和衍生品市场进行联合监管提出了自己的建议，以供决策者参考。②

邢精平(2008)对中国香港市场的跨市场监管进行了探讨，他认为股指期货推出后，可能放大这种市场波动性，甚至会酿成巨大的系统性风险。因此，跨市场监管应侧重于防范系统性风险；同时，他认为我国跨市场监管中需要的信息内容较多，如包括了标的成分股累计持有量、成交量较大或者股指期货合约持仓量、成交量较大的投资者的委托、交易、持仓和资金数据等，建议基于效率原则，对信息内容作适度精简；最后，由于沪深300指数权重较分散，通过操纵个股达到操纵股指期货的可能性很小。但是金融与地产股行业比重大，较为敏感，某些国际投行的言论可能会对市场产生较大的影响，因而他认为应重点监控跨市场价格操纵风险。③

何晓春(2008)认为，在中国证券和期货市场发展过程中，价格操纵一直是一个突出问题。随着国内各交易所推出越来越多的衍生品，市场越发复杂，发生在现货市场和衍生品市场的联合操纵更加难以发现，监管更加困难，对市场的危害性更大。因此，他从法律法规层面、合约设计方面、日常监管方面、跨市场信息共享和联合监管、跨市场危机处理程序等角度对跨市场监管提出了自己的参考建议。④

王春峰等人(2008)认为，股指期货推出后，股票市场和股指期货市

---

① 张雪莹：《股票现货市场与期货市场的联合监管问题初探——基于1987年10月美国股市和期市暴跌的经验》，《上海金融》2007年第5期。

② 张雪莹：《现货与衍生品市场的跨市场操纵研究——基于大额交易者的分析》，《经济论坛》2008年第1期。

③ 邢精平：《香港衍生品跨市场监管机制与启示》，《深交所》2008年第3期。

④ 何晓春：《基于反跨市场联合操纵的监管探讨》，《现代商贸工业》2008年第11期。

场跨市场信息监管成为金融监管机构亟待解决的问题。他们以金融市场微观结构理论和信息经济学为基础，结合股指期货和股票市场的风险关联特性，研究信息在股指期货市场和股票市场传导的一般规律，并分析了跨市场信息监管在信息传导过程中的作用；以此为基础，分析比较了海外证券市场跨市场信息监管具体运作体系，并结合我国证券市场特殊性提出我国股票市场和股指期货市场跨市场信息监管框架、流程和以跨市场信息监管为核心的监管手段。①

张维、韦立坚等(2011)认为股指期货价格操纵一般具有期现跨市场联合操纵的特点，仅按单一市场以波动性分析去判别价格操纵行为是不够充分的。因此，他们引入流动性分析为判别提供了更充分的依据：首先运用 GARCH 模型分析被操纵资产在波动性的异常变化，判断价格序列偏离了"自然特性"，具有被操纵的嫌疑；然后利用日交易量、日持仓量和 Amivest 流动性比率等指标分析流动性的异常变化，发现与根据跨市场操纵过程推测的变化一致，从而构成价格操纵行为的事实依据。②

朱学红、张众、张宏伟(2019)③以 2005 年国储铜事件为例，基于价格信息模型和事件分析法对金属资源跨市场操纵行为进行识别。研究结果显示：在操纵期间，期货市场信息中含有大量个人信息，说明存在行为要件；期货和现货市场都有显著的累积超额收益，说明存在结果要件。他们认为，在防范跨市场操纵的过程中，应该建立科学的跨市场操纵识别体系，完善联动性监测和反馈机制，并加强对金融产品价格信息的监管。

另一些学者则通过专著对跨市场价格操纵进行了深入的研究。如邢精平(2014)④和石启龙(2017)⑤不仅研究了跨市场的操纵模式，还通过

① 王春峰、卢涛、房振明：《股票、股指期货跨市场信息监管的国际比较及借鉴》，《国际金融研究》2008 年第 3 期。

② 张维、韦立坚、熊熊等：《从波动性和流动性判别股指期货跨市场价格操纵行为》，《管理评论》2011 年第 7 期。

③ 朱学红、张众、张宏伟：《金属资源跨市场操纵行为识别——基于价格信息和事件分析法》，《中南大学学报(社会科学版)》2019 年第 3 期。

④ 邢精平：《跨市场操纵模式与监管》，科学出版社 2014 年版。

⑤ 石启龙：《跨市场操纵：生成、模式与法律监管》，东北大学出版社 2017 年版。

案例进行了深入的分析，最后提出了监管建议，以期减少跨市场操纵。

四、文献述评

随着国内证券市场的发展与政府监管水平的提高，关于价格操纵的相关研究受到越来越多学者的关注，其研究角度包括经济学、法学、行为金融学以及计量经济学等。研究成果不仅为该领域下一步深入研究打下了基础，同时对监管者对价格操纵的侦测、监察和处罚提供了理论和实务指导。上述研究从多个角度，使用不同学科工具对价格操纵进行了研究，形成了丰富的成果，相对一致的结论主要包括：

从上述国内外文献对证券价格操纵的研究看，其研究动机都基于价格操纵影响市场效率，导致不公平的证券价格出现，最终将导致市场萎缩，因此，对价格操纵应该加强监管，加重处罚。①

被操纵的股票或期货在换手率、成交量、波动率和成交金额方面与未被操纵的股票有显著的差异。因此，从实证角度进行研究的学者认为监管者应该对交易进行监控，特别是对换手率、成交量、波动率和成交金额表现异常的股票高度关注。

从法学角度进行研究的学者提出的建议则包括如何认定价格操纵，哪些行为属于价格操纵，应该如何处罚，监管者应该采取哪些措施事前对价格操纵进行侦测与监察，以及监管思路和具体的监管指标设计方案等。

纵观上述研究文献，虽然大部分文献得到了很有价值的结果，提出的监管建议也很有操作性，但仍存不足之处，值得后来者进一步研究。

首先，就跨市场监管而言，与单一市场相比，文献仍然显得较少。更为重要的是，由于在既有现货产品，同时有衍生品种交易的市场中，

① Yadlin(2001)的观点较为特别：他认为股价操纵并不一定是坏事，知情者对股价的操纵能够促进弱式有效市场中信息的传播，因此，如政府能够区分知情操纵者和不知情操纵者，那么政府不应禁止所有的操纵，应禁止的只是不知情操纵者的操纵行为，如政府不能区分知情操纵者和不知情操纵者，那么政府则应禁止所有的操纵行为。最后，他以特拉维夫证券交易所1990年至1998年发生的57起操纵事件进行实证研究，分析了政府对股价操纵应采取的态度。

跨市场套利在交易模式与跨市场价格操纵上有相似之处，如何判断是套利行为还是操纵行为，关于该方面的研究还很少见。

其次，大部分对价格操纵的模型研究偏向于理论模型推导，而实际数据或行为金融学模拟研究较少，因此，虽然这些模型在理论上较为完善，但却很难从这些模型中得到反价格操纵的借鉴。实际上，对监管者而言，最重要的是如何进行反价格操纵。当然，导致上述不足的主要原因之一是研究者很难获得股票或期货交易过程中的超高频数据——每笔交易数据，而这类数据是实证研究通过交易进行价格操纵的基本前提之一。另外，国内监管机构在披露一些操纵案件时，缺乏研究者需要的细节也是导致相关研究较少的原因。

总之，虽然国内研究者对价格操纵日益关注，但由于我国证券和衍生品市场与西方发达金融市场相比仍然属于新兴市场，不管在市场规模，还是金融品种，以及监管水平上都有待继续提高，而对价格操纵的进一步深入研究并为监管者提供决策依据有助于国内证券市场的健康稳步发展。

第二章

现货市场与金融衍生品市场概述

第一节　现货市场概况

现货市场(Spot Markets，也常使用 cash market 或 physical market)是指与期货、期权、远期和互换等衍生工具市场相对市场的一个统称。与衍生品市场相比，现货市场以当前价格成交并以现金交割。①一般来说，衍生品市场是基于相应的现货市场交易品种为标的资产(underlying instruments)开发而来。如一些在交易所进行的股票期货、股票期权其标的物是股票，而债券期货或期权的标的物是相应的现货债券。

就全球金融市场历史而言，现货市场出现时间远早于衍生品市场。在现货市场中，债券的历史较股票悠久，债券市场的主要部分是公债或政府债券，而且各国的债券市场几乎无一例外都是从发行政府债券开始逐渐形成和发展起来的。其中最早的债券形式就是在奴隶制时代产生的

① 期货等衍生品市场也以当前价格买卖和成交，但通常交割时间都在 1 月以后甚至更长时间。并且，期货等衍生品买卖价格一般都是远期的某个价格。如目前为 5 月最后一周，期货市场 5 月合约进入现货月份，要买卖期货合约，最近的合约是 6 月，交割时间还有 1 个月。

公债。至1141年，法国就出现了证券经纪商和集中交易的场所。中世纪末期，威尼斯、热那亚尝试发行政府公债，并诞生了政府公债的交易。[①]17世纪下半期，荷兰联省共和国公开发行了一批政府债券，并在阿姆斯特丹交易所上市。[②]后来，欧洲其他国家也纷纷将本国政府债券投放到阿姆斯特丹交易所上市，使得阿姆斯特丹很快成了欧洲最主要的债券市场。到18世纪中后期，英国和法国凭借其资本主义生产和对外贸易的迅速发展，取代荷兰成为新的世界经济和金融中心。欧洲公债市场的重心向伦敦和巴黎转移，英国和法国的债券市场逐渐发展了起来。

在美国，早在独立战争期间，政府就发行了各种临时债券和中期债券，以支付巨大的战争经费开支，这些债券的发行和交易便形成了美国最初的证券市场。1770年，费城成立了美国第一家证券交易所——费城证券交易所，其中已有债券交易。独立战争胜利后，财政部长汉密尔顿开始着手重建国家财政，特别是解决联邦政府发行的纸币——“大陆币”的急剧贬值问题，1790年，美国政府按面值赎回“大陆币”，同时发行了新的“公共债券”以筹集赎买资金。此后，国债交易日渐发达。

19世纪30年代后，美国各州大量发行州际债券。19世纪40年代由政府担保的铁路债券迅速增长，有力地推动了美国的铁路建设。19世纪末到20世纪，欧美资本主义各国相继进入垄断阶段，为确保原料来源和产品市场，建立和巩固殖民统治，加速资本的积聚和集中，股份公司发行大量的公司债，并不断创造出新的债券种类。特别地，进入20世纪后期，金融创新和金融市场全球化趋势激发了债券市场的进一步创新，美国债券市场品种日新月异，层出不穷，如中央政府债券、地方政府债券、政府保证债券、其他政府部门债券、普通公司债券、可转换公

① 马克思在《资本论》中指出：“公共信用制度，即国债制度，在中世纪的热那亚和威尼斯就已产生，到工场手工业时期流行于整个欧洲。”

② 阿姆斯特丹证券交易所(荷兰语：Amsterdamse effectenbeurs)位于荷兰阿姆斯特丹，由荷兰东印度公司于1602年创建。2000年9月22日，阿姆斯特丹证券交易所与布鲁塞尔证券交易所(Brussels Stock Exchange)和巴黎证券交易所(Paris Stock Exchange)合并成立了欧洲证券交易所(Euronext)。

司债券、通货膨胀保护债券、抵押债券、金融债券、外国债券、欧洲债券等。

随着全球经济发展和各国金融深化的继续，除了发行债券产品融资，各国逐渐建立证券交易所，让符合上市标准的公司在交易所挂牌交易。自全球第一个股份公司成立至今，①股票已有400多年的历史。②对发行股票的公司而言，股票是筹集资金的有效手段；发行股票能够分散公司整体投资风险；发行上市也是一种公司营销手段。对股票持有者而言，由于股票具有红利及资本利得等收益，股票投资就成为大众投资的一种工具；同时，股票的存在能够分散投资者资产风险。所以，股份公司、股票融资和股票市场的相互联系和相互作用，推动着股份公司、股票融资和股票市场的共同发展。

早期的股份制公司主要集中在荷兰和英国，股票交易是通过私下转让的方式进行的。为保护这种股份制经济组织，英国、荷兰等国的政府不但给予它们各种特许权和免税优惠政策，还制定了相关的法律，从而为股票的产生创造了法律条件和社会环境。到1680年，此类公司在英国已达49家，这就要求用法律形式确认其独立的、固定的组织形式。在17世纪上半叶，英国就确认了公司作为独立法人的观点，从而使股份有限公司成为稳定的组织形式，股金成为长期投资。股东凭借公司制作的股票就享有股东权，领取股息。

与此相适应，证券交易也在欧洲的原始资本积累过程中出现。17世纪初，为了促进包括股票流通在内的筹集资本活动的顺利开展，在里昂、安特卫普等地出现了证券交易场所。1602年，荷兰建立了世界上最

① 1553年，英国以股份集资的方式成立了贸易公司——莫斯科尔公司(Muscovy Company)，该公司是全球第一个特许合股公司(chartered joint-stock company)，采取的方式就是公开招买股票，购买了股票就获得了公司成员的资格。这些公司开始运作时是在每次航行回来就返还股东的投资和分取利润，其后又改为将资本留在公司内长期使用，从而产生了普通股份制度，相应地形成了普通股股票。

② 成立于1602年的荷兰东印度公司(Dutch East India Company)是全球第一个股份制公司，当时该公司经营航海事业。它在每次出海前向人集资，航次终了后即向出资人支付本金和利润。1613年起该公司改为四航次，才派一次利润，这是“股东”和“派息”的前身。

早的一个证券交易所，即阿姆斯特丹证券交易所。

随着工业革命的开始，银行、运输业急需大量资金以获取发展机会，而股份有限公司和股票正好提供了一条用资本社会化来集中资金的出路。因此，除了传统的发行债券以外，通过发行股票来筹集资金、建立股份有限公司成为当时的一种普遍方式。到了 19 世纪 60 年代，由于资本主义大工业生产要求扩大企业规模、改进生产技术和提高资本的有机构成，独资或合伙企业就难以适应。这时资本主义国家政府就采取各种优惠措施来鼓励私人集资兴建企业。于是，股票的自由转让，特别是利用股票价格进行投机，刺激了人们向工业企业进行股票投资的兴趣。股份有限公司在各个工业领域都迅猛发展，成为主要的企业组织形式。

进入 21 世纪，由于全球经济的发展，以及金融市场全球化趋势、全球人口规模的增长等因素的刺激，全球通过证券交易所挂牌交易的股票越来越多。全球交易所联合会最新数据显示，截至 2019 年 6 月底，全球共有 51385 家上市公司，仅通过电子化进行交易的股票，交易金额就高达 449802.98 亿美元。另外，2019 年上半年，全球通过股票市场融资达 864719.70 亿美元(详见表 2.1)。

表 2.1　交易所联合会会员股票发行和交易概况

地　　区	上市公司数量（家）	融资金额（百万美元）	交易金额（百万美元）①
美　　洲	9823	39132034	21934108
亚洲—太平洋地区	27463	28944683	17644798
欧洲—非洲—中东地区	14099	18395253	5401392
总　　计	51385	86471970	44980298

资料来源：全球交易所联合会 http://www.world-exchanges.org，截至 2019 年上半年。

① 仅包含了电子交易部分。

第二节　金融衍生品市场概况

在金融市场上，衍生品(Derivatives)又被称为衍生金融工具，或金融衍生工具，一般表现为两个主体之间的一个协议，其价格由其标的物价格，即现货市场产品决定。虽然衍生品将现货产品作为标的物，但成交时不需要立即进行交割，而是在衍生品合约中规定的未来某个时间进行交割。这也是衍生品市场和现货市场间存在的主要区别之一。基础的衍生品主要包括四个大的类别：远期(Forward)、期货(Futures)、期权(Options)和互换(Swap)等。①

在四种基础衍生品中，远期合约和期货合约最先出现，但具体出现在哪一年已无从考究，②不过目前公认历史上第一个期货交易市场是日本江户幕府18世纪30年代举行的堂岛米交易所(Dōjima Rice Exchange)，因为当时的武士(Samurai)以水稻支薪，故他们需以期货交易对冲水稻收成时价格波动的风险。③1864年，芝加哥期货交易所(Chicago Board of Trade，CBOT)推出全球第一个标准化远期合约，即期货合约。

早期的远期合约、期货等衍生品涉及的标的物集中在农产品、金属等商品方面。因为金融衍生品是基于金融现货市场产品价格而进行定价，因此金融衍生品出现的历史相对较短。自推出全球第一个期货合约后，芝加哥期货交易所进行了一系列的制度创新，期货这种交易方式迅速被推广，期货市场进入品种不断创新的崭新发展阶段。同时，各期货

---

①　利用金融工程原理，将现货产品和以上四种基础衍生品中的一种或数种结合起来设计出的金融工具称为结构化产品(structured product)，或结构化金融工具。

②　亚里士多德(Aristotle)描述了一个住在米利(Miletus)、贫穷但精于数学的哲学家泰勒斯(Thales)投机于橄榄期货致富的故事。据说泰勒斯用自己的技能预测某年秋季橄榄的收获将非常好。于是米利向当地的橄榄农户按低廉的远期价格全部收购他们的出产。由于橄榄农户愿意对冲收成时价格低贱的风险，故他们亦因此乐于向泰勒斯以低廉的远期价格全部出售他们的出产。泰勒斯因此赚了大笔钱。

③　Schaede，Ulrike(September 1989)，“Forwards and futures in tokugawa-period Japan：A new perspective on the Djima rice market”，*Journal of Banking & Finance* 13(4—5)：487—513.

交易所之间的竞争，迫使交易所纷纷进行研发，推出新的期货和其他衍生品品种。

第二次世界大战后布雷顿森林体系解体，到20世纪70年代初，固定汇率制被浮动汇率制所替代，汇率、利率变动加剧。这种情况下，金融衍生品应运而生，1972年5月，芝加哥商品交易所(Chicago Mercantile Exchange, CME)上市英镑、加拿大元、西德马克、法国法郎、日元、瑞士法郎等外汇期货；从1968年起，商品期货市场的交易量低迷，迫使期货交易所讨论扩展其他业务的可能性，在投入大量研发费用并历经5年之后，全世界第一个期权交易所——芝加哥期权交易所(Chicago Board Options Exchange, CBOE)终于在1973年4月26日成立，这标志着真正有组织的期权交易时代的开始；①1975年芝加哥期货交易所上市世界上第一个利率期货合约——国民抵押协会债券，1977年8月，芝加哥期货交易所上市美国长期国债期货合约。②1982年2月，美国堪萨斯期货交易所(Kansas City Board of Trade, KCBT)上市第一个指数期货——价值线综合指数期货。

从芝加哥期货交易所诞生至今，衍生品品种创新不仅表现在品种数量增加上，而且品种涵盖领域在不断扩大，已经从农产品、工业原料、能源跨越到金融领域等，伴随着品种创新，交易方式、市场组织形式也发生深刻变化，特别在当代出现了一些重要的发展趋势。Smith, Smithson & Wilford(1990)认为，汇率、利率、商品价格的波动是金融创新的主要动力之一。③虽然世界上大部分期货衍生品交易所在金融衍生品出现后才成立，但金融衍生品在国际衍生品市场上逐渐占据了主导地位，对世界经济产生了空前影响。

交易所联合会数据显示，2019年上半年，全球期权交易量比2018

---

① 芝加哥期权交易所4月26日开始交易16只股票看涨期权，1977年引入看跌期权。1983年3月11日，芝加哥期权交易所推出了其第一个股指期权合约——CBOE-100指数期权，后来改名S&P100指数期权。

② 参见http://www.csidata.com。

③ Smith, C., C. Smithson and D. Wilford(1990), Managing Financial Risk(Harper Business, New York).

年同期增长了12%，期货交易量增长了9.8%。其中股指期权比去年同期增长了40.4%，股指期货增长了20.6%，个股期货增长了21.2%。上述数据说明，期货、期权等衍生品越来越成为全球投资者有效避险的工具。另外，与传统的农产品、能源、金属等衍生品相比，虽然金融衍生品上市交易的时间较短，但在成交量方面已远超上述传统衍生品种。

第三节　跨市场交易行为分析

一、金融现货市场与衍生品市场间关系

在完全市场(Complete market)理论中，期货、期权等衍生于基础资产的金融产品是冗余的，因为它们可以通过基础资产复制产生，从而衍生品的定价也是唯一和确定的。在完全市场框架下，期货和期权等衍生品是不会促进市场功能改善的，因为基础市场本身已经是完全的，投资者通过基础资产就可以获得任何想得到的风险收益配置。但现实市场远非完全市场理论所描述的那样，金融市场的实践表明，衍生品在完善资本市场功能、优化资产配置、促进定价效率等方面发挥了极其重要的作用。

首先，从现货产品价格和衍生品价格关系看，一般来说，现货价格和衍生品价格所受的影响因素类似，因此两者的变化方向和幅度都基本上是一致的。同时，由于市场走势的收敛性，具体到金融期货与现货，期货与现货的基差(即金融产品的现货价格与期货价格之差)会随期货交割期的临近而不断减小，到了交割期，期货价格和交易的现货价格大致相等。从理论上来说，期货价格应稳定地反映现货价格加上特定交割期的持有成本。但在实践中，除了持有成本以外，特别是在交割前，由于现货市场与衍生品市场在交易时间、涨跌幅限制、市场参与者偏好、交割条款等因素方面存在的差异，导致现货市场价格与衍生品价格之间也总是存在一定的差异。

其次，从各种因素对价格产生影响导致的价格变化情况来看，根据有效市场理论，如果市场是有效率的，并且投资者是理性的，那么市场中的所有金融产品价格应该同时迅速地反映新的信息。但在现实中，因为交易限制、交易成本、非同步交易等因素，金融衍生品市场因和其标的市场，在对新信息的反映速度上存在一定差异，导致两类市场之间存在着领先落后的信息反应关系。

从学术界的研究看，特别是最近的一些新进展，大部分研究认为金融衍生品市场因交易成本较低、杠杆交易及信息完全揭露等特性，其价格能更加迅速地反映在市场上，因此金融衍生品市场被认为应该领先于其现货市场。从已有研究看，影响衍生品市场与现货市场在信息反映速度上的领先落后的原因可以总结为以下几个方面：

第一类因素是市场摩擦。Stoll & Whaley(1990)、①Lihara，Kato Tokunaga(1996)②及 Fleming，Ostdiek & Whaley(1996)③认为，由于现货市场存在卖空限制及监管机构的监管等因素，投机型投资者有更强的动机在衍生品市场中交易。同时在资本金要求方面，金融衍生品具有很大的杠杆效应，资金不很充分或对投资有充足信心的投资者往往会选择衍生品。许多市场还有股票的买空卖空交易限制，这些限制使得投资者只能通过金融衍生品市场进行交易，这种参与者的参与冲动，造成了金融衍生品市场在信息反映上更加快速，在统计上显著领先于现货市场。

第二类因素是异步交易。Shyy，Vijayraghavan & Scott-Quinn(1996)④

① Stoll，H.R. and R.E. Whaley(1990)，“The Dynamics of Stock Index and Stock Index Futures Returns[J]”，Journal of Financial and Quantitative Analysis，Vol.25，No.4，pp.441—468.

② Lihara，Y.，Kato，K.，& Tokunaga，T.(1996). Intraday Return Dynamics between the Cash and the Futures Markets in Japan[J]，Journal of Futures Markets，16(2)，147—162.

③ Fleming，J.，Ostdiek，B.，and Whaley，R.E.(1996)，“Trading costs and the relative rates of price discovery in stock，futures，and options markets”，Journal of Futures Markets，16，pp.353—387.

④ Shyy，G.，Vijayraghavan，V.，& Scott-Quinn，B.(1996). A further Investigation of the Lead-Lag Relationship between the Cash Market and Stock Index Futures Market with the Use of Bid/Ask Quotes：The Case of France[J]，Journal of Futures Markets，16(4)，405—420.

研究认为，当市场有新信息出现时，由于指数型的金融衍生品价格是一个直接的整体性指标，因此可以实时反映新信息。而股票指数的数值是通过众多股票加权计算而出，而每只成分股票的交易活跃状况有很大差别，因此股票指数可能无法实时迅捷地反映当时市场上所出现的新信息。这种异步交易会造成指数型的金融衍生品领先于股票指数。另外，高流动性的股票交易量高于低流动性股票数十至数百倍，其信息的反映状况当然也会有所差异。如标的股票流动性过低，将使得标的反映速度比衍生品慢，导致衍生品领先现货的情况。

第三类因素是交易成本。交易成本包括手续费、买卖价差、交易税等，这些成本实际地影响了套利者的交易活动，如果交易成本比套利利润高的话，套利者便不会进入市场，就很有可能使得市场差异继续存在。Stoll & Whaley(1990)、①Fleming，Ostdiek & Whaley(1996)②以及Abhyankar(1998)③认为，指数型金融衍生品的交易成本比一篮子股票的交易成本低，投资者会优先选择在交易成本低的市场中交易，一定程度上造成了衍生品市场在信息反映上领先于现货市场。

但是同时也有一些研究指出，尽管大量理论分析和实证资料支持金融衍生品市场在信息反映速度上快于现货市场，但也存在一些制约金融衍生品信息反映的因素。在某些情况下，如果这种因素占主导地位，也可能出现现货与衍生品信息反映无差异，甚至现货市场更快的情况。

一是新兴市场中的市场成熟度。Chiang & Fong(2001)④认为，在新兴市场中，由于投资者对金融衍生品还不太熟悉，在参与者不多、交易

① Stoll, H. R. and R. E. Whaley(1990), "The Dynamics of Stock Index and Stock Index Futures Returns[J]", Journal of Financial and Quantitative Analysis, Vol.25, No.4, pp.441—468.

② Fleming, J., Ostdiek, B., and Whaley, R. E.(1996), "Trading costs and the relative rates of price discovery in stock, futures, and options markets", Journal of Futures Markets, 16, pp.353—387.

③ Abhyankar, A.(1998): "Linear and nonlinear Granger causality: Evidence from the UK stock index futures market[J]", The Journal of Futures Market, 18:519—540.

④ Chiang, R. and W. Fong(2001), "Relative Informational Efficiency of Cash, Futures, and Options Markets: The Case of an Emerging Market[J]", Journal of Banking & Finance, Vol.25, pp.355—375.

不太活跃、成交量不大的情况下，可能大大降低衍生品的信息反映效率。

二是具有特定公司信息的知情交易者的参与。Chan(1991)①指出，若投资者拥有特定公司信息，由于股票价格本身更直接反映了该信息价值，为了获得稳健的超额收益，投资者一般会选择在现货市场上交易，这有利于现货对信息的反映。

三是机构投资者交易的影响。机构投资者在现货市场和金融衍生品市场上的影响力都非常大，由于机构投资者资金量大，在操作时会受到一些监管限制，在获得新信息时，如果现货市场更加容易操作，那么机构投资者会选择在现货市场操作，提高了现货市场的信息反映效率。

正是因为上述提及的原因：即现货市场价格与衍生品间价格很少一致；现货市场价格与衍生品价格对信息的反映有或领先或落后的关系，因此，一个既有现货市场，又有衍生品市场的金融产品，其交易方式比单一的现货市场要丰富很多，其参与者也会大幅度增加。其中，同时存在现货与衍生品的金融市场，参与者可以进行套期保值、跨市场套利，以及本书将重点探讨的跨市场操纵。

二、金融现货市场与衍生品市场间跨市场交易行为

近 20 多年来，全球经济发展突飞猛进，特别是跨境贸易、跨境并购、跨境金融产品投资等全球金融行为持续增长。汇率的波动，以及经济政策的差异等因素，为市场参与者进行跨市场套期保值、跨市场套利等投资行为提供了基础。

(1) 跨市场套期保值

在大多数仅有现货交易的单边市场中，投资者仅能通过看涨，即买入并持有(buy and hold)，等价格上涨后卖出来赚钱。对于现货价格下跌

① Chan, K., K.C.Chan and G.A.Karolyi(1991) “Intraday volatility in the stock index and stock index futures markets[J]”, The Review of Financial Studies, 4(4), pp. 657—684.

的风险，除了平仓之外，别无他法进行风险规避。①而衍生品的出现，为现货的套期保值提供了机会。同时，套期保值也是衍生品中的重要工具——期货出现的主要原因，也是保证期货品种能够成功持续被市场认可的重要因素。②从成熟市场经验来看，机构投资者主要运用跨市场套保策略管理投资组合的市场风险和流动性风险。

在金融实践中，根据套期保值的目的，可以分为卖出衍生品套期保值和买入衍生品套期保值。前者指投资者手中持有现货看涨头寸，即多头。因担心现货价格会下跌，投资者会在对应的衍生品合约上做空，即卖出等价值的衍生品。当现货下跌时，现货有浮动亏损，衍生品头寸则有浮动盈利；反之，现货价格上涨，现货头寸有浮动盈利，而衍生品头寸有浮动亏损。因此，不论现货价格上涨还是下跌，通过套期保值投资者能够从总体上锁定收益。③除了上述传统的套期保值手段外，另一种套期保值是买入保值。例如，投资者看涨某现货金融产品，如果直接买入现货其可能面临资金不足的困难，此时他可以买入相应的衍生工具，因衍生工具使用保证金交易，缓解了其资金不足难题。④

（2）跨市场套利

套利又称价差交易，包括两种基本的类型，一是在期货与现货之间的期现套利(spot-futures arbitrage)，⑤二是在不同的衍生品合约之间的套利——价差交易(spread trading)。本书主要讨论前一种模式，即某种

---

① 在很多成熟的金融市场中，虽然早期缺乏股指期货、个股期货等套期保值衍生工具，但可以通过卖空(short selling)来实现套期保值功能，但卖空交易的限制较多，并且只有符合一定规则的股票才能进行卖空。

② 刘凤元：《衍生品合约失败案例研究及其启示》，《证券市场导报》2010 年第 3 期。

③ 套期保值的目的不是为了赚取利润，而是为了锁定收益，与投机有本质区别。关于国有企业利用衍生工具进行套期保值与投机，发改委、证监会以及各期货交易所也有严格的规定。如 2009 年 3 月发改委发布《关于进一步加强中央企业金融衍生业务监管的通知》等。

④ 还包括了另一种情况，如投资者看涨股市，但不确定具体哪只股票会涨，此时可以买入股指期货，以达到套期保值效果。

⑤ 主要集中在期货市场中的套利交易，常见方式是买入或卖出某种期货合约的同时，卖出或买入相关的另一种合约，并在某个时间同时将两种合约平仓的交易方式。在交易形式上它与套期保值相同，只是套期保值在现货市场和期货市场上同时买入卖出合约，套利却是在期货市场上买卖合约。

期货合约，当期货市场与现货市场在价格上出现差距，从而利用两个市场的价格差距，低买高卖而获利。

套利的经济学原理为“一价定律”。也就是说，在竞争性的市场上，如果两个资产是等值的，它们的市场价格将趋向一致。根据金融工程的无套利定价方法，若构建两个投资组合，让其终值相等，则其现值一定相等；否则会引发套利，即卖出现值较高的投资组合，买入现值较低的投资组合，直至两个组合的现值相等。实际交易过程中，由于两个市场交易机制、参与者差异等原因导致现货市场价格与衍生品种间价格很少一致，同时，现货市场价格与衍生品价格对信息的反映有或领先或落后的关系。因此，跨市场套利机会经常会出现。①

跨市场套利对市场效率非常重要。一方面，期货市场的本质功能体现为风险转移与价格发现，与套保策略所具有的转移、管理风险功能不同，套利交易策略可以实现价格发现功能，即通过套利交易决定的期货均衡价格来更好地引领现货价格变动，促使现货市场形成合理健康的走势，形成相对合理的市场估值水平。另一方面，套利行为有助于期货市场流动性的提高。套利行为的存在不仅增加了期货市场的交易量，也增加了现货市场的交易量。市场流动性的提高，有利于投资者交易和套期保值操作的顺利进行。

(3) 跨市场操纵

在跨市场交易行为中，除了上述提及的套期保值和套利以外，还有一种交易行为，其目的是为了进行操纵，即跨市场操纵。常见的模式之一是操纵者事先建立相应的期货或期权等衍生品头寸，然后利用或资金的、或信息上的优势操纵现货市场价格，使其衍生品头寸通过杠杆放大效应，获得更高利润。具体定义及其模式后文将详细分析。

---

① 近年来，随着程序化交易的兴起，抓住跨市场套利机会越来越困难。

第三章

跨市场操纵定义、形式与案例

第一节　跨市场操纵的定义

一、价格操纵的定义

操纵证券交易价格是证券交易市场中存在已久的问题，因为通过价格操纵能够获得超额利润，因此有能力的证券市场参与者对此乐此不疲。但对价格操纵的定义则看法不一。Charles Amos Dice & Wilford John Eiteman(1941)①认为，操纵行为，通常是指通过某一人或某团体的计划性行为，而创造出人为的价格。George L. Leffler(1951)称所谓的操纵行为，指对证券价格进行人为控制，目的在于逼迫证券价格高出或低于正常市场供需关系所形成的价格。实施价格操纵者期待由其所营造出的不实价格得到利益。②Steve Thel(1990)③将操纵定义为：引诱他

① Charles Amos Dice & Wilford John Eiteman, The stock market, 2nd ed, New York: McGraw-Hill, 1941, 414.

② George L. Leffler, The stock market, New York: Ronald Press Co., c.1951, 313.

③ Steve Thel, The Original Conception of Section 10(b) of the Securities Exchange Act, 42 STAN. L.REV.385, 1990, 393.

人从事某证券交易，或意图迫使某证券价格趋近于一个人为的价格水平的行为。Fischel and Ross(1991)[①]认为：操纵是金融市场监管的最基本问题之一，但操纵无处不在，而对于操纵一词却没有令人满意的定义。他们认为，出于“不良意图”进行有利可图的交易就是操纵。

《新帕尔格雷夫货币与金融学辞典》对金融市场操纵的解释为：指这样一些活动，其目标是通过利用能导致非自然(unnatural)市场价格的技术来改变金融证券的价格，常用的技术有虚假交易或散布虚假的市场价格。《牛津英文词典》定义操纵为：“通过巧妙的方法控制或影响，尤其是为了自己的利益不公正地或邪恶地对待。”

Easterbrook(1986)[②]把期货市场上的垄断(monopoly)等同于操纵，并且认为这是一种特殊的欺骗。Cherian and Jarrow(1995)[③]认为，当个体(或群体)对股票的交易在某种程度上影响着股票价格使之对自己有利时，市场操纵就发生了。因此，操纵意味着存在某种影响市场价格的势力。针对价格操纵，美国通过的《1934 年证券交易法案》描述道：“法案的目的是……清除因操纵或控制导致的本身应该完全由供需决定的公开市场证券交易，这也是证券交易的最初目的。”纽约证券交易所(NYSE)则对价格操纵进行了如下定义：一种非法操作，买卖证券的目的是为了导致股票交易热络的虚假或误导现象，或为了打压或提升股票价格并导致他人买入或卖出。[④]Kyle，Albert S.，and S. Viswanathan (2008)[⑤]则认为，“非法价格操纵(illegal price manipulation)”很难定义，并通过市场微观结构理论对操纵的定义进行了讨论。

综合而言，所谓不法操纵，是指直接或间接从事影响集中交易市场或券商营业处所买卖的有价证券交易价格的操纵行为，例如：不履行交

---

① Fischel D. and Ross D.，“Should the Law Prohibit Manipulation in Financial Markets?” (1991) 105 Harv L Rev 503 at 509.

② Easterbrook，Frank H. Monopoly，Manipulation and the Regulation of Futures Markets 1986(59).

③ Cherian，J.A. and R.A. Jarrow(1995)，“Market Manipulation”，Chapter 20 of Handbook of Operations Research and Management Science，Vol.9，Finance，North-Holland.

④ 请参见：http://www.nyse.com/glossary/glossarylinks.html?a=1042235996154。

⑤ Kyle，Albert S.，and S. Viswanathan. 2008. “How to Define Illegal Price Manipulation.” *American Economic Review*，98(2)：274—279.

割影响市场秩序、不移转证券所有权而虚假买卖、意图抬高或压低集中交易市场有价证券交易价格，而连续以高价买入或低价卖出、意图影响有价证券价格而散布流言或不实资料及其他操纵市场的行为等。

二、跨市场价格操纵的定义

从涉及的市场数量角度对价格操纵进行分类，可以将价格操纵分为单一市场价格操纵和跨市场操纵。单一市场价格操纵指操纵者对某个市场中的金融产品进行操纵，如操纵者或对股票市场、或对期货市场、或对债券市场产品进行价格操纵。

狭义的跨市场操纵一般指操纵者对处于同一个国家或经济体的现货与衍生品市场进行操纵，即，狭义的跨市场操纵涉及两个或两个以上相关市场，对价格进行操纵。如操纵者事先建立相应的期货或期权头寸，然后利用资金和信息上的优势操纵现货市场价格，使其衍生品头寸通过杠杆放大效应，获得更高利润；或者操纵期指走出偏离合理定价区间的短暂行情，再从股票市场上获取差价收益等。

而广义的跨市场操纵还包括了跨界(境)操纵(Cross-border manipulation)。跨境操纵的常见模式为，在某国/地区境外的个人或机构对境内股票或衍生品进行操纵，或利用设立在境外的交易账户操纵境内股票或衍生品。

随着全球经济的一体化程度深化，融资和投资全球化持续发展，具体形式包括：公司可以到其他国家或地区挂牌上市融资，甚至同时在境内和境外交易所上市交易；投资者在境内投资金融品种的同时也直接或间接持有其他国家或地区的金融产品。上述投融资全球化为投资者和融资者提供了更多的投融资渠道，但因跨境违规更难被发现从而被别有用心者利用。如被称为“跨境操纵第一案”的唐某某借道沪港通机制操纵小商品城股价，①以及 2017 年 5 月，166 名中国人到泰国租房建立交易

① 2017 年 3 月 10 日，中国证监会对“唐某某操纵小商品城案”正式作出行政处罚决定。该案被称为“沪港通”跨境操纵市场第一案，当事人为规避监管，利用在我国香港和内地开立的证券账户，内外配合，通过制造人为的交易价格和交易量，误导其他投资者参与交易，实施跨境操纵沪市上市公司“小商品城”(600415.SH)股价，获利共计 4 千余万元。http://www.csrc.gov.cn/pub/newsite/jcj/aqfb/201611/t20161121_306275.html。

室，因涉嫌操纵中国股市在泰国东北部邬汶府被泰国警方扣押。[①]

本书将在第七章对跨境价格操纵进行简略分析，将重点放在关注狭义的跨市场操纵上。

第二节　跨市场操纵的理论模型

一般来说，证券价格是众多因素综合作用的结果。其中最重要的两个因素是证券的基本面价值（真实价值）V 和市场对证券的供求情况 DS，由此，证券的价格 P 可以表示为二者的函数：

$$P = F(V, DS) + \varepsilon$$

其中 ε 表示来自其他因素的随机冲击，其均值 $E(\varepsilon) = 0$。$DS = 0$ 表示供求平衡，$DS < 0$ 表示供大于求，$DS > 0$ 表示供不应求。这一函数的基本性质是：

（1）$F(V, 0) = F(V)$。即在供求平衡时，证券价格基本由其基本面价值 V 决定，供求关系在平衡点对股票价格没有影响。

（2）即在基本面价值不变的情况下，对证券供求的不平衡将对证券价格产生显著影响：证券供不应求时，股价将攀升；反之，证券供过于求时，价格将持续下跌。并且，随着供求不平衡的加剧，供求关系对证券价格的影响也增大。

从上述函数关系来看，证券价格变动有两个途径，一是改变其价值；二是改变其供求关系。如果证券价格由于价值变动而变动，那是投资者对其投资价值作出的理性反应。除此之外，投资者还可以通过改变证券的供求关系影响其价格。一般而言，投资者拥有证券占总可流通证券的比例越高，对股票价格的影响能力就越强。

---

① http://stock.hexun.com/2018-05-11/192995738.html.

在一个理想的完全竞争市场里，均衡是常态，即 $DS=0$，这时，证券价格的均值为 $E(P)=F(V)$，即完全由其基本面价值决定。对投资者来说，投资于任何一只证券是无差异的，即投资者持有的证券及其数量表现为统计上的随机性。证券集中度应当呈随机分布状态，其均值主要与市场上全体投资者的资金量分布相关。

然而，现实的市场总是存在这样或那样的交易费用和随机冲击，其中最为重要的是存在信息的不完全和不对称，由此导致市场的不均衡成为常态。由于资金雄厚的投资者在信息的收集和处理上具有规模效应，相对于其他投资者来说具有一定的信息优势。资金雄厚的投资者会不断搜寻被低估的证券，并集中持有，导致这类证券集中度提高；与此同时，由于对证券需求的增加，将导致证券价格向上不断逼近其基本面价格。反之，在得知价格被高估后，资金雄厚的投资者将会卖出，导致这类证券的集中度降低；同时，证券价格因需求减少，价格向下逼近其基本面价格。

更为重要的是，如果市场中存在恶意操纵者的话，情况就不一样了。恶意操纵者会根据一定的标准，选定特定的证券集中持有。当恶意操纵者控制的证券数量足够多时，就能够控制证券的供求关系，并通过这种供求关系影响证券价格，使得证券的价格远离其基本面价值。或者通过发布虚假信息，诱使其他市场参与者退出或参与市场，以达到低价买入或高价卖出的目的。这时，即基本面价值成为影响证券价格的次要因素，而被控制的供求则成为影响价格的主要因素。

假设 $\mathrm{Ps}_{\mathrm{i}}^{0}$ 为买入过程中现货价格，$\mathrm{Ps}_{\mathrm{j}}^{1}$ 为卖出过程中现货价格，$V\mathrm{s}$ 为对应的现货头寸，则在现货市场中，操纵者获利如下：

$$\text{Profit}=\sum_{j=1}^{\mathrm{n}}\mathrm{Ps}_{\mathrm{j}}^{1}\,V\mathrm{s}_{\mathrm{j}}^{1}-\sum_{i=1}^{\mathrm{m}}\mathrm{Ps}_{\mathrm{i}}^{0}\,V\mathrm{s}_{\mathrm{i}}^{0}$$

其中①：

$$\sum_{j=1}^{\mathrm{n}}V\mathrm{s}_{\mathrm{j}}^{1}=\sum_{i=1}^{\mathrm{m}}V\mathrm{s}_{\mathrm{i}}^{0}$$

① 假设操纵者结束操纵后会将所有头寸平仓。

对操纵者而言，其目标是使利润最大化，即

$$MAX(\sum_{j=1}^{n} Ps_j^1 Vs_j^1 - \sum_{i=1}^{m} Ps_i^0 Vs_i^0)$$

为达上述目的，操纵者或者通过交易行为，或者通过虚假信息等，低价买入并持有证券，待时机成熟则高位抛出获利。①当然，在实践中，包括市场总体行情、行业因素、系统风险等各种因素，价格操纵者不一定能够获利。如中鑫富盈、吴某某操纵“得利斯”。②

类似地，在衍生品市场，假设 Pd 为衍生品价格，Vd 为衍生品头寸，操纵者损益情况如下：③

$$Profit = \sum_{j=1}^{n} Pd_j^1 Vd_j^1 - \sum_{i=1}^{m} Pd_i^0 Vd_i^0$$

其中④：

$$\sum_{j=1}^{n} Vd_j^1 = \sum_{i=1}^{m} Vd_i^0$$

对操纵者而言，其目标是使利润最大化，即

$$MAX(\sum_{j=1}^{n} Pd_j^1 Vd_j^1 - \sum_{i=1}^{m} Pd_i^0 Vd_i^0)$$

为达上述目的，与现货市场类似，在衍生品市场中，操纵者或者通过交易行为，或者通过虚假信息等，制造人为价格差异获利。

与上述单一市场价格操纵不同，在跨市场操纵过程中，为了获利，操纵者需要同时在现货和衍生品市场持有相同方向的头寸，如同时持有看空或看多头寸。以期使两个市场总收益最大。⑤具体而言：

---

① 刘凤元：《证券价格操纵及监管》，北京大学出版社 2011 年版。

② 中鑫富盈、吴某某操纵“得利斯”股票价格分别亏损 33511721.12 元和 185257619.17 元。http://www.csrc.gov.cn/pub/zjhpublic/G00306212/201604/t20160428_296592.htm。

③ 为讨论方便，假设操纵者为看多（看涨）操纵。如果是看空（看跌）操纵，则损益为：

$$Profit = -(\sum_{j=1}^{n} Pd_j^1 Vd_j^1 - \sum_{i=1}^{m} Pd_i^0 Vd_i^0)$$

④ 假设操纵者结束操纵后会将所有头寸平仓。

⑤ 为讨论方便，本书假设操纵者同时买入（卖出）现货或衍生品合约。并且，操纵者结束操纵后会将所有头寸平仓。

$$\text{Profit}=\sum_{j=1}^{n}\text{Ps}_j^1\,V\text{s}_j^1-\sum_{i=1}^{m}\text{Ps}_i^0\,V\text{s}_i^0+\sum_{j=1}^{k}\text{Pd}_j^1\,V\text{d}_j^1-\sum_{i=1}^{f}\text{Pd}_i^0\,V\text{d}_i^0$$

$$\text{MAX}\left(\sum_{j=1}^{n}\text{Ps}_j^1\,V\text{s}_j^1-\sum_{i=1}^{m}\text{Ps}_i^0\,V\text{s}_i^0+\sum_{j=1}^{k}\text{Pd}_j^1\,V\text{d}_j^1-\sum_{i=1}^{f}\text{Pd}_i^0\,V\text{d}_i^0\right)$$

与套利交易不同，跨市场操纵过程中，操纵者持有的现货与衍生品合约头寸是同向的（也有例外，如后文中提及的UBS操纵印度Sensex指数案例），考虑到衍生品是保证金交易，持有头寸的资金成本更低。因此，跨市场操纵中，操纵者从成本角度考虑，持有的衍生品头寸可能会多于现货头寸。①即：

$$\sum_{j=1}^{n}V\text{s}>\sum_{i=1}^{m}V\text{d}$$

除了在单一市场出现的囤积、信息操纵等模式，因涉及两个市场，跨市场操纵形式更加复杂和难以判别，下一节将会详细讨论。

对于单一市场价格操纵，很多学者通过数理建模进行了研究，如Cherian & Jarrow（1995）在随机过程下对市场操纵进行了数理建模，并且讨论了操纵存在的条件。得到的基本结论是：基于交易的市场操纵在引发反馈效应后，就能够找到套利机会。由于基于交易的操纵不是采用囤积、逼空策略主动进攻，又不能散布虚假信息，所以只能希望依赖自己的交易对市场价格有某种程度的影响，引起其他交易者的反馈效应，以抛出持有股票获取价差收益。②

Allen & Gale（1992）则讨论了没有私人信息的大户为什么能够操纵市场成功，他们认为一个原因是散户分不清大户是否是知情者，不知情大户利用散户的这种信息不对称，希望散户把他误认为知情大户，形成混合市场均衡，“搭知情者便车”寻求套利机会。

Robert A.Jarrow（1991，1992）首次全面地将大额交易者（Large

① 如后文提及的UBS操纵印度Sensex指数案例。

② Cherian，J. A. and R.A. Jarrow（1995），“Market Manipulation”，Chapter 20 of Handbook of Operations Research and Management Science，Vol.9，Finance，North-Holland.

trader)引入市场操纵的分析框架中对跨市场价格操纵进行研究。该模型假设市场存在一个大额交易者，并且该大额交易者的交易行为(包括现时持仓和历史持仓)决定了股票价格运行过程。在这种情况下，即使没有内幕信息，大额交易者也可以操纵市场，其采取的重要手段是市场囤积逼空(market Corner and Squeeze)。操纵市场的交易策略最终表现为在金融资产上的一系列动态交易头寸，该系列交易头寸推动了证券价格，并且满足了如下三个条件：(1)大额交易者结清其持仓头寸之后的财富要大于其最初建仓时的财富。(2)小投资者(small investors)作为价格接受者(price-takers)无法按照这一系列动态交易头寸进行套利。(3)在没有相关信息能够确保在所有头寸得到清算时可取得正的回报率的前提下，交易者仍能够凭借其持仓规模及对价格影响方面所具有的优势而获得利润。在上述的定义中，强调了根据“结清所有头寸之后(而不是在交易过程中)交易者财富的变化”，以此判断市场操纵的行为。这一点在研究现货和期货的跨市场操纵时尤为重要。张雪莹(2008)①也对其主要理论框架进行了总结与简述。

在跨市场操纵过程中，关键因素是大额交易者期初在现货和衍生品上持有的头寸已经使其在标的资产市场上达到了垄断地位，从而可以影响和控制资产价格。我国在 2007 年 3 月颁布的《期货交易管理条例》将“单独或者合谋，集中资金优势、持仓优势或者利用信息优势联合或者连续买卖合约，操纵期货交易价格”作为期货市场操纵的表现，可见大额交易者(large trader)在市场操纵行为中具有较为重要的作用。为此，各国衍生品市场监管者从监控市场操纵的角度出发，制定了限仓制度和大户报告制度等。这些措施对于我国未来防范衍生品市场与现货市场之间的跨市场操纵行为也有重要的政策意义。

---

① 张雪莹：《现货与衍生品市场的跨市场操纵研究——基于大额交易者的分析》，《经济论坛》2008 年第 1 期。

第三节　跨市场操纵的形式与案例

从目前的学术研究看，不论是单一市场价格操纵还是跨市场价格操纵，市场操纵基本上被分为两种方式：[①]基于行动的操纵（Action-based manipulation）、基于交易的操纵（Trade-based manipulation）。

基于行动的操纵（Allen & Gale，1992[②]；Kose & Narayanan，1997[③]）是没有通过交易过程进行操纵的行为，比如在市场中散布虚假信息，或对资产进行市场囤积（market corner）或市场逼空（short squeeze）等交易以外的行动改变资产的观测价值，从中获取利润的行为。[④]通过发布虚假信息或传播流言也是基于行动的操纵行为的经常手法。常见的模式庄家、上市公司、证券分析师以及新闻媒体的共谋操纵。Banabou & Laroque（1992）在博弈框架下讨论了内幕人利用内幕信息发布误导性言论，操纵公共信息和市场价格的行为，认为内幕人在公众中的声誉和评价是限制内幕操纵的重要因素。如果人们不能正确、一致地评价内幕人，那么总会给操纵者留下余地。[⑤]

基于交易的操纵是指通过交易对价格进行操纵的行为。比如在衍生证券市场上，一些投资者首先在期货或期权上建立大的头寸，然后在衍

---

① 张圣平（2002）认为操纵行为可分为三类：基于行动的操纵、基于交易的操纵、基于信息的操纵。这里我们采用了 Felixson 和 Pelli（1999）的观点，将基于行动的操纵和基于信息的操纵合为一类，因为这些操纵都没有采用在交易过程中对价格直接进行控制而获利的手段。

② Allen and Douglas Gale（1992），Stock-Price Manipulation，The Review of Financial Studies，Vol.5，No.3（1992），pp.503—529.

③ Kose & Narayanan，1997，Market Manipulation and the Role of Insider Trading Regulations（with R. Narayanan），Journal of Business，1997，Vol.70，No.2.

④ 张圣平（2002）举了两个典型的基于行动的市场操纵行为的例子：1863 年发生在美国的 Harlem 铁路公司事件和 1991 年 5 月在美国两年期国债市场上发生的所罗门兄弟公司事件。

⑤ Banabou，Roland；Laroque，Guy（1992），Using Privileged Information to Manipulation Market：Insiders，Gurus，and Credibility，Quarterly Journal of Economics，Aug.92，Vol.107 Issue 3，pp.921，38.

生证券到期日通过大量交易标的资产(如股票)达到操纵标的证券的价格，从而在衍生品市场上获取利益。众多研究表明(Stoll & Whaley，1987①；Chamberlain 等，1989②；Stoll & Whaley，1991③)，标的证券在到期日存在价格操纵现象，特别是在到期日收盘前的较短时间内价格操纵的现象更加明显。

具体而言，跨市场间联合操纵包括以下两种形式：基于行动的操纵和基于交易的价格操纵。

一、基于行动的操纵

(一) 囤积、挤压轧空

1. 定义

囤积(corner)与挤压轧空(squeeze)是最常见的衍生品和现货间跨市场操纵行为。所谓“囤积”是指操纵者控制或支配可供交割的现货数量，使卖空者(shorts)被迫只能以操纵者指定的价格，结清其卖出头寸。而所谓“挤压轧空”则指操纵者不采取直接控制或支配的方式，而是通过其他原因使可供交割的现货数量减少，造成供应不足的现象，来迫使相对交易者接受其所要求的价格；因此“囤积”与“挤压轧空”的主要差别在于人为控制程度的不同。1888 年 9 月本杰明 · 哈钦森对小麦期货的交易被认为是人类衍生品交易历史上的第一次囤积和第一次跨市场操纵。④就证券市场而言，国内一般通称为坐庄，相应的股票叫“庄股”。20 世纪 90 年代“327”国债期货价格操纵事件就是一个典型的疑似轧空事件。

---

① Stoll & Whaley，1987，Stoll，Hans and Robert Whaley，“Program Trading and Expiration-Day Effects”，Financial Analysts Journal 453，1987，pp.16—28.

② Chamberlain，Trevor W.，Cheung，C. Sherman，Kwan，Clarence C.Y.(1989)，Expiration-Day Effects of Index Futures and Options：Some Canadian Evidence. Financial Analysts Journal，Sep./Oct.89，Vol.45 Issue 5，pp.67—72.

③ Stoll，H.R.，Whaley，R.E.，1991. Expiration-day effects：What has changed? Financial Analysts Journal 47，58—72.

④ [美]威廉 · 法龙：《市场缔造者：芝加哥期货交易所的 150 年》，王学勤译，中国财政经济出版社 2011 年版。

一般来说，要采取囤积或挤压轧空的操纵行为，必须同时在衍生品与现货市场中进行；因此囤积或挤压轧空操纵行为的成立，在现货市场中，必须足以控制或影响可交割商品的供应，而使卖空者向市场操纵者购买现货商品，或在衍生品市场中向市场操纵者做冲销的行为，否则无法履行其合约。

2. 形式

一般而言，操纵者都利用下列的方式来控制或影响可交割现货的供应。

① 实际取得现货的供应或与现货供货商串通，减少或阻止现货流入市场。由操纵者直接取得现货商品或与现货供货商串通减少或阻止现货流入市场，这种防止现货流入市场并强迫交易对手与其交易的方式效率较高，但成本也比较高，因此大多为资金雄厚的市场操纵者所采用。

② 将可交割现货商品由交运地点运走。按照一般期货交易所的规定，在到期日交割时，应以特定的地点作为交割地点，因此，只要使可交割的商品远离交割地点，就可以达到减少供应的目的，这种方式因为比较隐蔽，因此很难推论其有市场操纵的意图，故市场操纵者也大多采用这种办法。

囤积或挤压轧空操纵行为的成立，除了在现货市场进行行动外，在衍生品市场也必须有市场操纵行为产生。虽然现货市场商品为他人所操纵，但只要衍生品市场未被垄断，卖空者仍旧能在衍生品市场中与持有多头者进行平仓，而不用按照市场操纵者所订的价格进行交易，由此可知，囤积与挤压轧空的操纵行为，一般需对现货衍生品市场同时操纵或控制，否则根本无法强制卖空者按照他所订的价格来平仓，进而产生人为价格来获利。

3. 案例

在衍生品市场发展初期，囤积或挤压轧空的操纵案例不时可见，以下列举几个较具代表性的案例。

① 1996 年芬丘奇(Fenchurch)公司操纵美国国债期货[①]

芬丘奇是美国商品期货委员会登记在册的商品交易顾问和商品基金操作商，在美国政府证券现货及期货市场上从事大量的期货交易活动。1996 年 7 月 10 日，因其操纵市场及逼仓的行为，美国商品期货委员会宣布已经通过一项对芝加哥的芬丘奇资产管理公司提起行政性起诉的裁定。同时，美国商品期货委员会接受芬丘奇提出的支付 600000 美元作为民事罚款及采取补救性措施的调解请求。

1993 年 6 月，芬丘奇承诺对在芝加哥期货交易所交易的 10 年期美国国债票据期货的多头持仓进行交割。在交割期的最后 4 天内及 6 月合约的最后一天，芬丘奇有意收集并持有了大量的 6 月合约的最便宜国债票据。6 月合约的条款允许以一定量的最便宜国债票据进行交割，但是期货合约的价格必须集中于最便宜国债票据交易到期前的现货市场价值。在票据供不应求的这段时期，芬丘奇通过在回购市场上的一系列交易活动增加了它对最便宜国债票据的持仓。芬丘奇公司通过增加持仓及从市场里撤出票据使最便宜票据的供应更加紧张。另外，芬丘奇还通过投资建议报告，建议接受其投资咨询服务的数家基金公司买入了大约 4.8 亿美元相关有价证券，其价值占芬丘奇期货头寸价值的 1/3。因此，期货合约的空方不能拿出足够的票据，只能用贵的有价证券进行交割。

美国商品期货委员会的执行董事杰弗里 · 阿罗诺(Geoffrey Aronow)指出，这起发生在合约交易到期后的操纵及逼仓行为，在空方准备对期货合约进行交割时加剧了市场的集中。美国商品期货委员会的处罚处理了这些操纵及逼仓的行为。这种操纵能够也确实不恰当地影响了交易到期前的合约价值。

在美国商品期货委员会的裁定结果中，芬丘奇被控操纵其在芝加哥期货交易所持有的美国国债期货合约。美国商品期货委员会认定芬丘奇通过对最便宜的债券进行逼仓达到操纵期货价格的目的，违反了《商品

---

① 详见 http://www.cftc.gov/opa/enf96/opafen-fin.htm。

交易所法》。同时，芬丘奇也打算对证券交易委员会提交的指控进行调解。芬丘奇的600000美元民事罚款将用来完成对证券交易委员会的支付义务。

除了进行罚款之外，美国商品期货委员会还要求芬丘奇停止一切违反《商品交易所法》第6条(c)款及第9条(a)(2)款的行为。如果在合约的最后一个交易日，芬丘奇的持仓头寸达到或超过5000手，美国商品期货委员会要求芬丘奇向它的经济分析部提供更加详细的报告：即需要报告在两年时间内，从芬丘奇从事国债证券期货合约开始直到进入国债证券期货合约交割月的最后一个交割日，芬丘奇在所有市场上，每天持有的最便宜国债票据的总多头仓位。

同时，美国商品期货委员会要求芬丘奇检查公司内部的政策和程序：一是确定公司是否设计合理的政策，用来确保能够有效监管、阻止、查明、惩戒及纠正那些违反《美国商品交易所法》的行为；二是假如必要，改正一些程序和政策；三是向执行部提交一份有关检查结果的报告。

② 金融衍生品中的疑似案例——瑞士银行涉嫌操纵美国国债现货与期货①

据《华尔街日报》等多家媒体报道，美国证券交易委员会2006年10月对瑞士银行展开调查，因为瑞士银行可能涉嫌非法跨市场操纵国债价格行为。

报道显示，瑞银涉及的国债操纵事件发生在2006年2月，当时该机构大量持有2011年1月到期的5年期国债现货，同时在期货市场上持有大量该品种的多头，使得该品种国债在2月的供应情况尤为紧张，因此其持有人甚至可以以0.25%的超低利率获得贷款，而当时的正常利率则超过4%。

① 综合华尔街等网站报道，美国证券交易委员会对其的最终调查与处理并未见媒体报道，与其他此类案例相似，笔者估计瑞银最后以支付罚款的方式了结。相关报道请参见：http://www. marketwatch. com/story/treasury-trading-draws-scrutiny-wsj，http://www.brokeandbroker.com/867/doj-antitrust-ubs-muni/。

瑞银涉及此操纵丑闻的国债交易员——托马斯·布朗（Thomas Brown）在2006年9月底离职，其很可能与违规事件有关。

（二）散布虚假信息

1. 定义

散布虚假信息，指以影响合约价格并使其按有利于散布者所持头寸或拟进行交易的方向运动为目的，借助媒体或其他手段传播虚假或误导性信息。而在跨市场价格操纵中，操纵者会同时或先后在现货与衍生品两个市场中进行虚假信息传播，以达到其操纵的目的。

在散布虚假信息方面，日益发达的互联网及社交平台由于传递信息的全球性、实时性、匿名性等特点，给反操纵带来了特殊的挑战。虽然，散布虚假或不实消息是常见的市场操纵方式，但实务上却发现只有极少数的案例被起诉，这一方面可能是因为此种操纵方式持续的时间较为短暂，较难被发觉，另一方面则是因为通常难以追查虚伪或不实消息的来源，造成调查执行上的困难。

2. 形式

依据对不实消息散布方式的不同，可以大概分为三种模式。

① 寄送推荐信函的模式

市场操纵者先持有某现货及其衍生品的大量头寸，然后寄推荐信函给其他投资者，大力吹嘘该合约的投资价值或贬低其价值，希望通过其他交易者的参与买卖，而影响该现货与衍生品合约的市场价格，达到跨市场操纵目的。

② 直接散布不实消息的模式

常见模式是操纵者直接以邮寄或者邮件网络传播等方式，散布有关现货供给的不实消息，以影响相关衍生品合约的市场价格，达到操纵目的。

③ 间接散布不实消息的模式

操纵者并未对市场参与者直接提供任何信息，而是利用他人或大众媒体，达到散布虚假消息的目的；在这种操纵方式中，由于操纵者并未与其他市场参与者接触，因此调查较为困难，加上其利用大众媒体传播，消息散布范围更广、影响力更大，故造成的后果也更严重。

3. 案例

到目前为止，还没有发现操纵者使用散布虚假信息的手段进行金融衍生品及其现货市场的跨市场操纵，因此，下文采用商品市场相关案例，以供参考。

① 直接散布不实消息——上海有色金属交易中心有限公司散布虚假信息案①

2015 年 11 月 25 日，有色中心网站发布报道称，“金川集团股份有限公司向国务院和证监会分别打了报告，状告恶意做空镍的势力，说在镍上亏损上百亿元”。2015 年 11 月 26 日，有色中心网站发布报道称，“据可靠消息称现在有色价格异常超跌，我们向国家有关部门建议打击联合恶意做空，加大收储力度……我们在密集向国家部门建议四部委联动，一举端掉以伦敦金属交易所（LME）为首的恶意做空有色金属的地下窝点”。受此不实信息影响，11 月 25 日、26 日，沪镍期货合约 1601 分别上涨 5.99%、 5.73%。经核实，上述有色中心网站发布和传播的信息为虚假信息。

证监会的处罚公告认为，“由于期货与现货相互影响，根据《期货交易管理条例》第二条、第四十条、第六十八条的规定，有色中心编造、传播期货交易品种相关信息的行为应当按照该条例的要求进行规范”；“扰乱期货交易市场是编造、传播虚假信息行为的构成要件，但对‘扰乱期货交易市场’应作广义理解，不仅限于相关期货量价异动，还应包括误导投资者、扰乱市场经营秩序以及其他破坏正常市场和交易的情形，考虑到有色中心及其网站在行业内的影响力及巨大的转发量，加上信息本身具有的关注度，足以认定有色中心的行为扰乱期货交易市场”。

---

① 中国证监会行政处罚决定书〔2017〕13 号（上海有色金属交易中心有限公司、陆敏宏），http://www.csrc.gov.cn/pub/zjhpublic/G00306212/201702/t20170210_310612.htm。

从案例提供的信息，以及上海有色金属交易中心有限公司的母公司——上海物资贸易股份有限公司多年来从事的有色金属贸易看，笔者认为这是典型的通过在现货市场发布虚假信息影响期货合约的跨市场操纵案例。

② 间接散布不实消息——摩尔诉布兰南案(Moove V.Brannan)①

1947 年 10 月 1 日，被告以自己名义和相关人账户，共持有 180 万磅猪油期货的多头，并制作了一个新闻备忘录，称美国农业部为适应其外销需求，正向粮食供货商采购大量猪油，故预期未来会产生猪油供应不足的状况。文末还指出了 4 名政府官员的名字来证实其说法。被告将该备忘录交给美林(Merrill Lynch)的营业员，希望借其传送到该证券公司的各分支机构；又将 50 份至 100 份复印件放置在全国新闻俱乐部的办公桌上，另外将 16 份复印件放在美国农业部新闻室给新闻记者的信箱中，希望能将该信息散布给新闻界，进而刊载在报纸上。但调查发现，所有在该备忘录中提及的官员，均未提供任何有关猪油采购的信息，而且直到该备忘录散布后才知道有此事存在，故法院认为其已构成散布虚假或不实消息的操纵行为。

二、基于交易的价格操纵

1. 定义

基于交易的操纵是指通过交易对价格进行操纵的行为。比如在衍生证券市场上，一些投资者首先在期货或期权上建立大的头寸，然后在衍生证券到期日通过大量交易标的资产(如股票、股指期货)达到操纵标的合约的价格，从而在衍生品市场上获取利益。众多研究表明，操纵者青睐在衍生品合约到期日对现货与衍生品进行跨市场操纵，研究显示，标的证券在到期日存在价格操纵现象，特别是在到期日收盘前的较短时间内价格操纵的现象更加明显。

① Great Western Food Distrib, Inc. v. Brannan, 201 F.2d 476, 479 (7th Cir. 1953), at 479.

2. 形式

(1) 操纵衍生品市场使现货市场获利

这种形式在期货市场较为常见，期货交易具有价格发现的功能，这种操纵模式便是利用该特点，事先预买(卖)大量的现货商品，并约定以某特定日的期货价格作为计价依据，然后在期货市场操纵该特定日的市场价格，以打压(拉升)所欲买(卖)的现货商品价格来获得高额利润。通常，有下列几种：

① 抬高(压低)开盘或收盘价格

操纵者可以在集合竞价或收盘交易时利用大量买卖委托干预开盘或收盘价格，使该人为价格被记录在行情板上，借此引诱其他投资者参与买卖，来推升或压低该期货的价格；一般而言，抬高开盘或收盘价格的目的是希望借此来增加市场需求，以便操纵者顺利地以高价卖出之前所购入的合约。国内一些股票频繁的跌停或涨停就是这类操纵现象的具体表现。

② 设定价格范围

操纵者预先决定一个数字，作为开盘和收盘的价格，并且在某一段时间内，都以此特定价格在交易所买卖合约，来吸引更多投机者因鉴于风险较小而参与买卖，从而从他人的交易中获得更有利的价格。

③ 打压价格

操纵者在期货市场中利用短时间连续委托买进(卖出)的行为，来抬高(压低)某股票价格，并且利用价格上涨(下跌)所造成的行情波动，使持有卖出(买进)头寸的交易者，因保证金不足或因其原先所下的委托为停损委托而被迫平仓，造成股票价格更加上涨(下跌)，从而使操纵者从中有利可图。

④ 对倒交易

所谓对倒交易，是指在无市场风险下，以相同的价格，同一操纵者既是买方又是卖方进行交易；操纵者虽然在市场中公开进行交易，但其目的只是为了使其交易价格和交易量被记录在市场上，以制造交易热络的假象，欺骗其他交易者；比如，如果操纵者希望以低价买进某合约，则可以先假装以低价卖出，并进行对倒交易，使约定人同时以该价格买进，以引诱不知情的交易者以更低价卖出，此时操纵者再转为买方，而得以低价买进该期货合约。通过对倒交易操纵证券价格最早出现在美国股票市场，在《1934 年证券交易法案》正式生效禁止对倒交易前，对倒交易在美国证券市场十分盛行，并且被投资者认为是一种正常的交易模式。①

常见的对倒交易操纵模式包括两种情况，第一种情况是抬高或压低市场价格，这种模式是以对倒交易的方式，在不用承担价格风险的情况下，拉升或压低价格以制造假象，吸引其他交易者跟进追价；第二种情况是使信心不足的交易者离开市场，此种模式是操纵者在不影响整体持有头寸的情况下，利用对倒交易行为，将同操纵者持有同向头寸但信心不足的交易者平仓离开市场，以避免未来因这些交易者的平仓行为而增加价格操纵上的困难。

⑤ 价差操纵

操纵者买进某一衍生品合约后，同时卖出较远月份的同种合约(或者卖近买远)，此时，他关心的并非个别衍生品合约价格的涨跌，而是两个合约价格的价差(基差)关系，因此，操纵者可以拉升买进的合约价格，或压低所卖出的合约价格，以求扩大(缩小)基差获取不法利益。

(2) 操纵现货市场使期货市场获利

该操纵模式由 Kumar & Seppi(1992)②提出。对于以现金结算的期货合约(例如股价指数期货等金融期货)，如果能够操纵现货市场的价格，等于是控制了期货市场的结算价格，因此可采取类似商品期货中的挤压轧空等操纵策略，来获取超额利润；举例而言，市场操纵者可以先取得大量期货多头头寸，然后在期货合约到期日前操纵现货市场的价

---

① 查里斯·吉斯特：《华尔街史》，敦哲、金鑫译，经济科学出版社 2004 年版，第 22 页。

② Kumar, P. and D.J. Seppi(1992), Futures manipulation with "cash settlement", Journal of Finance XLVII(4), 1485—1502.

格，以抬高期货合约的现金结算价格，一旦期货现金结算价格被操纵，那么操纵者就可以借其所持有的期货多头头寸，来挤压卖空者，使其不得不按照操纵者所订的价格进行平仓。

在实务上，就股票指数期货而言，组成股价指数的样本股票往往达百种以上，操纵者很难有如此雄厚的财力同时操纵这些样本股票的市场价格，从而影响期货结算价格，而在外汇现货市场的操纵更是微乎其微。

3. 案例

(1) 操纵期货市场使现货市场获利的操纵模式

① 宝尔胜操纵期货结算价案①

证监会公告显示，2011 年 7 月 14 日，宝尔胜利用其控制的两个期货账户对敲及自平仓交易“RB1107 合约”，双向总成交 180 手(成交量占全日成交量的 100%)，所有成交价格均为 5450 元/吨。“RB1107 合约”系当月交割合约，在 7 月 14 日前，“RB1107 合约”已连续 4 个交易日无成交，根据《上海期货交易所结算细则》，交割结算的基准价为该期货合约最后交易日的结算价，由于最后交易日(7 月 15 日)无成交，“RB1107 合约”交割结算价引用上一交易日(7 月 14 日)的结算价 5450 元/吨，这与正常的交割结算价(即没有发生 7 月 14 日对敲交易情况下，7 月 13 日的结算价 5160 元/吨)相差 290 元/吨，价格偏离幅度为 5.62%。

宝尔胜通过操纵“RB1107 合约”交割结算价格，多计增值税进项税，少纳增值税 75846.15 元。

证监会称，宝尔胜的上述行为违反了《期货交易管理条例》第 43 条“任何单位或者个人不得编造、传播有关期货交易的虚假信息，不得恶意串通、联手买卖或者以其他方式操纵期货交易价格”的规定，构成《期货交易管理条例》第 74 条第 3 项“以自己为交易对象，自买自卖，影响期货交易价格或者期货交易量”的行为。

该案例显示，期货合约接近交割日时，交易量会很小甚至没有交易

① 中国证监会行政处罚决定书〔2012〕22 号(宝尔胜、黄君称)，http://www.csrc.gov.cn/pub/zjhpublic/G00306212/201207/t20120731_213269.htm。

量，此时很容易出现对倒、盯住价格（pegging price）等操纵价格模式。不过该案例不是为了通过操纵期货价格，从而在现货市场获利，而是通过提高结算价使买入期货合约转现货的成本上升，减少增值税。

② 卡夫食品集团与亿滋集团操纵小麦现货和期货价格①

2015 年 4 月 1 日，美国商品期货委员会指控卡夫食品集团（Kraft Foods Group， Inc.）与亿滋（Mondelez Global LLC）试图操纵小麦现货和期货价格。美国商品期货委员会称这两家公司在没有对冲豁免和善意（bona fide）对冲需求的情况下，违反了投机头寸持仓额限制，持有大量投机头寸。

美国商品期货委员会称为应对 2011 年夏季现货小麦的高价，两个公司执行了 2011 年 12 月早期的一个计划，买入了 9000 万美元的 2011 年 12 月期货合约。相当于 6 个月需求量。美国商品期货委员会认为两家公司作为大的小麦现货需求商应该有交割需求，但实际上公司并没有交割。公司的目的是想让市场认为公司在 12 月期货交割前不会有现货需求，从而压低当前小麦现货价格，并导致 2011 年 12 月与 2012 年 3 月的合约价格价差更大。市场如预期般发生变化，公司从中赚取了 540 万美元。

另外，美国商品期货委员会认为公司在 2011 年 12 月的最初 5 个交易日，持有的 12 月到期的多头头寸达 2110 手，在没有对冲豁免和善意（bona fide）对冲需求的情况下，超过了芝加哥期货交易所关于现货月投机头寸不能超过 600 手的规定。

（2）操纵现货市场而自期货市场获利

① 澳大利亚野村证券操纵股指期货②

1996 年 3 月 29 日，在中国香港注册的野村集团职员麦普斯通（Mapstone）和钱农（Channon）企图操纵澳大利亚股票期货和现货市

① https://www.cftc.gov/PressRoom/PressReleases/pr7150—15，访问时间：2019 年 8 月 15 日，两家公司被处以 1600 万美元罚款。请参见“Long-Awaited CFTC v. Kraft Settlement Resolves Manipulation Allegations”，https://www.natlawreview.com。

② 详见英国金融监管局网站：http://www.fsa.gov.uk/pubs/additional/554.pdf。

场，在期货合约到期日收盘前集中抛售澳大利亚普通股价指数成分股，从而达到压低到期合约的价值，使空头合约盈利。

他们的操纵手法为：现货市场方面，在到期日收盘前最后几分钟里企图卖出市值6亿澳元的指数成分股，同时通过一些经纪商下达了批量买单，有些股票买单甚至设定了20%以上的跌幅。

但因为野村自身对指数理解的偏差，以及一些经纪商拒绝执行抛售股票，野村仍然留下1.5亿澳元市值的股票未抛出，同时抛售股票后经纪商的买单又使得股价反弹，普通股价指数在最后半个小时的交易里仅下跌了26点，约1%。

事后，澳大利亚证券交易所、悉尼期货交易所都向市场监管部门报告了上述交易。尽管野村证券自身辩解这种交易属于合法的套利策略，1998年12月，澳大利亚联邦法庭还是认定野村证券企图制造证券和期货市场交易活跃的假象，判定野村证券同时操纵了澳大利亚的证券和期货市场，对野村进行公开谴责、罚款和市场禁入的处罚。中国香港证监会也解除了野村上述两个雇员12个月的注册代表资格。野村另被判罚35万英镑的罚款。

利用股指成分股操纵股指期货的类似案例在全球股指期货市场并不鲜见。如1997年10月下旬，中国香港股票市场和恒生指数期货市场都发生暴跌，有媒体指出：这是由外资大户的市场操纵行为所导致，因为香港恒生股价指数成分股只有33种股票，而且采取发行量加权计算，因此外资大户只要在股票现货市场操纵其中几种重量级股票，如汇丰银行、香港电讯、长江实业等，就可影响或控制恒生指数期货市场。这只是媒体一种未经证实的说法，在理论上虽然可能发生，然而没有相关正式法院案例可供佐证。

② 瑞士信贷第一波士顿(CSFB)企图操纵斯德哥尔摩证交所指数(OMX Index)成分股①

1998年12月29日，瑞士信贷第一波士顿欧洲公司指数套利部门负

① 详见英国金融监管局网站：www.fsa.gov.uk/pubs/additional/594.pdf。

责欧洲指数套利的以斯拉（Ezra）和交易员阿奇尔（Archer）企图操纵OMX指数。之前两家公司斯道拉（Stora）和恩索（Enso）宣布合并，1998年12月29日是斯道拉的最后一个交易日，之后将由合并后的斯道拉·恩索（Stora Enso）公司替代记入指数。

阿奇尔曾于12月17日向瑞典证券集中管理部提出收购斯道拉股票，这使得管理部的买卖不均衡，斯道拉股票发生短缺，如果该股价格下跌将有利于瑞士信贷第一波士顿。

在12月29日斯道拉股票开盘于90克朗，仅有4笔2.08万股的委托。阿奇尔判断在更低的价格上也不会有太多的买委托，通过短时间大量的抛单将可能影响斯道拉股票价格。阿奇尔通过一家经纪商在9点26分下了8万股60克朗的买委托，9点27分他以60克朗的价格抛出9.3万股。在60克朗，阿奇尔买回7.22万股，随后阿奇尔继续卖出股票，防止价格反弹。

由于斯道拉的市值较大，OXM指数以市值加权计算，斯道拉的异常下跌严重影响了OXM指数，斯德哥尔摩证交所也注意到这笔可疑交易，并且询问瑞士信贷第一波士顿。阿奇尔借口交易时错误下单，将1万股的卖单输成10万股的买单，企图误导德哥尔摩证交所。然而证交所要求瑞士信贷第一波士顿同买方取消这笔交易，为了掩盖他们自身为交易对手方的事实，阿奇尔和以斯拉继续对交易所作不诚实的解释，直至交易所调查经纪商的交易记录。为此二人被其机构所在的英国证券和期货监管当局处以解除其注册代表资格的处罚。

③ 瑞银亚洲操纵印度Sensex指数①

2004年5月17日，印度股票市场出现大幅下跌，Sensex日内最高下跌842点，跌幅达16.61%，导致了两大交易所孟买证券交易所(BSE)与印度国家股票交易所(NSE)在一天内两次停止交易。在之前历史中无出其右。随后从印度证券交易委员会（SEBI）的调查中，发现作为FII

① http://www.sebi.gov.in/cms/sebi_data/attachdocs/1311846698486.pdf.

的瑞银亚洲(UBS)是这场大跌的主要引发者。纵观 2004 年及 2006 年的两次危机，尽管引发原因不同，但 FII 的交易方式和对市场造成的影响都有相似之处。回顾 2004 年印度证券交易委员会对瑞银亚洲的调查，我们可以更好地理解 FII 对印度期现货市场的影响。

印度证券交易委员会调查了当天各交易机构的交易行为，发现作为 FII 之一的瑞银亚洲在 17 日卖出了 188.35 千万卢比的股票，是该日最大的卖出方。而 5 月 14 日，瑞银亚洲在期货市场上建立了 726 千万卢比的空仓。出于调查的需要，印度证券交易委员会要求瑞银亚洲提供相关的信息。

最初，瑞银亚洲告知印度证券交易委员会，17 日的所有交易都出自其自营账户，但之后在压力下瑞银亚洲又透露该日还代表了海外其他投资实体卖出了大量股票。由此印度证券交易委员会怀疑 17 日的市场大跌是由瑞银亚洲集中卖方力量打压市场引发。随后印度证券交易委员会决定查明最后受益人的详细情况及主要投资人的身份信息。但瑞银亚洲始终以客户保密条款为由不予配合，致使印度证券交易委员会无法获取关于交易的完整情况。根据印度证券交易委员会对 FII 的规定，瑞银亚洲此举违背了第 15A 条“了解客户”的要求(Know your client)以及第 20A 条 FII 需详细披露海外衍生工具发行的信息。据此，印度证券交易委员会决定在未来一年禁止瑞银亚洲向海外投资人发行基于印度证券市场的离岸衍生工具。

就调查结果看，印度证券交易委员会认为瑞银亚洲通过买入大量现货并在期货市场建立大量空仓，随后抛售现货打压现货价格，并从期货空头寸中获得了高额利润。来自瑞银亚洲的数据也表明，尽管瑞银亚洲在 17 日的现货市场由于抛售损失了 17.54 千万卢比，但其期货市场空头赚取了 59.37 千万卢比，最后净获利是 41.83 千万卢比。在调查瑞银亚洲的过程中，除了发现其自营账户在交易外，印度证券交易委员会还查找到了瑞银亚洲代理客户的交易，这些客户绝大部分是对冲基金。

④ 帕尔农能源公司(Parnon Energy)等三家公司操纵原油现货与期货价格[①]

2011 年 5 月 24 日，美国商品期货委员会指控帕尔农能源公司(Parnon Energy Inc)、英国阿卡迪亚石油公司(Arcadia Petroleum Ltd)和瑞士阿卡迪亚能源公司(Arcadia Energy)这三家石油交易公司在 2008 年 1 月至 4 月期间，通过原油现货操纵原油期货、期权等衍生品合约价格。

西得克萨斯轻质原油(West Texas Intermediate light sweet crude oil，WTI)价格是全球原油价格的重要参考指标，其中在俄克拉荷马州的库欣地区供应的 WTI 是计算 WTI 价格的重要参考。

美国商品期货委员会称，被告设计了一个价格操纵循环交易策略，人为推高 WTI 价格，随后人为压低价格，获取非法利润。首先，他们买入大量 WTI 现货原油，在供应紧张的库欣地区囤积现货原油使其价格上涨，从 WTI 期货、期权等衍生品多头头寸获利。同时，在人为价格高位时，他们大量卖出 WTI 期货、期权等衍生品合约。最后，几乎在同一天，他们卖出原油现货，使 WTI 价格下跌，让衍生品空头头寸获利。通过如此循环操纵，在 2008 年 1—3 月间，共获取利润 5000 万美元。

第四节　案例的总结与分析

纵观上述发生在现货市场和衍生品市场的跨市场操纵案例，不论是通过行动还是通过交易进行操纵，可以发现以下特点。

首先，操纵者必须持有大量现货与衍生品头寸，因为操纵者在操纵过程中会产生一定的成本，如果持有头寸太少，则非法获利显得微不足

① 2014 年 8 月，三家公司被罚款 1300 万美元。https://www.cftc.gov/PressRoom/PressReleases/pr6971-14。

道，如 1996 年芬丘奇公司操纵美国国债期货的案例。

其次，一般来说，在现货与衍生品市场间进行的跨市场套利交易，其头寸是反方向的。如，在现货市场持有多头(看涨)，同时在衍生品市场持有空头(看跌)，或现货市场持有空头，同时在衍生品市场持有多头。

与跨市场套利相比，大多数情况下，跨市场操纵在现货和衍生品市场中的头寸方向(看涨或看跌)是一致的。比如通过囤积进行的跨市场操纵，操纵者在现货市场持有多头(即买入大量现货)，同时，在衍生品市场也持有多头(看涨)。当现货市场因现货短缺导致价格上涨时，操纵者的现货能够获利，衍生品市场多头也能够因衍生品合约价格上涨而获利。

当然，也有一种情况，操纵者在现货和衍生品市场持有相反的头寸，如瑞银亚洲操纵印度 Sensex 指数的案例。不过，与套利交易类似，使用这种操纵手段在平仓时会有一个市场(现货或衍生品市场)出现亏损，如操纵者操作不当，不仅无法获利还可能亏损。

因此，判断市场参与者是跨市场套利还是操纵的一个基本思路就是根据其在两个市场持有的头寸方向入手，同时结合头寸数量以及持有时间等信息进行综合判断。

第四章

跨市场操纵的市场化约束机制

为维护市场秩序、繁荣市场，对于现货与衍生品市场中存在的操纵和内幕交易行为，各国/地区交易所采取的措施大致可归纳为：良好的合约设计、大额申报制度、限仓、加强市场监管、到期日前的监管、进行跨市场信息分享等几项，以下分别分析。

第一节　合约设计角度

良好的合约设计与适当的交易条件，是避免现货和相关衍生品市场操纵和内幕交易的首要工作。同时，对衍生品合约而言，科学合理的合约设计是衍生品合约成功的关键。①

一份完整的合约包括合约标的、合约价值量、最小变动价位、每日价格波动限制、合约月份、交易时间、最后交易日、收盘价的确定、交割方式、保证金、交易结构等内容，这些构成要件有机地结合在一起，

① 刘凤元：《衍生品合约失败案例研究及其启示》，《证券市场导报》2010 年第 2 期。

为现货和相关衍生品市场的价格发现和规避风险提供了优良的管理工具。

首先，关于现货供给方面，当现货市场的供给量有限时，以之为标的的衍生品就比较容易发生跨市场囤积和轧空事件。20 世纪 90 年代中期发生的“327”国债期货价格操纵案例中，国债期货以个别债券为标的物，不像美国债券期货以虚拟债券作为标的物，再通过转换因子，使众多国债均可用来交割，而“327”国债因现货的发行量太少，发行又缺乏一定的时间表，使得债券供给量有高度的不确定性，空方不易找到可交割的债券，自然容易出现轧空的状况。因此，若现货市场的供给量有限，在合约设计时，应容许质量相近的商品作为交割替代品，让卖方在交割时，有充足的现货来源。

其次，衍生品合约设计必须考虑合约规模。过大的合约规模会导致参与者数量不足，容易诱发价格操纵问题。一般而言，小的合约规模降低了投资者的入市门槛，有利于提高交易量和持仓量，同时降低了参与者垄断头寸进行操纵的可能性。Huang & Stoll(1998)①认为更小的期货合约可以吸引因为资金规模、担心风险等各种原因不能参与传统规模期货合约交易的投资者；Hasbrouck(2003)②对 S & P500 和 Nasdaq100 指数期货的研究发现，由于迷你电子合约的价差比传统合约小，投资者持仓兴趣开始向迷你电子合约转移；Lars Nordén(2006)③对 OMX 指数期货的实证研究发现，当该指数缩小 1/4 以后，其交易量和避险效率都有所上升，但交易成本没有变化。

合约规模小容易得到投资者青睐，在实务界有很好的案例，如韩国的 KOSPI200 股指期权。1990 年 1 月 KOSPI200 开始发布，1996 年 5 月

---

① Huang & Stoll(1998)：Is it time to split the S & P500 futures contract? Financial Analysts Journal. January-February，23—35.

② Hasbrouck，J.(2003). “Intraday Price Formation in US Equity Index Market，Journal of Finance”，2003，58(6)，2375—2399.

③ Lars Nordén(2006)，“Does an Index Futures Split Enhance Trading Activity and Hedging Effectiveness of the Futures Contract?” Journal of Futures Markets，Volume 26 Issue 12(2006)，pp.1169—1194.

开始期货交易，次年的6月开始期权交易。KOSPI200一上市即受到参与者欢迎，交易量持续攀升，2000年开始成为全球交易量最大的衍生品，并连续多年保持交易量全球第一。而韩国期货交易所(KOFEX)也跃升为全球排名前五的期货交易所。KOSPI200成功的一个重要因素就是合约规模小，使得个人投资者的成交量占整个期权成交量的60%左右。

在美国金融衍生品市场，各期货交易所在开发新的期货品种时，都需要取得美国商品期货委员会的核准，经市场分析小组评估以后才能在市场上进行交易。

以指数衍生品——股指期货为例，由于股价指数期货采现金交割而非实物交付，因此在合约设计时，最重要的因素就是股价指数的选取和乘数的大小；标的指数的选择应具有充分的市场代表性、行业代表性和市场流动性；为了满足投资者的避险需求，并同时使市场参与者有信心认为该指数不会被个人、机构操纵。特别地，为避免股指期货、期权，以及相关的波动率指数被操纵，美国商品期货委员会和证券交易委员会对窄基证券指数(narrow-based security index)进行了定义，①符合下面四种情形中的一种则被定义为窄基证券指数：

① 指数的成分股只有9个或更少的股票；

② 单只成分股权重超过30%；

③ 权重最大的前5只成分股总权重超过60%；

④ 最低成分股权重合计25%的部分，日均成交额低于500万美元(或有15只或更多成分股的指数，日均成交额低于300万美元)，但如果被计算的最低权重股票中有两个或两个以上的股票权重相等，则这些股票需要按照日均成交额从低到高排列，并被计算在最低权重股票的计算中。

基于窄基证券指数设计的股指期货、期权等衍生品相对更容易被操

① https://www.sec.gov/rules/exorders/34-49469.htm.

纵，因此，与单个证券的期货、期权一样，窄基证券指数同时被美国商品期货委员会和证券交易委员会监管。①

另外，在选择股价指数期货合约的乘数大小时，如果希望吸引散户，就应该考虑将合约规格设计得相对小，会同时推出 mini 指数，如果只吸引机构投资者，让其有便捷而低成本的交易，就需要大规格的合约，如果想要同时吸引两个市场的话，则需要中等规格的合约。

第二节　大额申报制度

投资者可以通过大额交易对市场价格产生巨大的影响，另外，交易者进行现货和衍生品市场间的操纵和内幕交易行为时，为获得巨额利润，通常也会采取大额买卖的交易形式。因此，需要将大额交易的情况透明化、公开化。全球各金融市场在设计大宗交易制度时一般通过大额申报制度对其进行规范和限制，以防止通过大额交易人为地操纵市场(如对倒等)及证券欺诈等法规明令禁止的行为。

大额交易申报制度要求交易者以公开信息披露的形式向市场公告每笔大宗交易的证券名称、成交量、成交价、证券商席位名称以及买卖双方的姓名或名称,可以在一定程度上控制参与大宗交易的投资者，是防止现货和衍生品市场间的操纵与内幕交易行为的重要手段。

大额交易申报制度的具体措施为，当会员或客户投机头寸数量达到交易所规定比例时，必须主动及时向交易所报告，报告内容包括客户名称、持仓数量、交易方向、风险防范措施等。通过这个制度，交易所能够监控大户动向和行为，在交易异常变化时，如价格异常变动、交易量和持仓量异常扩大时，应适时对大户做强制性检查，发现问题及时处理。

在证券市场上，很多国家的法律要求公司的董事、监事、经理等内

① Section 1a(31) of the CEA and Section 3(a)(55)(A) of the Exchange Act, 7 U.S.C. 1a(31) and 15 U.S.C. 78c(a)(55)(A).

幕人员已经持有表决权股票达到一定比例的大股东，申报其持股数量及其变动情况。这样内幕人员买卖股票时，社会公众就可以知道其交易情况，并从中推测出内幕人员对公司财务状况的看法和态度，从而起到防止内幕交易的效果。

在衍生品市场上，关于是否应该建立大额交易申报制度一度有很大的争议。美国市场是全球第一个要求衍生品大额申报的市场。1922 年 9 月开始生效的《谷物期货法》（The Grain Futures Act），一方面要求交易所将价格记录留存 3 年，另一方面必须报告大额头寸（large positions），要求清算会员必须每天报告每一交易商超过规定数量的交易头寸。但后来由于谷物期货交易清淡，1927 年 2 月，谷物期货管理局中止了大户报告制度。在之后的时间，大户报告制度时断时续，直到 1933 年 7 月 20 日，该制度才开始持续实施。随着投资的国际化，很多市场参与者不仅在国内参与衍生品市场，同时还参与了其他市场的衍生品投资。为了跟踪总体市场风险，1995 年 5 月，新的报告义务要求提供美国商品期货委员会和交易所大户报告系统能够识别的各市场期货及相关期权的综合头寸报告。①

美国商品期货委员会要求经纪商等相关机构，对交易达一定标准的账户或投资者提出报告，以协助监管人员找出可能操纵或内幕交易的特定个人或机构，以预先采取防范措施。而在 2008 年次贷危机后，2011 年 7 月 26 日美国证券交易委员会宣布美国的证券市场实施“大额交易人申报制度”（Large Trader Reporting Regime）。②

监管人员每天通过计算机，针对较活跃的交易市场、经纪商、结算机构和外国经纪商代表处，搜集大额交易人数据并进行分析。由于投资者可能通过多家经纪商或多个户头达到控制目的，因此，商品期货委员会要求开立新户头，如发现各账户间可能具有关系时，应该每日按照申

---

① https://www.cftc.gov/About/HistoryoftheCFTC/history_precftc.html.

② 大额交易人申报制度大致可分为两大部分，第一要求大额交易人使用 13H 表格（Form 13H）向美国证券交易委员会登记注册，第二要求大额交易人的受托经纪商须确实保存、申报与监控该等交易人的交易记录。

报其头寸变化情况，如果达到申报水平时，则应该进一步申报更详细的资料，在某些情况下，商品期货委员会也可直接要求交易人申报其在各经纪商的所有头寸资料；通过了解大额交易人买卖情况，以及所从事现货和衍生品市场间的避险策略，监管人员可及时找出异常的交易状况和可能的不法行为，以便于采取适当的防范措施，同时，要求大额交易人申报买卖情况，从某种角度也可以吓阻投资者利用大额交易进行现货和衍生品市场间的操纵和内幕交易行为。

进入 20 世纪后，其他衍生品市场在发展过程中都借鉴了美国衍生品市场的经验，逐步实施大额申报制度。各国衍生品交易实践证明，增加市场透明度能够对市场操纵力量起到巨大的抑制作用。每笔大宗交易的证券名称、成交量、成交价、证券商席位名称以及买卖双方的姓名或名称将以公开信息披露的形式向市场公告，使得大宗交易明显区别于以前的庄家对敲行为。通过这种披露，使得投资者对于交易的主体人一目了然，有利于交易者及时掌握交易头寸中多少是套保头寸，多少是投机头寸，限制了庄家操纵市场的行为，使大户的各种隐蔽手段公之于众，提高市场的公开性，有利于会员和客户参与市场监督。

第三节　仓位限制措施

仓位限制，或被称为限仓制度，指为了防范现货和衍生品市场交易中的操纵市场价格行为，防止衍生品市场风险过于集中于少数投资者，保护合约持有者的利益，交易所通常对每一客户及会员在一定时间内拥有合约的最高数量进行限制，并逐日进行审核的一项制度。

投资者持有合约数量过多是一种过度的投机行为，会导致现货或衍生品市场上价格突然或者不合理的波动，造成市场机制的损害，从而给予市场操纵者或内幕交易者以机会。前述模型显示，在现货和衍生品市场上，不论操纵者的操纵行为采取何种操纵形态，必须以持有大量的现货和衍生品头寸为前提，并且就内幕交易行为来看，通过内幕交易所得不法利益的多寡，也与内部人持有头寸的大小直接相关。所以，只有对合约持有者的持有数量加以限制，及时发现交易中的异常并加以限制，并判断不正常交易行为的原因，才能有效地减少操纵行为与内幕交易行为的发生。

普通的商品现货市场一般不会对仓位进行限制，但在证券市场上，各国都制定了相关的仓位限制和披露规则。如中国的《上市公司信息披露管理办法》要求对上市公司持股百分之五以上股东、控股股东及实际控制人情况，以及股份变化等进行披露。

衍生品市场对于头寸限仓制度的制定，各国的做法不尽相同。衍生品头寸最早的限制规则出现在美国期货市场。1920 年 9 月，美国联邦贸易委员会在“谷物贸易报告”中就提出了对谷物期货合约的投机头寸进行限制。1981 年 10 月 16 日，美国商品期货委员会推出新规则 1.61，即目前的 CFTC 规则 17CFR§150.5，对所有期货合约投机头寸进行监管。①

《美国商品交易法》授权美国商品期货委员会设定期货交易人的持有或控制的头寸数量，以预防现货和衍生品市场中操纵与内幕交易的发生。对于各种衍生品的头寸限制，根据可能发生的市场操纵形态不同而采取不同的限制额度，例如，在决定股价指数期货是否容易受到操纵时，所考虑的主要因素为：股价指数中所含股票的数量、样本股票的市值、样本股票的分散程度等，因此，宽基指数期货（broad-based index future）相较于窄基指数期货（narrow-based index future）有较高的头寸限制，而个股期权的头寸限制又比这两种期货合约低。交易所监管部门每日通过各种报表监管大额投资者的交易结果是否达到头寸限制、该投资者的交易是否经常接近头寸限制标准，或是否经常违反头寸限制；对于彼此间有关联的投资者，则应将其视为同一集团，以其交易总和计算头寸限制。如果交易者持有合约数量超过指定数量，即以提高每一合约

① https://www.cftc.gov/About/HistoryoftheCFTC/history_1980s.html.

的保证金金额或采取其他措施加以限制。以大额交易者为例，监管人员按照所申报的大额投资者交易和其所持头寸相关资料，确定投资者已违反头寸限制规定后，即依其情节轻重，发出警告、停止或中止交易的命令，对于应进行清算的头寸，监管人员事先评估其对市场造成的影响，并事后追踪，查核其是否移转头寸而加以规避。

《多德—弗兰克法案》中对金融合约头寸的限制规定于 2011 年 10 月 18 日正式生效。美国商品期货委员会对 28 项核心的商品期货合约以及“经济上相等的”(Economically Equivalent)期货、期权及互换合约的投机性头寸进行限制，对每一个合约都进行了具体的头寸限制规定。[①]该法关于头寸限制的规定分两阶段实施，第一阶段预计于美国商品期货委员会与证券交易委员会共同定义“互换合约”相关规定生效后 60 天，对近月合约实施头寸限制，该限制数为现货应在外流通数的 25%，能源类及金属类合约的头寸限制数将每年调整一次，农产品合约则每两年调整一次。

第一阶段实施时间为 2011 年年底，第二阶段须搜集 1 年份互换未平仓资料后(配合近期上述关于大额交易人申报的新规定)，对非近月合约实施头寸限制，该限制数为第一个 25000 手未平仓量的 10%加上其余未平仓量的 2.5%，将每两年调整一次限制数，第二阶段 2013 年年初开始实施。

日本实行按月限仓制度。交易所为防止过度投机以及囤积、抛售等操纵价格的行为发生，按每种商品的合约距离交割期的远近，对所持的未结算合约数进行限制。离交割期越近，限仓量越严格。交易所不仅对会员和商品交易员的自营交易进行限制，也对受托业务客户进行限制，要求商品交易员严格执行交易所的规定，掌握好不同委托客户的未结算合约数量。

中国目前实行实时交易限仓制度，即逐笔盯市。这是为了防止某些

① https://www.gpo.gov/fdsys/pkg/FR-2011-01-26/pdf/2011-1154.pdf.

会员单位和客户脱离自己的资金承受能力作超量交易，从而造成难以承担的风险。交易所对会员单位要根据其资金实力主要是可用资金、交易信誉和管理好坏的程度，核定一个最高持仓量。会员单位对重要客户也应采取相应的限仓措施。

“327”国债期货价格操纵事件对中国期货行业是一个沉痛的教训，实际上，整个事件的起因就是万国证券持仓过重。在“327”国债期货价格操纵事件的当天，万国证券实际持有200万手，远远超过市场规则的规定，甚至远远超过了上交所给予的持仓40万手的特别优待（当时上交所规定：会员单位在国债期货每一品种上的持仓不能超过5万手），并且在交易时抛出2070万手，成交了1040万手，最终导致了巨额亏损。经过反思、培育与发展，中国期货市场也逐渐具备对过度投机行为的防范能力，其中，严格规定与执行对交易者的最高持仓量的限制就是一个进步，不仅充分体现了市场的公平原则，也有利于对现货与衍生品市场的监管。

在中国衍生品市场经历了数次操纵违规后，限制仓量的具体手段从“逐日盯市”修改为“逐笔盯市”。这样的改革一方面可以限制客户信用交易，避免穿仓，另一方面也可以随时跟踪客户头寸，有利于发现操纵行为。

第四节　应对到期日效应的策略

一、到期日效应与跨市场操纵

效率市场假说是股票市场是否健全的一项重要指标，更是许多金融理论成立的前提。在一个有效率的市场中，市场所有的信息会迅速且完全地反映到证券的价格上。Fama（1970）①将市场效率分成弱式效率市

① Fama，E. F.（1970）．“Efficient Capital Markets：A Review of Theory and Empirical Work”，Journal of Finance，25，2，1970，pp.383—417.

场、半强式效率市场和强式效率市场三种。

此后，研究者纷纷对股票市场的有效性进行研究，研究结果显示，大部分国家的金融现货市场中，都存在一些规则性现象，这些现象的存在，意味着该金融市场违反了“半强式效率市场”的假说。在所谓特殊交易日，即月末、季度末和年末，股票等现货市场的收益率会有不同于平常的规则性现象，或者被称为规则性现象。根据 Aggarwal、Rao 及 Hiraki(1990)① 的分类，这些规则性现象包括：一月效应(January Effect)、月效应(Monthly Effect)、周末效应(Weekend Effect)、季效应(Quarterly Effect)、规模效应(Size Effect)。

其中，前四种效应可以统称为“时间效应”，指股票市场会在某些特定的时间段中有规律地呈现异常的走势。“规模效应”是指股票投资收益率随公司相对规模的上升而下降，尤其是市值较小的公司股票投资收益率超过市场平均水平的现象，又称为“小公司效应”(Small Firm Effect)。除了上述现象以外，文献显示，在亚洲以华人占多数的国家里，除了上述提到的这些现象以外，一般还存在所谓的“春节效应”。

对于上述现象的产生，国内外学者使用了各种理论进行解释。其中主要包括以下观点：

① 税赋损失售出假说(Tax-Loss Selling Hypothesis)

税赋损失售出假说认为在年底时，投资者的股票投资报酬若为负，则投资者为了减少税赋可能在年底前将手中股票出售，以降低应税所得，因此造成年底股价下跌压力。但当新的一年开始时，因为抛售压力已消失，而且投资者为了补足手中持股数量，而又回到股票市场买回一定数量的股票，因此造成一月有较高的股票报酬。

① Aggarwal, Rai, Ramesh P. Rao and Takat0 Hiraki(1990), “Regularities in Tokyo Stock Exchange Security Returns: P/E Ratio, Size and Seasonal Influences”, Journal of Financial Research 13(No.3, Fall), pp.249—263.

② 停驻资金假说(Parking the Proceeds Hypothesis)

在年底的时候，常常会有一段较长的假期，无论是机构投资者还是个人投资者，为预防休市期间有重大利空消息出现，造成无法应对而被动的局面，所以在休市前卖出手中股票，待开市后再补进。这种现象即是国内所谓的“假期恐惧症”，而西方研究者则称这种因为休市期间出售股票所得的全部闲置资金为“停驻资金”。

③ 流动性假说(Liquid Hypothesis)

流动性假说是描述个别投资者在年底时可获得大量的流动利润(liquid profit)，在来年的一月他们会将这多余的流动资金投资于股票市场，因此一月的股票会有较高的报酬。Ogden(1990)①认为零售业主获得的年终利润和一般上班族的年终奖金，是造成个人投资者在年底时会有流动性利润的两个主要原因。Ogden也发现，一个较宽松的货币政策会有较高的流动性利润和较高的一月股票报酬。

④ 价格操纵

股票市场的这些规则性现象在各国都确实存在，但对它的解释还没有定论。Kumar and Seppi(1992)②和Pierre Hillion & Matti Suominen(2004)③认为，除了上述可能的原因外，产生这些现象的部分原因是部分投资者对价格的操纵。Carhart et al.(2002)发现在美国证券市场上，收盘前半个小时股票价格倾向于上涨，这一点在季度末最后一个交易日特别明显。他们还发现年底最后一个交易，有80%的基金参与标准普尔指数成分股交易，但年初第一个交易日，仅37%。因此他们认为基金管理人在操纵指数。④Gallagher et al.(2009)进行了类似的研究，认为基

---

① Ogden，J.P.(1990)“Turn-of-the-month evaluations of liquid profits and stock returns：a common explanation for the monthly and January effects”，Journal of Finance，55，1259-72.

② Kumar，P. and D. J. Seppi(1992). Futures manipulation with “cash settlement”. Journal of Finance XLVII(4)，1485—1502.

③ Pierre Hillion & Matti Suominen(2004) The Manipulation of Closing Prices，Journal of Financial Markets，Volume 7，Issue 4，October 2004，Pages 351—375.

④ Carhart，M.，R. Kaniel，D. Musto，and A. Reed，2002，Leaning for the tape：Evidence of gaming behavior in equity mutual funds，Journal of Finance 57，661—693.

金管理人操纵收盘价以影响基金业绩报表。他们发现，在每个季度的最后一个交易日，基金管理人倾向于买入基金本来就持有并且仓位很重的流动性较差的股票。并且，他们的研究还发现，表现越差的基金，其管理人越倾向于操纵价格。①

基于此，一些学者用窗饰效应(或假说)(Windows Dress Hypothesis)来对投资者的这种操纵行为进行解释。②目前没有对窗饰效应的通用定义，一般认为证券市场中的窗饰效应是指在一个交易日结束前，特别是月末的交易日结束前股票价格显著上升的现象。窗饰效应的出现一般认为与基金管理者有关，基金管理者为了提高所管理基金的业绩，有时会在公开报告其管理业绩前抬高其持有比重较大的证券的价格。由于基金业绩一般是在月末通过收盘价计算，因此月末或季度末的收盘价往往成为人们研究窗饰效应的重点。

在股票现货、股指期货、股指期权以及个股期货和期权存在的市场上，上述收盘价规则性现象更加明显，因此有投资者认为是大资金机构在进行操纵。这类现象被称为到期日效应(Expiration-day Effects)，即在股指期货合约到期时，期货市场和现货市场上由于买卖失衡而产生短暂扭曲的现象，主要表现在收益率、波动率和成交量等的异常变化。在股票现货、股指期货、股指期权和个股期权同时交易的市场，这种现象更加明显，并称为三巫时刻(Triple witching hours)。③

随着金融创新的深化，很多金融市场不仅有证券现货交易，同时也开始了股指期货、期权，以及个股期货、期权等衍生交易品种。自从上述金融衍生品上市与现货同时交易后，投资者与监管者逐渐发现现货衍生品在不同层面对现货市场造成了影响，其中之一是当现货衍生品种接

---

①　Gallagher, D.R., P. Gardener, and P.L. Swan, 2009, Portfolio pumping: An examination of investment manager quarter-end trading and impact on performance, Pacific-Basin Finance Journal 17, 1—27.

②　刘凤元、陈俊芳:《换月效应的窗饰解释:基于上海市场的实证》,《数量经济技术经济研究》2004 年第 3 期。

③　指当股指期货、股指期权及个股期权三类合约同时到期(美国市场是季月的第三个星期五)，市场会产生巨大的交易量，此时股票价格会剧烈波动，特别是最后 1 小时。

近到期日时，对于现货的冲击更加显著。到期日效应不仅在股指期货与股票现货市场上存在，很多学者的实证研究发现外汇市场和商品市场也存在类似现象。

关于到期效应的主题最早由 Samuelson(1965)①提出了理论模型，推测到期期间与现货的价格波动为负函数关系，也就是越接近衍生品到期日，则现货报酬波动越大，后来的学者称该现象为 Samuelson 假说。到期效应的实证先驱研究 Stoll and Whaley(1986, 1987)②③针对美国市场进行了研究。研究结果发现，股票市场的报酬、交易量及波动在到期日会显著增加，尤其是到期日的最后一小时，并且也发现在到期日有价格反转现象。

其他学者的研究显示，不仅美国市场，其他证券市场到期日效应也很明显。如 Chamberlain, Cheung, and Kwan(1989)④发现多伦多股票市场中存在到期日效应，Pope and Yadav(1992)⑤对英国市场的实证，Schlag(1996)⑥对德国证券市场的实证，以及 Park and Lim(2004)⑦在研究韩国 KOSPI200 指数期货时，发现 KOSPI200 指数期货，不管在价格、波动率及成交量上都有到期效应产生。

对于到期效应形成的原因，目前没有定论，一些学者提出了不同的观点：

---

① Samuelson, P. A. 1965, "Proof that Properly Anticipated Prices Fluctuate andomly", Industrial Management Review, 6, 41—49.

② Stoll, H. R., and R. E. Whaley, (1986), "Expiration day effects of index options and futures", New York University: Monograph Series in Finance and Economics.

③ Stoll, H. R. and Whaley, R. E., 1987, "Program Trading and Expiration Day Effects", Financial Analysts Journal, 43, 16—28.

④ Chamberlain, T.W., C.S. Cheung and C.C.Y. Kwan(1989), "Expiration Day Effects of Index Futures and Options: Some Canadian Evidences", Financial Analysis Journal, pp.67—71.

⑤ Pope, P.F. and P.K. Yadav(1992), "The Impact of Expiration on Underlying Stocks: the UK Evidence", Journal of Business Finance and Accounting, Vol. 19, pp.329—344.

⑥ Schlag, C. (1996), "Expiration Day Effects of Stock Index Derivatives in Germany", European Financial Management, Vol.1, pp.69—65.

⑦ Park, C.G. and Lim, K.M.(2004). Expiration Day Effect in Korean Stock Market: Wag the Dog? Econometric Society 2004 For Eastern Meetings from Econometric Society, No.758.

① Stoll and Whaley(1987)[①]的研究结果认为导致到期效应发生的原因是套利者利用收盘市价单(market-on-close orders)来对现货头寸进行平仓导致的，如果许多套利者在收盘时利用程序交易(progrming trading)同时对现货头寸进行平仓所产生的订单不平衡(order imbalances)现象会对成分股股价产生短暂的冲击效应，从而导致了到期效应的发生。

②第二个可能产生到期效应的原因是利用到期日来获利的投机策略。Klemkosky(1978)[②]认为投机者会利用到期日效应产生的理论价格偏颇来进行投机操作，从而加剧了到期效应。Stoll and Whaley(1997)研究悉尼期货市场发现，近月份的合约在接近在期日时，成分股票交易量有很高的波动，到期日收盘交易量(20.8%)显著大于开盘交易量(6.6%)，他们认为上述结果是投机者在期货接近到期日时，利用投机策略进行来回短线操作，导致到期最后几分钟的交易量特别显著，有助涨助跌的现象发生，因此，现货市场波动幅度会增加。

③ 第三个可能原因是市场受到人为操纵。Jarrow(1994)[③]认为衍生金融品种的问世是使得市场被操纵的必要条件，即现货必须与之对应的金融衍生产品才有可能被成功操纵。其研究结果显示，在越接近衍生品种到期前操纵股价越可能产生丰厚的利润。

二、到期效应的应对策略

(一) 更改收盘价决定方式

近年来，一些交易所为了进一步抑制价格操纵，持续对开收盘价格形成机制进行改革，改革内容大致如下。

---

① Stoll, H. R. and R. E. Whaley, “Program trading and expiration-day effects”, Financial Analysts Journal, 1987(March-April), pp.16—28.

② Klemkosky, R. C. “The impact of option expirations on stock prices”, Journal of Financial and Quantitative Analysis, 1978, pp.507—518.

③ Jarrow, R. A., 1994, “Derivative Security Markets, Market Manipulation, and Option Pricing Theory”, Journal of Financial and Quantitative Analysis, 29, 241—261.

表 4.1　开收盘价格机制改革

	不得取消及更改委托	随机收盘	延后收盘	拉长收盘时间	更改开收盘模式
目的	避免交易者连续交易，频繁撤单，误导其他参与者，影响开收盘价合理性。	避免投资人价格操纵，影响收盘价合理性。	避免投资人操纵，影响收盘价合理性。	避免投资人操纵，影响收盘价合理性。	增加操纵者成本和难度。
内容	投资人于开收盘前一段时间（如：1 至 5 分钟）不得取消、更改委托单。	每只股票收盘时间不固定。	价格波动达一定标准（如：1%），则暂缓一定时间(如：5 分钟)收盘。	拉长收盘价计算时间。	连续竞价开收盘改为集合竞价开收盘。
优点	规定简单明确、散户容易了解。	收盘时间不确定，迫使投资人需“及时”下单，不利于操纵股票价格。	1.散户容易了解；2.若发生散户从众行为，则暂缓收盘，以利于理性投资者解读信息并进行交易，以形成合理收盘价。	增加操纵者成本，降低操纵概率。	增加操纵者成本，降低操纵概率。
缺点	1. 盘中交易并未禁止取消或更改委托，若收盘前 5 分钟禁止投资人取消或更改委托，易引发证券商与投资人纠纷。2. 若发生散户从众行为，可能影响收盘价合理性。	随机收盘，易使每只股票收盘时间不定，造成投资人来不及下单，或证券商来不及接单的困扰，也不符合多数散户交易习惯。	—	—	—

资料来源：笔者整理、编制。

具体到收盘价改革，从最近几年国外交易所更改收盘价格决定方式的统计(表 4.2)看，目前主要证券交易所收盘价格决定方式有从最后一笔逐笔交易价格逐步改为集合竞价的趋势，而也有不少证券交易所改为采用加权平均方式。这反映了人们逐渐认同了集合竞价方式在避免收盘价被操纵，维持收盘价的稳定性、连续性和代表性上的优势，同时单笔交易价格方式有被逐步淘汰的趋势。在 2018 年 8 月 20 日前，我国的沪深股市分别采用收盘前一分钟和三分钟每笔成交价加权平均的方式作为收盘价决定机制，这种方法在普及程度上仅次于集合竞价方式。但从计算收盘价格的时间看，我国股市用于计算收盘价格的时间较短，远低于采取类似机制的其他交易所的计算时间。

表 4.2　近年来证券交易所更改收盘价格决定机制的统计

交易所	更改时间	旧机制	新机制
韩　国	1989—1997 年分段实施	最后一笔逐笔交易价格	10 分钟集合竞价
澳大利亚	1997 年 2 月	最后一笔逐笔交易价格	随机单笔竞价方式
瑞　士	1998 年 11 月	最后一笔逐笔交易价格	10 分钟集合竞价
雅　典	1999 年 11 月	最后一笔逐笔交易价格	收盘前 10 分钟每笔成交价加权平均
墨西哥	1999 年 1 月	最后一笔逐笔交易价格	收盘前 10 分钟每笔成交价加权平均
维也纳	1999 年	最后一笔逐笔交易价格	15 分钟集合竞价
泰　国	1999 年 11 月	最后一笔逐笔交易价格	5 至 10 分钟集合竞价
华　沙	2000 年 11 月	最后一笔逐笔交易价格	10 分钟集合竞价
新加坡	2000 年 8 月	最后一笔逐笔交易价格	5 分钟集合竞价

（续表）

交易所	更改时间	旧机制	新机制
爱尔兰	2000 年 6 月	最后一笔逐笔交易价格	2 分钟集合竞价
伦　敦	1998 年 12 月	最后一笔逐笔交易价格	收盘前 10 分钟每笔成交价加权平均
	2000 年 5 月	收盘前 10 分钟每笔成交价加权平均	5 分钟集合竞价
哥伦比亚	2001 年	最后一笔逐笔交易价格	收盘前 1 小时每笔成交价加权平均
深圳证券交易所	2011 年 2 月	收盘前 1 分钟每笔成交价加权平均	收盘前 3 分钟每笔成交价加权平均
上海证券交易所	2001 年 12 月	最后一笔逐笔交易价格	收盘前 1 分钟每笔成交价加权平均
上海证券交易所①	2018 年 8 月 20 日	收盘前 1 分钟每笔成交价加权平均	收盘前 3 分钟集合竞价

资料来源：孙培源、刘凤元、陈启欢：《市场质量与交易机制改革》，《证券市场导报》2004 年第 1 期，部分资料系作者增补。

对于到期效应，虽然目前理论上不能确认到底是操纵行为还是套利等正常现象，但众多市场出现的到期效应确实增加了市场风险。而出现到期效应的一个交易机制方面的原因就是上一节讨论的收盘价问题，因在大多数市场，不论是股票现货，还是期货、期权等衍生品，都采用收盘价作为结算价，而为了让结算价对自己有利，交易者明显有动机对收盘价进行操纵，从而导致到期效应。

因此，一些交易所和监管部门尝试修改收盘价或结算价规则，以避免人为操纵或集中套利，甚至市场崩溃（表 4.3）。如，为了降低到期效应，S&P500 和美国证券交易所指数期货在 1987 年将其结算价由星期五的收盘价改为星期五的开盘价。一些市场合约开始交易之初就采用开盘

① http://www.sse.com.cn/aboutus/mediacenter/hotandd/c/c_20180806_4607055.shtml.

价作为结算价。一般来说，开盘结算的好处是，如涌入大量订单造成市场失衡时，延误开盘比延误收盘容易许多，而在到期日不会造成价格波动剧烈。

表 4.3　全球主要股指期货结算价制度

期货合约	交易所	更改前结算价	更改日期	现行结算价
主要市场指数(MMI)	芝加哥期交所(CBOT)	—	—	收盘价
价值线形(Value Line)	美国堪萨斯商品交易所(KCBT)	—	—	收盘价
AOI	芬兰期交所(SFE)	—	—	收盘价
TSE 300	多伦多期交所(TFE)	—	—	收盘价
摩根台指	新加坡交易所(SGX)	—	—	收盘价
S&P 500	芝加哥商品交易所(CME)	收盘价	1987-06	开盘价
纽约证券交易所(NYSE)	纳斯达克期交所(NYFE)	收盘价	1987-06	开盘价
德国法兰克福指数(DAX)	德国期交所(DTB)	—	—	开盘价
日经 225(Nikki 225)	日本大阪期交所(OSE)	—	—	开盘价
中国香港恒生 33 指数(HS I33)	香港期交所(HKFE)	—	—	全日 5 分钟成交价的平均价
英国富时 100 指数(FTSE 100)	伦敦国际金融期交所(LIFFE)	—	—	开盘后 20 分钟的平均价
法国巴黎指数(CAC 40)	巴黎国际金融期交所(MATIF)	—	—	收盘前最后 20 分钟的平均价

资料来源：根据交易所资料整理。

对于通过修改结算价试图降低到期效应的改革效果，一些学者进行了实证研究，总体看，收盘价改革减少了市场的操纵行为，提高了证券市场效率。

Feinstein and Goetzmann(1988)①研究了 S&P500 指数结算规则改变前后的到期效应，实证结果发现：在结算规则改变前，三巫时刻效应的波动性较大；在结算规则改变后，到期日不再有较高的波动性，而星期四与星期五两天到期期间的波动性甚至降低了，原因在于结算制度改变后，原本到期日由一天变为两天，有助于市场分散风险及充分反应新市场信息的不确定性，因此作者认为改变结算制度可以缓和三巫时刻现象。

Herbst and Maberly(1990)②也以 S&P500 指数为研究目标，探讨 1986 年 6 月结算价由星期五收盘价改变为星期五的开盘价对到期效应的影响。实证结果发现：改变结算规则后，星期五的三巫时刻的波动性较改变结算规则前显著较小，但却造成了星期五开盘后一个小时内的波动性显著变大，而三巫时刻效应减少的波动性大致与开盘后一个小时所增加的波动性相等，因此新的结算规则只是改变了波动性的时间。

Chow，Yung and Zhang(2003)③以中国香港恒生指数期货与期权为研究标的。实证结果发现，恒生指数期货到期或恒生指数期货与期权一起到期对标的股票市场有负向的价格影响效果，但并没有在到期日时发现异常交易量。他们认为可能是因为中国香港地区的结算价是采取全日平均价结算，而非以开盘价或收盘价当作结算价，因此股票市场波动在到期日没有显著变化。即以较长的平均价作为结算价更能缓和到期效应，可以避免套利或是投机者去操纵、影响结算价。

---

① Feinstein，S. P. and Goetzmann，W. N.，1988，“The Effect of the Triple Witching Hour on Stock Market Volatility”，Economic Review，73，2—18.

② Herbst，A. F. and Maberly，E. D.，1990，“Stock Index Futures，Expiration Day Volatility，and the ‘Special’ Friday Opening：A Note”，The Journal of Futures Markets，10，323—325.

③ Chow，Y. F.，Yung H. H. M.and Zhang H.，2003，“Expiration Day Effects：The Case of Hong Kong”，The Journal of Futures Markets，23，67—86.

(二) 设置交割期权

期货合约的交割方式有两种：实物交割和现金交割。实物交割指在规定的交割期限内使用达到合约中规定的数量和质量的实际标的交割，如大豆或铜等；现金交割则指按照结算日该合约的结算价格，折算为现金进行交割。虽然从全球期货交易所交割情况看，平均只有5%左右的合约进行实物交割。但正是这极少量的实物交割将期货市场与现货市场联系起来，为期货市场功能的发挥提供了重要的前提条件。因此，实物交割是促使商品期货价格和现货价格趋向一致的制度保证，使期货市场真正发挥价格晴雨表的作用。

就实物交割而言，当合约到期时，未平仓空头头寸需要向期货交易所缴纳合约中规定的同样数量和质量的现货商品。如果该期货合约规定的交割现货较为紧张，则其价格容易被人操纵，导致现货价格非正常上涨，空头蒙受损失，即出现所谓的轧空。就金融期货而言，最为著名的轧空事件是1991年美国第一大债券交易商所罗门兄弟公司(Salomon Brothers)因掌握高达94%的1993年到期国债，使卖空该标的的投资者无法回补而遭受重大损失。

为了应对价格市场操纵，特别是现货市场与衍生品市场的跨市场操纵，监管机构采取的其中一种方法就是扩大现货的供给。因为一般来说，跨市场操纵者要成功操纵的话，都是通过同时持有大量的现货和衍生品头寸，而衍生品头寸一般是无限供给的，但现货供给则是有限的。因此，各国期货交易所为了增加期货交割标的——现货的供给，一般都允许空头一方可以在交割商品质量、数量、时间或地点等方面进行选择，以降低价格被跨市场操纵的可能。而空头方持有的这种对交割进行选择的权利被称为交割期货(delivery options)。

(1) 交割期权的类型

根据期货合约标的的特点，交割期权一般包括质量、数量、时间与地点期权等。本书探讨在商品和金融期货中最常见的质量期权、时间期权和地点期权。

① 质量期权(quality option)

质量期权指以现货交割的期货，允许卖方在规定的多种不同等级的标的物中，选择其中一种进行交割。

如芝加哥期货交易所的5年期国债期货，在交割时规定可交割的债券必须是：原来的合约期间不超过5年3个月，且到期期间不得少于4年2个月的美国公债；10年期国债期货，可交割的债券必须是：到期期间不得少于6.5年，并且不得超过10年的美国中期国债。

芝加哥期货交易所的玉米期货交割期权为：标准交割物为5000蒲耳(bushel)的美国黄色二号玉米；交割美国黄色壹号玉米将按照合约价格每蒲耳提高1.5美分；交割美国黄色三号玉米按照期货合约价格每蒲耳减少1.5美分。

② 时间期权(timing option)

一些交易所设计的期货合约，如芝加哥期货交易所的国债期货，允许卖方在交割月份中的任何一天提出交割要求，根据时间的不同划分，又可分为应计利息期权(accrued interest option)、盘后期权(wild card option)及月终期权(end-of-month option)等，具体如下：

a. 应计利息期权(Accrued Interest Option)

在期货到期日前的任一交易日自早上8点至下午3点为止，由于期货市场与现货市场都开放，该时间内允许卖方选择任一时点进行交割，这是所谓的应计利息期权。在这种交割机制下，空头方可以选择对他最有利(成本最低或收益最高)的国债来交割，其选择出成本最低的债券称为最便宜交割债权(The Cheapest to Delivery Bonds)。

b. 盘后期权(Wild Card Option)

因为期货市场与现货市场交易时间不同，但交易所允许卖方最晚到晚上8点提出交割通知书(Notice of Intention)，而交割价格是依照期货收盘价格而定。在这期间，空头方可以利用这段时间分析市场，选择最有利的时间进行交割。卖方所拥有的这种权利称之为盘后期权。

c. 月底期权(End-of-month Option)

由于期货合约最后交易日与最后交割日不同，最后交易日为交割月份倒数第 8 个营业日，而最后交割日为倒数最后一个营业日，因此空头方可以在这一周的期间进行交割。由于交割者在最后交易日后还持有其头寸，保留其交割权利到最后营业日，结算价格仍以最后交易日下午两点的结算价成交，所以对卖方而言，这七天时间可以就参考现货价格的变动以决定何时交割，降低成本。

③ 地点期权(Location option)

从理论角度看，一种理想的交割制度应该是在可能的情况下只规定一个交割地点。与多点交割相比，单一交割地点的优势在于价格更加透明，交割制度简单又易于理解。但是在仓单交割制度下，由于没有一个合适的地点拥有足够的库容来满足合约条款的要求，所以单一交割地点制度无法实行。另外，考虑到合约标的商品的产地和终端消费者的地理分布差异，以及物流成本、仓储成本等因素，一般交易所允许期货卖方自行选择有利的货物交割地点。

以芝加哥期货交易所挂牌的玉米期货为例，其合约中关于交割时允许卖方选择地点的弹性，即可视为地点期权。当在芝加哥转运区(Chicago Switching District)、勃恩港(Burns Harbor)、印第安纳转运区(Indiana Switching District)等地点交运，按照期货合约规定，在一定的价格和玉米等级标准前提下，不需要另行加收费用。当在洛克港(Lockport-Seneca Shipping District)交运，但按照期货合约规定，在一定的价格和玉米等级标准前提下，每蒲耳多支付 2.5 美分作为价格贴水；而当交运地点在皮奥里亚—珀金港(Perria-Penkin Shipping District)时，则依照期货合约规定，在一定的价格和玉米等级标准前提下，每蒲耳多支付 3 美分作为贴水。另外，一些基本金属期货在交割时也隐含了地点期权，如伦敦金属交易所的基本金属，以及国内的基本金属等，在不同的交割地进行交割，相同的标的商品会有一定的升水或贴水。

期货交易所如此设计合约的目的在于：当特定等级的标的物供给不

充足的情况下，如果可交割对象有限且唯一，空头方很可能受到多头方的轧空威胁。基于此，除了限制持有头寸，大部分期货交易所会在标准期货合约中隐含一个或多个交割期权，增加交割标的供给，减少价格受操纵的可能性(见表 4.4)。特别地，在跨市场的价格操纵中，如果可交割标的物范围扩大，操纵者想通过大量持有现货标的操纵期货价格的成本将大幅度增加，从而使价格操纵变得不经济或不可能。

表 4.4　部分交易所债权期货交割期权

国家/交易所	美国/CBOT	德国/EUREX	法国/MATIF
合约名称	十年期国债期货	十年期国债期货	十年期欧元债券期货
可交割债券	距到期日最少 6.5 年不超过 10 年的政府债券	距到期日 8.5 年—10.5 年的德国国债，且发行量在 20 亿欧元以上	距到期日 8.5 年—10.5 年的德、法债券

资料来源：收集于各交易所。

(2) 交割期权绩效

期货合约蕴含的质量、时间等期权，使得交割变得相对有弹性，其价格不容易被操纵，同时也为空头方提供了一个有效规避价格波动的工具。但是有些学者认为这些交割期权会影响期货合约的避险效果，因为如果没有考虑交割期权的价值，将高估期货价格，以高估的价格对避险比率进行计算必将影响期货的避险效果，反而使避险者无法达到完全避险目的。因此，如果合约设计不当，影响期货的避险功能，影响避险者参与兴趣，最后甚至可能会导致期货合约的交易量降低，甚至退市。许多学者采用不同的交割期权计算方法，试图去计算上述交割期权的价值。

文献显示，学者大多认可交割期权存在一定的价值，但对其大小结论却不一致，有些研究发现交割期权价值不大，不会影响期货的避险效果。

Lin & Paxson(1995)研究 LIFFE 的德国国债期货合约，发现该合约质量期权的价值相当小，在合约到期前 3 个月时其平均价值只有

0.09%； Nielsen & Ronn(1998)对1991—1994年间的美国国债期货进行实证，结果发现质量期权的价值占面额的0.1%至0.3%；①Lin、 Chen & Chou(1999)计算了日本国债期货的交割质量期权价值，由于日本国债期货的交割制度并不具有时间期权，所以可以求得质量期权价值，他们发现质量期权价值并不显著，在到期前三个月时，大约仅占面额的0.02%；②Nunes & Ferreira(2003)以多因子的HJM模型评价EUREX国债期货的交割质量期权价值，他们发现，质量期权的价值仅占期货价格的0.05%。③

上述研究显示，交割期权价值不大，不影响期货避险效率。但另一些研究则显示一些合约交割期权价值太大，不仅影响了期货的避险效果，甚至可能会导致合约退市。

Ritchken & Sankarasubramanian(1992)以二因子的HJM模型并以芝加哥期权交易所的国债期货为研究对象，利用不同的波动性参数设定做实证，他们发现质量期权的价值显著，2年期、10年期及15年期期货合约的质量期权价值分别为0.1%、 1%及2%。④

1975年，芝加哥期权交易所推出全球第一个利率期货合约，该合约曾经非常活跃，但到了1987年基本无交易量，不得不退市。Johnston and McConnell(1989)研究了该合约的失败原因，认为主要因为交割规则中隐含的质量交割期权。为了吸引持有不同息票率抵押品的套期保值者，该期货合约的交割规则允许空头交割与标准标的息票率相差8%的证券。据计算，1982年9月至1983年9月，12个月中，有10个月该期货合约的质量交割期权价值都超过5%，1983年3月竟然高达19.32%。因

---

① Lin, B.H. and D.A. Paxson(1995), Term Structure Volatility and Bond Futures Embedded Options, Journal of Business Finance and Accounting, Vol.22, pp.347—388.

② Lin, B.H., R.R. Chen and J.H. Chou(1999), Pricing and Quality Option in Japanese Government Bond Futures, Applied Financial Economics, Vol.9, pp.51—65.

③ Nunes, J.P. and L.A. Ferreira(2003), Quasi-Analytical Multi-Factor Valuation of Treasury Bond Futures with An Embedded Quality Option, Working Paper, Anibal Bettencourt University.

④ Ritchken, P. and L. Sankarasubramanian(1992), Pricing the Quality Option in Treasury Bond Futures, Mathematical Finance, Vol.2, pp.197—214.

此，这项举措虽然减少了空头可能受到的轧空，但导致质量交割期权的部分价值无法对冲，降低了保值效率，使其吸引力逐渐下降。①

最后，在非交割月份中，由于投资者所持头寸相对市场总未平仓头寸而言不大，并且有较长时间对交割所需的现货供需可做调整，故不容易发生囤积或挤压轧空等操纵行为。但交割月份合约情况相反，容易受到操纵，因此监管人员对于加入交割月份的衍生品合约，应该特别加以注意监督。

为了便于监管，监管人员在合约到期前，必须了解现货价格和衍生品价格间的关系、可供交割商品的数量与其所有权、大额交易人所持头寸，以及和未平仓总头寸、可供交割商品数量的关系；监管人员如果认为大额头寸或集中交易可能影响市场时，则需要进一步分析以了解投资者持有头寸的目的，如果确认有问题，应进一步深入调查是否有操纵或内幕交易的事实。

① Johnston, and McConnell(1989), Requiem for a Market: An Analysis of the Rise and Fall of a Financial Futures Contract, Review of Financial Studies, Vol.2, No.1, pp.1—23.

第五章

跨市场监察、信息分享及危机处置的国际经验

第一节　跨市场操纵监察的国际经验

一、美国市场

美国是全球出现衍生品交易最早的国家，同时，由于金融创新居于全球前列，现货市场和衍生品市场品种丰富，为避免市场参与者进行跨市场违规交易和进行跨市场操纵，美国成为全球首个推行跨市场监察制度的国家。

随着金融产品的日益多元化，为避免市场被操纵和参与者进行违规交易。1983 年美国数家交易所联合起来成立了“跨市场监管组织(Intermarket Surveillance Group，ISG)”。为进一步深化跨市场监管，美国国会于 1990 年通过《市场改革法》(Market Reform Act of 1990)，要求美国财政部、联邦准备银行、证券管理委员会、商品期货交易委员会从 1991 年 5 月 31 日起每年向国会提交跨市场协调报告(Intermarket Coordination Report)。此后，在实际操作中为监管股票市场与期货市场

之间的跨市场非法交易，相关机构制定了不同的合作方式。主要包括：签署信息分享协议以及主管机构的行政命令。同时，为适应金融投资的全球化趋势和跨市场信息共享，1990 年，跨市场监管组织准许期货交易所和非美国交易所加入该组织。另外，为提升跨市场信息交流和合作机制，除了已有的跨市场监管组织以外，还成立了其他组织。①

（1）跨市场监管组织

跨市场监管组织的目标主要有两个：确认可能的跨市场欺诈和价格操纵以及会员间信息共享。②经过近 30 年的运行，目前跨市场监管组织会员已包含北美、亚洲及欧洲等地的证券、期货交易所共 55 个会员（见表 5.1），其跨市场操纵监察和信息共享取得了丰富的成果。③

表 5.1　跨市场监管组织会员列表（共 58 家）

澳大利亚证券投资委员会 Australian Securities & Investments Commission（ASIC）	伦敦金属交易所 London Metal Exchange
孟买证券交易所 Bombay Stock Exchange Limited	伦敦证券交易所 London Stock Exchange
伊斯坦布尔证券交易所 Borsa Instanbul	长期证券交易所 Long Term Stock Exchange
意大利证券交易所 Borsa Italiana	迈阿密国际证券交易所 Miami International Securities Exchange
蒙特利尔交易所有限公司 Bourse de Montreal Inc.	迈阿密珍珠交易平台 MIAX PEARL，LLC
波士顿期权交易所 BOX Options Exchange LLC	纳斯达克 BX NASDAQ BX，LLC

① 上证联合研究计划第 16 期：股票与股指期货市场风险关联性及跨市场监管研究（2007 年 1 月）。

② 正常情况下，跨市场监管组织每年举办三次会议，会议只允许会员组织、准会员组织、纽约证券交易所计算机子公司（SIAC），以及如美国商品期货委员会（CFTC）、美国证券交易委员会（SEC）、英国金融服务管理局（FSA），以及国际证券管理机构组织（IOSCO）等全球重要监管机构或组织代表参加。

③ 详见跨市场监管组织官方网站：https://www.isgportal.org/home.html。

（续表）

马来西亚股票交易所 Bursa Malaysia	纳斯达克哥本哈根交易所 NASDAQ Copenhagen A/S
开曼群岛证券交易所 Cayman Islands Stock Exchange	纳斯达克 GEMX NASDAQ GEMX
芝加哥 BYX 期权交易所 Cboe BYX Exchange，Inc.	纳斯达克赫尔辛基证券交易所 NASDAQ Helsinki，Ltd.
芝加哥 BZX 期权交易所 Cboe BZX Exchange，Inc.	纳斯达克冰岛 HF 交易所 NASDAQ Iceland HF
芝加哥 C2 期权交易所 Cboe C2 Exchange，Inc.	纳斯达克 ISE NASDAQ ISE
芝加哥期权交易所 Cboe Exchange，Inc.	纳斯达克 MRX NASDAQ MRX
芝加哥 EDGA 期权交易所 Cboe EDGA Exchange，Inc.	纳斯达克 PHLX NASDAQ PHLX LLC
芝加哥 EDGX 期权交易所 Cboe EDGX Exchange，Inc.	纳斯达克斯德哥尔摩证券交易所 NASDAQ Stockholm AB
芝加哥期权期货交易所 Cboe Futures Exchange，LLC	印度国家证券交易所 National Stock Exchange of India Limited
芝加哥期货交易所 Chicago Board of Trade	美国全国期货协会 National Futures Association
芝加哥商品交易所 Chicago Mercantile Exchange	纽约商业交易所 New York Mercantile Exchange，Inc.
芝加哥证券交易所 Chicago Stock Exchange，Inc.	纽约证券交易所 New York Stock Exchange LLC
迪拜黄金与商品交易所 Dubai Gold and Commodities Exchange	北美衍生品交易所 North American Derivatives Exchange
欧洲期货交易所 Eurex Deutschland	法兰克福证券交易所 Frankfurt Stock Exchange

（续表）

美国金融业监管局 Financial Industry Regulatory Authority	纽交所高增长板市场 NYSE Arca，Inc.
香港交易及结算所有限公司 Hong Kong Exchanges & Clearing Ltd.	新西兰证券交易所 NZX Limited
欧洲洲际期货交易所 ICE Futures Europe	第一芝加哥 OneChicago，LLC
美国洲际期货交易所 ICE Futures U.S.，Inc.	奥斯陆证券交易所 Oslo Bors ASA
加拿大投资业监管组织 Investment Industry Regulatory Organization of Canada（IIROC）	新加坡证券交易所 Singapore Exchange Ltd.
投资者交易所 Investors Exchange，LLC	爱尔兰证券交易所 The Irish Stock Exchange PLC
日本外汇监管局 Japan Exchange Regulation	纳斯达克证券市场 The NASDAQ Stock Market LLC
韩国交易所 Korea Exchange	尼日利亚证券交易所 The Nigerian Stock Exchange

资料来源：跨市场监管组织官方网站，查询于 2020 年 8 月。

（2）其他组织

跨市场监管组织还包括：跨市场财务监视小组（The Intermarket Financial Surveillance Group，IFSG）、衍生性商品政策组织（Derivatives Policy Group，DGP）、金融产品咨询委员会（Financial Products Advisory Committee）等。

这些组织的建立使股票市场与期货市场间在财务信息监管、相关监管政策的协调以及不同市场间交易情况的沟通方面有了专门的协调沟通组织。如跨市场财务监视小组成立于 1988 年，目的是为不同市场间提供一个协调机构，以应付期货市场及证券市场有关的财务监视问题。跨市场财务监视小组成员包括大多数主要期货及证券交易所以及全国期货公会和全国证券商公会。跨市场财务监视小组成员间分享有关该小组共同定义的高风险会员公司的财务信息，以避免市场风险的跨市场传播，以及跨市场价格操纵等违规交易。同时，如果需要，还可以为有需求的会员提供有关该高风险公司的资本、分离保管的客户款项、保证金、流动问题、综合账户以及/或持有的经纪商和付款/收款的资料。

除了各市场监管当局之间建立合作组织外，美国各交易市场的监管部门及自律机构也进行许多跨市场协作，主要包括：

① 市场间信息监察系统（Inter-market Surveillance Information System，ISIS）

纽约证券交易所与美国证券交易所、孟买证券交易所、芝加哥期权交易所、芝加哥商品交易所、芝加哥商业交易所、哥本哈根证券交易所、蒙特利尔证券交易所、美国证券商协会、纽约金融交易所、布拉格证券交易所、费城证券交易所十一个主要证券、期货及其衍生品市场间，都设置了基于IT技术支持的市场间信息监察系统，通过随时监视所有市场的异常交易，同时搜集相关交易和市场信息资料，进行分析以及进一步进行交易调查方面的合作。

② 市场间抢先交易协议（Intermarket Front-running Agreements）

为防范投资者或经纪商利用不同市场间信息公布或披露的时间差进行抢先交易，损害其他投资者的利益，美国证券交易委员会与商品期货委员会建立信息分享协议，共同对股票市场与期货市场异常交易进行调查及诉讼。而各证券交易所与期货交易所为了避免股指期货的抢先交易，也建立了有关监管信息交换及调查的合作协议。此类合作协议提供了不同市场管理部门进行跨市场交流的渠道，有利于监管部门及时发现多个市场的抢先交易行为。

③ 到期日季会（Quarterly Meetings Concerning Expiration Friday）

本书前述内容显示，在衍生品合约到期前，很多市场会出现显著的到期日效应。[①]因此，为避免到期日出现因价格操纵等违规行为的到期日效应，在股指期货合约、股指期权以及有价证券到期前，美国证券交易委员会与商品期货委员会利用召开到期日季会对合约到期时可能出现的波动相互交换信息。当与历史数据比较后发现出现异常交易的情况，各期货、期权与证券交易所将共同讨论异常现象的原因，并制定防范与处理措施。此外，在期货合约到期时，其波动性较一般情况高，因此，证券交易委员会与商品期货委员会共同与财政部和联邦银行等单位举办会议，商讨可能出现的情况及该情况产生的原因。

另外，由于大量交易都是通过场外交易方式进行，为对其进行监管，跨市场监管小组利用脱机计算机设备，寻找某一段时间内成交记录中的特定模式，或针对某一股票大量相反交易的参与者，以防止价格操纵等违规交易。跨市场监管小组设有查账小组及数据库小组，查账组利用计算机保存的数据核对每笔跨市场间交易的交易对象；数据库小组则在计算机监察系统中建立内部人参考档与各会员券商大额交易客户的参考文件，以供实时索引，对比分析相关信息。并通过市场间信息交换，找出市场间抢先交易等违规行为。

随着全球各国资本市场开放，市场参与者进行的跨境交易越来越多，美国与其他国家的监管机构(含交易所在内)力图多渠道以共享证券及期货市场信息，在某些情况下，监管机构仅非正式地以电话或函件要求外国对等单位提供其所需信息。另外，为了表明交换信息的意愿，并保证提供的有价证券及期货法规数据、相关协助给外国对等单位时于法有据，也可通过正式的信息分享协议备忘录(Memoranda of Understanding，MOU)交换信息，这些备忘录大多是两国间的双边协议，美国是包括跨市场监管小组等许多双、多边协议的主体之一。

数据显示，经由跨市场监管小组与美国主要证券暨期货交易所会员

---

① 到期日效应(Expiration-day Effects)，即在股指期货合约到期时，期货市场和现货市场上由于买卖失衡而产生短暂扭曲的现象，主要表现在收益率、波动率和成交量等的异常变化。在股票现货、股指期货、股指期权和个股期权同时交易的市场，这种现象更加明显，并称为三巫时刻(Triple witching hours)。

组织，进行例行性跨市场监视信息分享、交换的链接作业以来，基本上跨市场监管小组会员交易所已经能够对抢先交易(Front Running)、跨市场轧空(Inter-market Short Squeeze)、临收作价及钉住价格(Capping and Pegging)、价格操纵(Price Manipulation)、内部人交易(Insider Trading)、小型操纵(Mini Manipulation)六种市场间产生的违法交易形态，予以明确定义与区分，且针对各参与会员组织间，就此类例行性监视管理机制执行中，个别所应负权责范围及角色位能等，建立适当、密切的分工合作关系。

二、英国

英国金融市场的跨市场监察的实施，由主管机关金融行为监管局(Financial Conduct Authority，FCA)①来主导进行。

(1) 证券与其衍生品跨市场监视制度

证券交易所的监视部门除了设置有对本所进行监视的计算机交易系统外，还与伦敦国际金融期货期权交易所(LIFFE)的交易监视系统链接，以便双方对可能的跨市场异常交易和违规交易，进行及时高效的监视及信息交换，并进一步对违法交易型态进行分析，以及进行技术性合作等。

(2) 跨市场监视信息分享

伦敦证券交易所和伦敦国际金融期货期权交易所均为跨市场监管组织的基本成员，因此与跨市场监管组织的成员如美国、加拿大、欧洲及澳洲等国家和地区的三十多个会员交易所，以及各政府主管机关、国际性专业机构间，都有极为密切的跨市场监视信息分享合作关系。

三、法国

早前，法国证券暨期货联合管理局(COB)负责跨市场信息监察和信

① 2012年12月，根据2012年《金融服务法案》(Financial Services Act 2012)，英国撤销了金融服务局(Financial Services Authority，FSA)，成立了金融行为监管局(Financial Conduct Authority，FCA)，对跨市场监察的职责也转移给金融行为监管局。

息共享，2003年法国证券暨期货联合管理局并入金融市场局，自此由金融市场局负责上述相关事务。

（1）证券与其衍生品跨市场监视制度

纽约泛欧法国交易所自1993年开始上市证券衍生品，形成了既有股票现货交易，又有股票衍生品交易的市场格局。不过权证等证券衍生品的监视，与股票采用的是同一个查询系统。该交易所相关监视部门对衍生品价格变化进行判断，当认为证券衍生品价格波动性过大时，查看交易所报价终端机上该商品的Delta值（即权证变动金额相对于标的股票变动金额），并与历史数据比较查看是否存在异常，必要时则利用计算机计算理论价格作为参考，以判断是否存在价格操纵等违规交易。

（2）跨市场监视信息分享

法国是欧共体十二个会员国之一，而欧共体为实现经济整合的目标，自1989年起要求会员国整合各自国内法规，使其规则一致，并促进彼此跨市场间的信息分享。此外，欧共体也要求会员国之间共享市场信息，以及与非会员国间信息分享。

根据法国《证券交易法》第21条规定，证券交易所理事会、期货交易所理事会、银行委员会、金融市场管理局、行业自律协会，为履行各自职责应该互相交换必要的市场信息。因此，现行证券期货主管机关间的合作及沟通主要通过彼此互派代表来进行。就跨国监管而言，由于泛欧交易所市场包含欧盟境内五国的现货与衍生品市场，对各国主管机关的管理造成挑战，为此，荷兰、比利时、葡萄牙、英国及法国的主管机关签署备忘录（Memorandum of Understanding）加强监管合作并协调法令规范的不一致性。

除此之外，法国证券市场主管机关与美国证券交易委员会（SEC）及美国商品期货委员会（CFTC）等之间，也签订了双边信息分享协议备忘录，目的并不局限于管理信息交换，还包括进一步建立有价证券交易及市场监视制度的深入合作关系。2009年10月，法国金融市场局（AMF）与美国金融产业监理局（Financial Industry Regulatory Authority,

FINRA)、2010 年 3 月与迪拜金融监理机关(Dubai Financial Services Authority)签署双边信息分享协议备忘录，2014 年 3 月与美国商品期货委员会(Commodity Futures Trading Commission，CFTC)、加拿大银行(Bank of Canada)、安大略证管会(Ontario Securities Commission)及加拿大哥伦比亚证管会(British Columbia Securities Commission)等签署双边信息分享协议备忘录；2016 年 1 月与欧洲证券及市场管理局(The European Securities and Markets Authority，ESMA)签署双边信息分享协议备忘录，就双方在市场监察与价格操纵等违规交易查核两个方面进行双边信息分享。

四、德国

1. 证券与其衍生品跨市场监视制度

早在 1987 年德国交易所集团公司(DBAG，是法兰克福证券交易所的营运主体)即着手推动建立期权及期货交易所(Deutsche Termin börse，DTB，德国衍生品交易所)。1990 年年初德国衍生品交易所开始交易，目前为德国交易所集团公司的子公司，由黑森省的经济交通及技术部管理，且已发展为欧洲第二大衍生品交易所。

在德国，因为期货市场与证券市场都使用一套相同的计算机交易系统“Xetra”，而 Xetra 操作系统中除了具有交易委托、报价等交易功能外，还能够进行交易熔断管理，对于异常的价格波动，市场参与者可以改价或取消委托。更为重要的是，通过 Xetra 计算机联机系统，监管人员可以随时监视证券、期货及其衍生品市场的异常交易，并搜集相关资料，并进一步进行必要的数据分析和判断。

2. 跨市场监视信息分享

除本国证券、期货及衍生品市场通过联机系统进行跨市场信息共享以外，德国衍生品交易所还通过合并、建立联盟等方式与其他国家或地区交易所分享数据与信息：如 1998 年德国衍生品交易所与瑞士期货交易所(SOFFEX)，合并为欧洲期货交易所(Eurex)；1998 年欧洲期货交易所与芝加哥期货交易所宣布建立战略联盟。

五、瑞典

瑞典的跨市场监视，由主管机关金融监督局（The Swedish Financial Supervisory Authority）主导进行。

（1）证券与其衍生品跨市场监察制度

在1999年7月1日之前，斯德哥尔摩证券交易所的监视部门除设有本身的SAX交易系统的监视作业外，还与瑞典期货和期权交易所（OM Stockholm AB）的OM Click交易系统链接，以便监视现货市场与衍生品市场可能的价格操纵等违规或异常交易。在两个交易所合并之后，跨市场监视与跨市场信息共享问题不复存在。

（2）跨市场监视信息分享

虽然本国交易所合并后无需进行跨市场信息共享，但为了打击不同国家间的跨市场价格操纵等违规交易，斯德哥尔摩证券交易所于2001年12月开始，先后与挪威奥斯陆交易所、丹麦哥本哈根交易所及冰岛签署市场监视系统协议书，使用相同的市场监视系统——obSurveX，以强化两国证券市场管理。①

六、韩国

随着期权与期货交易量增加，以及海外投资者比例的上升，2005年12月1日开始，韩国交易所（KRX）②的市场监视委员会（Market Oversight Commission）开始实施跨市场监视系统，这套系统可同时针对期货市场以及包括证券市场及科斯达克（KOSDAQ）在内的现货市场进

① obSurveX系统由奥斯陆交易所参考SMARTS市场监视系统研发而成，奥斯陆交易所已设立市场监视中心，每一个加入该跨国监视系统的交易所均有义务提供其市场监视制度，监视中心也有义务提供提升市场监视相关技术给所有使用obSurveX的交易所。丹麦哥本哈根交易所与冰岛交易所也相继在2002年和2003年签署跨市场信息共享协议书，因此目前所有北欧交易所均使用相同的市场监视系统——obSurveX系统。

② 韩国交易所（KRX）目前是亚洲第三大交易所，2005年1月27日由原韩国证券交易所（KSE）、韩国科斯达克证券市场（KSM）和韩国期货交易所（KOFEX）合并而成。

行市场监视作业，监察包括了股票、期货期权的违规交易和价格操纵活动在内的不公平交易行为。

该监视系统主要功能包括：1.实时监视(Real-time Watch)：在交易时间，监视人员通过系统对市场进行实时监视，可以更有效地防止不公平交易行为；2.对不正常交易进行自动分析：在实时监视时，系统可以即刻显示疑似不正常交易的股票或衍生品的价格及成交量图形，工作人员能够观察股票、期货及其他衍生品的价格走势，并确认价格波动因素是否正常；3.加速对疑似违规交易行为的评断：对疑似涉嫌价格操纵等违规交易的证券，工作人员根据该证券的基本面信息、市场面的情况等对其价格表现进行判断，评断时间一般为一小时至一天。

第二节　跨市场信息分享的国际经验

理论上，在完全竞争市场中，期货等衍生品价格是市场对现货价格的预估值，故现货和衍生品价格的变动会相互影响，操纵者会利用这一特性，进行现货和衍生品市场间价格操纵和内幕交易，而这种不法行为，因涉及跨市场交易，故更加难以预防或监管；鉴于此，各国衍生品或证券主管机关为保护投资者、维持市场公正与秩序，都加强和其他市场信息交换方面的合作，希望通过正式签署备忘录或非正式的定期联络，保持充分沟通并分享市场交易信息。这样不仅有利于日常交易活动的管理，而且便于在发生操纵行为时，将操纵的负面影响降低到最低程度。

目前，各国证券和期货市场最重要、影响力最大的国际性合作组织是国际证券委员会组织(International Organization of Securities Commissions，IOSCO)。国际证券委员会组织成立于1983年4月，目的在于通过全球各监管机构和交易所制定公正有效率的证券交易规则和标准。截至2018年7月，国际证券委员会组织已有128个正式会员

(Ordinary Member), 27 个副会员(Associate Member)及 63 个附属会员(Affiliate Member)。

2011 年“911”事件后，国际证券委员会组织开始建立《关于磋商、合作和信息交流的多边谅解备忘录》(Multilateral Memorandum of Understanding Concerning Consultation and Cooperation and the Exchange of Information，MMoU)，试图建立一个全球性跨境跨市场证券信息共享、执法合作模式。就跨市场信息合作执法方面，国际证券委员会组织建议各交易所及监管机构，应该建立信息分享机制，该机制应该将公开和非公开信息提供给国内外同行；监管机构应该协助外国监管机构进行跨境、跨市场执法。另外，不同经济体之间也会通过双边监理谅解备忘录来促进信息交换或开展对于外国主体的跨境查核或检查。2002 年，国际证券委员会组织建立了第一个谅解备忘录“2002 MMoU”。“2002 MMoU”出台后已经成为证券和衍生品市场监管合作的全球性标杆。但是技术和社会在进步，金融市场的监管者也必须适应环境提升与进步。

“2002 MMoU”出台的 10 多年来，金融市场的全球化和相互关联性已发生巨大变化，同时，金融市场的技术与参与者的违法违规也在与时俱进。国际证券委员会组织众多会员近年来遭遇的金融危机表明：深化会员间的消息共享是保持与市场同步进化的关键因素。基于此，国际证券委员会组织于 2016 年发布了《加强版多边谅解备忘录》(Enhanced Multilateral Memorandum of Understanding，EMMoU)旨在超越《谅解备忘录》(MMoU)，以提高跨境执法协作标准，提出了新的证券和衍生品全球合作框架增强谅解备忘录。国际证券委员会组织声称，《谅解备忘录》仍然有效，不过希望会员最终逐渐都能够签署《加强版多边谅解备忘录》。

《谅解备忘录》和《加强版多边谅解备忘录》都为证券监管者提供了共享调查资料(如受益人信息、交易记录等信息)的机制，并对信息交换提出了具体的要求。但《加强版多边谅解备忘录》在《谅解备忘录》

的基础上还规定了新的执法权力即 ACFIT（Audit、Compel、Freeze、Internet、Telephone），在维护国际证券市场的完整性和稳定性、保护投资者合法利益、阻止不当行为和欺诈上发挥着重要的作用（IOSCO，2016）。ACFIT 具体权力内涵如表 5.2 所示。

表 5.2　ACFIT 具体权力内涵

A：Audit（审计）	获取、分享与审计或审查财务报表有关的工作底稿、通信和其他资料
C：Compel（强制）	强制出席作证
F：Freeze（冻结）	在可能的情况下冻结资产或应其他签署方请求，就如何冻结资产提出建议、提供资料
I：Internet（互联网）	获取、分享现有互联网服务提供商的记录（不包括通信内容），包括在检察院、法院或其他权力机关的协助下
T：Telephone（电话）	获取、分享现有的电话记录（不包括通信内容），包括在法院、检察院或其他权力机关的协助下

资料来源：国际证券委员会组织。

2017 年国际证券委员会组织主席委员会关于《加强版多边谅解备忘录》的决议中表明该加强版备忘录将按执法合作范围差异分为两层，分别是附录 A.1（appendix A.1）和附录 A.2（appendix A.2），附录 A.1 包含的权力范围为 ACFIT，附录 A.2 为 ACF。各监管机构可自由选择。

截至 2019 年 9 月底，已有数个国家和地区分别签署了《加强版多边谅解备忘录》的 A.1 和 A.2。

表 5.3　《加强版多边谅解备忘录》的 A.1 签署方

签署机构	国家、地区	签署日期
加拿大艾伯塔省证券委员会（ASC）	加拿大艾伯塔	2019.7.16
巴哈马证券委员会（SCB）	巴哈马	2018.11.21
加拿大不列颠哥伦比亚省证券委员会（BCSC）	加拿大不列颠哥伦比亚	2018.4.9

（续表）

签署机构	国家、地区	签署日期
中国香港证券暨期货事务监察委员会（SFC）	中国香港	2018.4.3
加拿大安大略省证券委员会（OSC）	加拿大安大略	2018.9.17
魁北克金融市场管理局（AMF）	魁北克	2018.10.23
新加坡金融管理局（MAS）	新加坡	2018.4.3
美国商品期货委员会（CFTC）	美　国	2018.4.2
美国证券交易委员会（SEC）	美　国	2019.5.15

资料来源：国际证券委员会组织。

表 5.4 《加强版多边谅解备忘录》的 A.2 签署方

签署机构	国家、地区	签署日期
澳大利亚证券投资委员会（ASIC）	澳大利亚	2018.5.4
金融服务/监督委员会（FSC/FSS）	韩　国	2018.12.6
金融行为监管局（FCA）（原：金融服务监管局）	英　国	2018.5.4

资料来源：国际证券委员会组织，按照国际证券委员会组织原文顺序列表。

随着互联网的发展，公众之间传递信息更加便捷，成本也更低，因此操纵者散布不实信息或制造证券交易活跃的机会更多，同时，由于投资全球化，不同国家证券市场之间的相关性增加，导致跨市场价格操纵的机会增加，并提高了相关调查的难度。使得各交易所及各监管机构间跨境和跨市场信息需求量越来越大。国际证券委员会组织数据显示，2003 年至 2018 年，跨市场信息请求量持续上升，13 年间增长了近 60 倍（请参见图 5.1）。①

① www.iosco.org/.

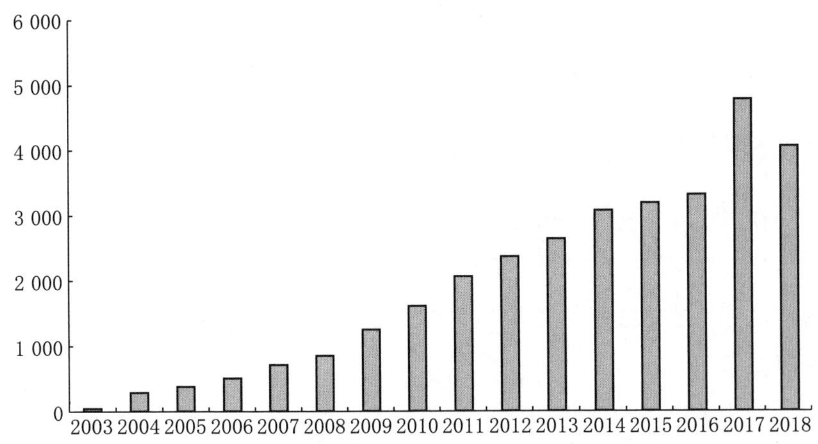

图 5.1　国际证券委员会组织会员间跨境跨市场信息请求量

另外，随着经济的发展，亚太地区的 GDP 增长迅速，目前已占到全球 GDP 的 30%以上，随着工业化进程提升以及人口的增长，亚太地区的金融市场重要性还会进一步显现。在这种背景下，2017 年 3 月 14 日，国际证券委员会组织在马来西亚成立了亚太中心，以提升亚太地区的监管能力。该中心是马德里总部之外的全球唯一一个中心。国际证券委员会组织成立亚太中心的目的是提升亚太地区成熟市场和新兴市场的监管能力，以应对日益增长的跨境、跨市场金融交易。①

就价格操纵而言，国际证券委员会组织发布了“市场操纵行为的调查与起诉(Investigating and Prosecuting Market Manipulation)”的研究报告，②就证券价格操纵与监管对其会员单位进行了调查，值得各国监管机构借鉴。

实际案例显示，市场监管者为取得有关市场操纵的信息，特别是跨市场价格操纵的相关信息，需要寻求国内或国际不同机构的合作。信息分享与合作存在不同的层次，如交易所间、市场管理者间、市场管理者

① https://www. iosco. org. my/sites/default/files/downloads/iosco-media-release-20170314.pdf.

② 详见 http://www.iosco.org/library/pubdocs/pdf/IOSCOPD103.pdf。

和交易所间，以及市场管理者和其他主管机关之间。具体而言，国际证券委员会组织认为存在以下模式。

一、本国合作

在本国各机构间的合作可以分为交易所之间的合作如股票交易所与衍生品交易所，也可以是交易商与主管机构间合作如交易所与证监会的合作，或者是交易商与其他相关部门的合作，如交易所与银行间的合作等。

1. 交易所间的合作

不论是集中交易的证券市场还是做市商模式的证券市场，大部分证券交易所都负有自律的责任，必须监察市场每天的交易状况，并监督其市场参与者，以确保参与者遵循相关的法令规定。因此，在监察操纵活动以及分享相关信息上，交易所处于有利的位置。因此，在市场监察信息共享过程中，交易所扮演了重要的不可或缺的角色。

交易所间的各种信息共享的最常见机制是跨市场监管组织。跨市场监管组织为所有参与会员提供了一个组织，让交易所分享有关产品和市场监察的信息，或协调相关的管理措施。

跨市场监管组织的参与会员必须承诺与其他会员分享有关违反交易规定的有用信息。当一个跨市场监管组织会员在进行市场监察，并有合理理由相信有操纵行为发生时，该会员会审视跨市场监管组织的汇总信息，以确定该行为是否仅局限于其本身市场；如果发现其他市场遭受波及时，该会员如果认为合适，可以协调其他会员一起进行调查。

2. 交易所与主管机关间的合作

在侦测、调查及起诉价格操纵方面，交易所与其主管机关间的信息分享扮演了重要的角色。一般来说，作为主管部门的监管机构在起诉价格操纵者时的主要证据来源于交易所提供的材料，因为交易所可能拥有主管机构缺少的技术支持和数据资源。实际上，大部分证券市场中，相关法令会要求交易所必须为监管者提供相关数据。

3. 主管机关与其他政府部门间的合作

在一些操纵案例中，除了交易所和监管者以外，相关证据信息可能为其他机构所掌握，如银行、券商或衍生品种交易所等。如在通过囤积股票进行价格操纵的案例中，操纵者可能需要通过银行调拨大量资金以实现操纵目的，此时，银行可能掌握了操纵行为中的关键数据。因此，市场管理者有时可能必须与其他机构合作，以获得价格操纵证据。

二、国际合作

由于近年来金融交易全球化趋势越来越明显，国际信息共享与合作打击跨市场违法行为显得更加迫切。具体形式包括不同国家间交易所合作，主管机关与国外交易所间的合作主管机关与其他人间的合作、与外国主管机关间的合作等。

1. 不同国家交易所间合作

上述提及交易所处在掌握交易信息的有利位置，为了减少跨市场间金融不法行为，不同国家交易所可以建立一种机制共享信息。目前全球部分交易所通过建立签署波卡宣言（Boca Declaration）备忘录来进行信息共享。波卡宣言是一个国际性多边协议，使衍生品交易所或结算组织在不违反本土法律及契约义务的前提下，进行信息分享。一旦大家早前一致同意的触发事件发生，如某一交易所财务数据或头寸到达一定水平时，即可按照协议，进行信息分享。另一种合作与共享方式即上述提及的跨市场监管组织，这种形式不仅保证了本国交易所之间的信息合作，同时也能够参与全球不同国家交易所间信息的共享。当有会员查出存在潜在跨国金融交易非法活动时，能够协议通知其他会员交易所并协助调查。

2. 本土主管机关与外国主管机关间合作

金融交易的全球化使得一些违法信息来源于国外，或者需要采取跨国调查，因此，跨市场监管使得跨国合作越来越必要与常见。具体而言，跨国主管机关的合作可以采用非正式方式或正式方式。非正式方式指国家间不签署协议，但保持官方联系。当需要相关跨市场信息时，请求对方提供有关跨市场违法活动的信息及提供协助。近年来，跨市场金融违法有持续增加之势，一些国家间开始签署正式协议来进行信息共享与合作。常见的是谅解备忘录。当有跨市场违规时，谅解备忘录形式免去了需要进行谈判才能获得协助与共享的麻烦。谅解备忘录不仅减少了各国间跨市场信息共享和合作的成本，同时提供了一个平台，让各个市场管理者可以紧密地合作。

3. 主管机关与国外交易所间合作

在一些国家，市场主管机构将部分监管权力直接下放给交易所，因此具体跨市场所需信息可能掌握在交易所层面。1996 年 3 月国际期货交易所及结算组织签署的波卡宣言就鼓励国际交易所、结算组织及市场管理者间信息交换与共享。

4. 主管机关与其他机构间合作

从跨市场合作实践看，一般都是本国相关主管机关向他国职权责相同的对等单位寻求协助。但由于各国金融体系和管理模式不同，有时候并没有对应部门存在，因此需要寻求其他部分合作以获得跨市场信息。比如在一些国家，衍生品也被归类在证券类别中，监管是由同一个证监会进行，此时其他国家的衍生品监管部门就无法找到对应的机构进行沟通与协助。

第三节　跨市场操纵处置的国际经验

为避免因跨市场间操纵或内幕交易行为所造成的衍生品或现货价格异常变动状况加剧，同时，为防范投资者利用两市场间价格异常波动的时机进行跨市场操纵和内幕交易的不法行为，各国主要证券或衍生品市场在价格异常变动时，都会采取一些紧急处分措施，以减少对市场的影响，保障投资者权益。紧急处分措施是指因出现突发事件或重大影响现货和衍生品市场运行的情况时，现货和衍生品监管部门采取的紧急处分措施，或交易所行使紧急情况处置权时所实施的强行处分措施。该制度是与头寸限仓制度紧密相关的防范操纵市场价格、控制市场风险的制度。

不论是跨市场价格操纵，还是其他原因导致的金融市场非正常波动，就全球金融市场大多数情况都是现货市场或主要市场先出现价格危机，然后扩散到其他相关市场。一般来说，包括价格操纵导致的冲击在内，跨市场冲击的来源主要包括以下方面：重大信息公开、价格操纵、紧急事件，以及不理性交易等。目前监管机构对现货市场可能遭受的冲击和危机的处理方法都是通过一定的规则使交易中断或暂停。根据停止交易的范围，交易中断或暂停分为停止部分交易和停止所有交易。

一、现货市场的冲击来源和应对方式

（一）现货市场的冲击来源

1. 重大信息公开

重大信息是冲击证券价格的常见来源，常见的最大信息包括：并购案或合资案、股票分割或分发股利、非营业常态产生的盈余或股利、重要合约取得或丧失、推出新产品或成功开发新技术、经营权重大变更、大量出售所持有的有价证券、库藏股票的行使、公司重要资产买卖、重大劳资纠纷、制定买回自有股份的计划、购买其他公司股份，以及依法应向监管部门申报的事项等。

另外，市场上关于上市公司的传言也可能给股价带来冲击，此时监管部门可以暂停交易，要求证券发行人针对传言发表声明。

2. 价格操纵或信息欺诈

价格操纵、信息欺诈，以及内幕交易也会对股价产生冲击，各国监管机构对此都有相应的应对和处罚措施。其中，信息欺诈，即财务数据的虚假或故意隐藏重大事实对股价的冲击尤其严重。

3. 紧急事件

指当发生恐怖事件、罢工、暴动或恶劣的天气，以及战争或交易所设施毁损或故障时，价格受到的冲击更加剧烈，为了避免出现市场危机，监管者会采取相应的应对措施。

4. 不理性交易行为

当参与市场的投资者中弥漫着恐慌情绪或投资者羊群效应突出时，会给市场带来巨大冲击，而导致股价单边大涨大跌。对此，监管机构也采用了不同的手段进行应对。

（二）对冲击的应对方式

从全球证券监管实践看，对股票价格各种形式的冲击不可避免，而各国监管机构根据价格冲击的形式和程度主要采用了以下手段进行应对。

1. 交易暂停、中断或关闭市场①

交易中断和暂停的手段一般用于处理重大信息需要公开、价格有受操纵和内幕交易的嫌疑以及紧急事件时。重大信息公开前一般都需要暂停或中断交易，目的是使交易者了解和吸收相关重大信息，并通过随后的交易反映到交易价格中；对价格有受到操纵和内幕交易嫌疑的股票进行暂停可以避免其他投资者受到损失；而当遇到紧急事件时，交易所一般会停止证券交易。从历史悠久的纽约证券交易所交易历史看，从1885年至今，除了正常的周末和节假日以外，交易所交易暂停、中断或完全休市的原因包括以下几种(具体请参见表5.5)。②

① 巨量交易或涨跌幅度过大：如1933年股灾期间，交易所就多次因交易量过大推迟开盘(1933年7月24和25日，推迟至12点开盘)；1987年10—11月股灾期间，交易所通过推迟开盘，提前收盘的方式降

① 2020年年初开始全球流行的冠状病毒(COVID-19)导致很多市场因熔断而暂停交易，甚至关闭市场。如菲律宾政府3月16日宣布，无限期关闭包括股票在内的金融市场，成为全球第一个因疫情关闭市场的国家。https://www.straitstimes.com/business/companies-markets/philippine-stock-market-suspends-trade-indefinitely-as-coronavirus.

② https://www.nyse.com.

表 5.5　纽约证券交易所因特殊原因关闭市场部分统计表(1885—2020 年)

时　　间	暂停或关闭时长	原　　因	备　　注
1908 年 6 月 28 日	提前至 13 点收盘	格罗弗 · 克利夫兰去世	—
1914 年 7 月 31 日—12 月 27 日	停止交易	第一次世界大战	1914 年 11 月 28 日，债券开始限价交易；12 月 12 日，股票开始限价限量交易；1915 年 4 月 1 日限制全部放开，开始正常交易。
1933 年 7 月 24—25 日	推迟至 12 点开盘	巨大交易量	—
1968 年 6 月 12 日—12 月 31 日期间/1969 年 1 月 2 日—7 月 3 日	每周三停止交易/提前至 14 点收盘	交易量大，人手不足，工作环境拥挤	—
1969 年 2 月 10 日	停止交易	暴雪天气	随后几天未休市，但推迟开盘。
1987 年 10 月 23—30 日	提前收盘	巨大交易量	11 月也多次提前收盘。
1997 年 10 月 27 日	暂停交易，提前收盘	道琼斯指数下跌 350 个点	交易所第一次正式使用断路器（“circuit breaker”）规则。
2001 年 6 月 8 日	10:10—11:35 期间停止交易 85 分钟	计算机系统出问题	—
2001 年 9 月 11—14 日	休市 4 天	恐怖袭击	—
2012 年 10 月 29—30 日	休市 2 天	飓风	第一次因恶劣天气休市 2 天。
2015 年 7 月 8 日	11:32—15:10 暂停交易	技术故障	—
2020 年 3 月 23 日	3 月 23 日开始，无限期关闭交易大厅，改为电子交易	因 1 名交易员和 1 名交易所员工确诊 COVID-19	—

资料来源：2011 年前信息来源于纽约证券交易所官网，其后为笔者自行收集。

低市场风险；1997 年 10 月 27 日，交易所第一次正式使用断路器（“circuit breaker”）规则，下午 2 点 05 分停止交易 30 分钟，但随后市场继续下跌，交易所宣布下午 3 点 30 分全天交易提前结束。

② 纪念名人或缅怀重大事件受害者：如 1910 年 5 月 7 日，英格兰爱德华七世去世，交易所休市到 11 点才开始交易；2002 年 9 月 11 日，为纪念“911 事件”受害者，推迟到 12 点才开始交易。

③ 战争或社会动荡事件：第一次世界大战期间，纽约证券交易所从 1914 年 7 月 31 日—12 月 27 日期间停止交易，一直到 1915 年 4 月 1 日交易才完全正常；1918 年 11 月 11 日，第一次世界大战结束，交易所停止交易一天。在 2001 年的“911 事件”中，美国监管部门宣布全国停止证券交易 4 天；2020 年 3 月 19 日，因 1 名交易员和 1 名交易所员工确诊 COVID-19，交易所宣布 23 日起关闭交易大厅，全面电子化交易。

④ 交通或天气原因：1969 年和 1978 年的 2 月，因为严重的暴雪天气，交易所曾经直接休市或推迟开盘或提前收盘。

⑤ 技术原因：技术原因包括计算机系统崩溃，清算迟缓等。在 20 世纪 60 年代到 70 年代初，因美国证券市场交易活跃，还出现了数次因交易过于活跃，工作环境过于拥挤等原因导致的清算部门无法及时打印成交和清算单据导致的所谓文书工作危机（“paperwork crisis”），使得交易所不得不停止交易（1968 年 6 月 12 日—12 月 31 日期间，每周三停止交易，以便于及时打印成交和清算单据）或提前收市；[①]1977 年纽约全城停电导致无法交易；2001 年 6 月 8 日，因计算机系统出问题，停止交易 85 分钟。

⑥ 其他因素：如交通管制、游行、演习等。如 1976 年 8 月 9 日，因交易所所在建筑消防演习而推迟开盘。

随着国内证券市场的发展，交易暂停和中断也逐渐成为交易所处理

① 为解决文书工作危机，美国证券交易委员会 1972 年修订了 Rule 15c3-3。

价格冲击的常见手段，表 5.6 显示，近年来我国价格冲击(表中的交易异常调查数)和停牌处理数处于持续增加的态势。2020 年 3 月 1 日开始实施的新《证券法》也在第 111 条对“因不可抗力、意外事件、重大技术故障、重大人为差错等突发性事件而影响证券交易正常进行时，为维护证券交易正常秩序和市场公平，证券交易所可以按照业务规则采取技术性停牌、临时停市等处置措施”进行了规定，并对其产生的责任承担进行了规定。①个股异常波动方面，新《证券法》在第 113 条进行了规定，可采取“限制交易、强制停牌等处置措施”，严重影响证券市场稳定的，证券交易所可以按照业务规则采取临时停市等处置措施并公告。

表 5.6 上海证券交易所市场监察及时性评估(2001—2014 年)

	2001	2002	2003	2004	2005	2006	2007
联合监管次数	0	53	58	34	54	75	28
异常交易调查数	364	237	187	68	147	276	582
停牌处理数	81	105	148	379	515	NA	NA
	2008	2009	2010	2011	2012	2013	2014
联合监管次数	NA	NA	NA	NA	NA	NA	NA
异常交易调查数	506	538	802	726	1917	NA	271
停牌处理数	NA	376	374	484	502	710	NA

资料来源：上海证券交易所市场监察质量报告(2008)、各年《上海证券交易所自律监管/管理工作报告》，更新于 2019 年 3 月。

① 新《证券法》第 111 条：因不可抗力、意外事件、重大技术故障、重大人为差错等突发性事件而影响证券交易正常进行时，为维护证券交易正常秩序和市场公平，证券交易所可以按照业务规则采取技术性停牌、临时停市等处置措施，并应当及时向国务院证券监督管理机构报告。

因前款规定的突发性事件导致证券交易结果出现重大异常，按交易结果进行交收将对证券交易正常秩序和市场公平造成重大影响的，证券交易所按照业务规则可以采取取消交易、通知证券登记结算机构暂缓交收等措施，并应当及时向国务院证券监督管理机构报告并公告。

证券交易所对其依照本条规定采取措施造成的损失，不承担民事赔偿责任，但存在重大过错的除外。

2. 涨跌幅限制(price limit)

与上述讨论的交易中断与暂停不同，涨跌幅价格限制指当价格或点位达到事先设定的限制时，该限制规则自动执行。涨跌幅限制的目的在于防止不理性交易对市场冲击太大，同时为交易者提供重新思考的机会，常见的涨跌幅限制是静态手段，即将当日价格变化幅度限制在前一个交易日的一个上下百分比内。一些国家在采用静态涨跌幅限制外，还同时使用动态价格限制，如规定下一个成交价必须在上一个成交价的某个百分比范围之内。另外，一些市场仅限制下跌幅度，不限制上涨幅度。芝加哥期货交易所被认为是全球第一个对价格设计涨跌幅限制的期货交易所。1925 年 4 月 3 日，芝加哥期货交易所的小麦合约发生黑色星期五以后，交易所开始对每种挂牌商品设置涨跌幅限制，但因为争议不断，一直到 1935 年 10 月才正式实施。①

3. 断路措施(circuit breaker)

断路措施或断路器，指当市场下跌达到一定幅度时，交易所采取的暂停股票或股指期货交易的措施，下跌幅度通常是根据特定时间内指数下降的百分比。断路器的目的也是为了减缓短期内不理性交易对价格的冲击。断路措施的最早使用可以追溯到 1987 年 10 月，为应对“黑色星期一”的市场崩盘，美国证券管理委员会第一次使用了断路器。断路措施是跨市场交易暂停机制，仅在市场急剧下跌时实行，目的在于通过交易者提前熟知的、有秩序的、事先计划的暂停交易，来取代突发性的暂停交易，避免交易者恐慌。断路措施给市场参与者提供了一个重新理性评估市场状况的一个机会。

一般而言，交易所会在营业规则中设定断路措施的启动标准，并按半年或季度重新设定。通常交易所会设计多层次断路规则，下跌幅度越深，暂停交易时间越长。另外，断路措施的启动时间点和当日剩余交易时间长短都是影响暂停时间的因素。就美国证券市场而言，纽约证券交

---

① [美] 查尔斯 · R.盖斯特：《贪婪的智慧：从为人不齿到受人尊敬的投机史》，吕彦儒等译，上海财经大学出版社 2006 年版。

易所制定了 Rule 80B，根据指数下跌的幅度，将断路器分为 3 级，规定在不同的时间点，标准普尔 500 指数分别下跌 7%、13%和 20%时，暂停或休市时间的长短，具体请参见表 5.7。

表 5.7　纽约证券交易所 2019 年 1 季度断路措施①

	09:30—15:25	备　注
第一级：S & P 500 下跌 7%	所有股票暂停交易 15 分钟	据此规则每天只暂停一次，除非第二级断路器发生
第二级：S & P 500 下跌 13%	所有股票暂停交易 15 分钟	据此规则每天只暂停一次，除非第三级断路器发生
第三级：S & P 500 下跌 20%	所有股票全天停止交易	—

资料来源：纽约证券交易所官方网站，查询于 2019 年 3 月 25 日。

二、衍生品市场的危机处理对策

衍生品市场对于市场冲击和危机的处理主要包括两个部分，一是衍生品市场本身价格危机的处理，二是对其他市场可能带来的价格冲击的处理。衍生品的标的产品为现货产品，当其中一个市场停止交易后，一般会产生跨市场冲击，即对相关市场产生影响，较为典型的情况是现货市场对衍生品市场的冲击。随着全球金融市场波动性增加，监管机构除了根据衍生品价格本身制定冲击防范对策外，为了减少股票市场的危机冲击和扩散到衍生品市场，大部分国家衍生品监管部门都根据现货产品的中断或暂停规则来制定相应的衍生交易品种中断规则。

以美国芝加哥商品交易所(CME)为例，其该挂牌上市的 DJIA 系列指数期货期权、S & P 500 系列指数期货期权，以及 NASDAQ 系列指数期货期权等股指衍生品的交易中断和暂停幅度和时间都对照相关市场制

① 因 2020 年 3 月初开始，新型冠状病毒全球性暴发，导致投资者恐慌，3 月 9 日、12 日、16 日，以及 19 日，美国市场多次发生熔断，也引发了全球 11 国股票市场发生熔断或停止交易。

定，如纽约证券交易所股票市场，并按季度修改。唯一的区别在于下午及晚间电子盘交易时，涨跌幅限制在上下5%，其余时间与股票市场保持一致(见表5.8)。

表5.8 美国芝加哥商品交易所证券衍生品市场2019年1季度断路措施

	周一到周五 08:30—15:00	周日到周五 17:00—08:30	周一到周五 15:00—16:00
芝加哥商品交易所和芝加哥期货交易所所有衍生品品种	同纽约证券交易所执行7%、13%、20%规则	5%	5%，不可突破日内20%限制
	如股票现货市场暂停或中断，则证券衍生品市场也暂停或中断交易		

资料来源：芝加哥商品交易所官方网站，查询于2019年3月。

基于《商品交易法》(Commodity Exchange Act，CEA)的8a(9)款，美国商品期货委员会1976年开始被授权，一旦美国商品期货委员会有理由相信确实存在价格操纵或市场垄断或其他紧急事件，可以"宣布紧急状况并采取行动"(Emergency Authority)以维持或恢复期货市场的交易或结算交割的秩序：①如果发生这种紧急状况，须立即采取措施的，在获得美国商品期货委员会三分之二赞成票的情况下，即可对该紧急情况实施临时性规章。据美国商品期货委员会规则，所谓紧急状态，指在交易所自己所申报且经美国商品期货委员会核准的时常规则中所定义的情况，也可能是交易所的理事会认为须立即采取行动或认为将威胁或可能威胁交易秩序及公平，影响结算及交割进行的情况。被交易所理事会视为"紧急状态"的情况包括但不限于：第一，操纵或试图操纵的行为；第二，任何实际的、试图的具威胁性的操纵、轧空或头寸的不当集中；第三，任何可能重大影响交易市场合约履行的情况；第四，美国政府、外国政府、州政府或地方政府、交易市场、交易所或其他交易协会等所采取的行动对交易市场的交易有直接影响的情况；第五，任何对

① http://www.cftc.gov.

交易市场的设施功能可能发生严重、不利影响的情况，例如，火灾或其他意外事件、炸弹威胁、停电、酷寒天气、通信、运输中断；第六，交易市场会员陷于破产或不能支付，或政府机构、法院或仲裁人下禁制令、限制措施等，而可能影响会员履行合约的能力；第七，未履行期货合同的会员或其他人士已陷入不能支付或按照期货合同的情况，如允许维持将危及客户资金、交易市场安全者；第八，其他不平常、无法预测及不利的情况，使交易所无法按规定按时将其规则提请美国商品期货委员会事先进行审查。

除了美国商品期货委员会，各交易所也制定了相应的紧急情况停止合约交易或休市规则，自 1976 年美国商品期货委员会被授权紧急情况下可采取行动以来，美国商品期货委员会和部分已发生 4 起“紧急情况”。①

(1) 1977 年 11 月 23 日，因纽约咖啡和糖交易所的 12 月咖啡合约开仓合约持续减少，美国商品期货委员会宣布进入紧急状态。

(2) 1979 年 3 月 16 日，因担心 CBOT 3 月小麦合约被操纵，委员会宣布市场进入紧急状态，并要求停止交易 1 天以让交易所决定进一步的监管行动。这是美国商品期货委员会历史上第一次因价格操纵而停止交易。

(3) 1980 年 1 月 6 日，苏联入侵阿富汗以后，美国总统卡特宣布对苏联进行谷物禁运。委员会宣布进入紧急状态，小麦、玉米、燕麦、大豆、豆粕、豆油等在 4 个期货交易所交易的期货品种暂停交易 2 天。委员会认为谷物禁运带来的突然冲击，以及美国农业部是否会对禁运商品进行补偿具有很大的不确定性，导致市场无法准确反映供需力量。暂停交易使市场有时间考虑美国农业部对谷物禁运所采取的支持行动。

(4) 1989 年 7 月 11 日，因担心价格被操纵，芝加哥期货交易所对

① 在 2020 年年初的 COVID-19 疫情阶段，为避免员工和场内交易员感染，CME 从 3 月 13 日开始关闭了场内交易，全部改为线上交易。https://www.cmegroup.com/media-room/press-releases/2020/3/11/cme_group_to_closechicagotradingfloorasaprecaution.html.

1989 年 7 月到期的大豆期货合约实施紧急情况条例，要求所有大型交易商在 7 月合约到期前，减少该合约持仓量。

从全球金融市场以及美国商品期货委员会的紧急状态案例来看，国外期货法中关于紧急状态及其处置的法律规定有三个特点：一是在认定方面带有一定的主观性，如新加坡期货法规定，紧急状态包括专管机构认为已构成紧急状态或任何其他不理想状况与做法；国外期货法中都有“威胁或实际的市场操纵或囤积”的提法。这样就使主管机构在认定紧急状态时有一定的活动空间。二是在处置方面，主管机构有较大的灵活性，一些在正常情况下不应由主管机构采取的措施，在这时都可以由主管机构使用，而且范围很宽，从规定看，力度很大。三是在制约机制方面对主管机构有较大的牵制性，如新加坡规定任何人由于专管机构的行动而受到损害，都可以向主管部长进行申诉，美国规定主管机构采取的措施可以受到上诉法院的复审。

三、对跨市场套利带来的冲击管理

在 1987 年美国证券市场的崩溃中，跨市场套利交易和程序交易被认为是罪魁祸首。监管者认为，当市场中存在大量套利头寸，而其中一个市场出现价格危机时，这种危机会很快冲击到另一个市场，从而引起金融市场全面危机。因此，很多交易所根据情况对跨市场套利行为进行了监管。

对于跨市场套利的监管，最早出现于美国市场。为了降低市场冲击与波动，提高投资者信心，1987 年 10 月的股市崩盘促使纽约证券交易所颁布 Rule 80A 对程序化交易进行管理。最初，该规则包括三大部分：对 S & P 500 指数期货的成分股相关交易进行限制，即分盘处理限制(sidecar)；一篮子股票交易限制；以及指数套利交易限制，即 collar 交易限制。20 世纪 90 年代初期，该条款触发的次数较少，但到了 20 世纪 90 年代末期急剧增加。对此，不仅学术界对上述限制毁誉参半，投资者对此也颇有怨言。因此，1999 年纽约证券交易所废除了分盘处理限制和一篮子股票交易限制，对指数套利交易限制也进行了大幅度修改。修改后，触发次数大幅度降低，如2004—2005年间仅一次，2007年触发15次。近20年来，由于美国衍生品市场快速发展，市场上出现了大量的套利交易，Rule 80A仅监管指数套利，同时，各种实证显示指数的结果也结论不一。因此，2007年10月，纽约证券交易所完全废除了Rule 80A。[①]但日本、韩国等衍生品市场早期借鉴Rule 80A制定的相关指数套利限制规则仍在实施。下文介绍东京证券交易所的指数套利限制。

东京证券交易所对指数套利交易的定义为：通过股票现货和期货、期权市场等关联产品获利的行为。指数套利限制规定，TOPIX下跌或上涨一定幅度时，不得进行卖出或买入套利，具体请参见表5.9。

表5.9　东京证券交易所套利交易暂停措施

	暂停套利交易的标准	重启套利交易的标准
TOPIX	2000点以下：涨跌超过100点 2000—3000点：涨跌超过150点 3000—4000点：涨跌超过200点 4000点以上：涨跌超过250点	前一个交易日收在2000点以下：涨跌幅缩为70点时 前一个交易日收在2000—3000点间：涨跌幅缩为100点时 前一个交易日收在3000—4000点间：涨跌幅缩为130点时 前一个交易日收在4000以上：涨跌幅缩为160点时

资料来源：东京证券交易所官方网站，http://www.tse.or.jp/，查询于2019年3月。

四、跨市场处理机制的作用与效率

为了避免市场参与者处于信息不对称的非公平竞争状态，使得危机进一步扩散，各国证券交易监管部门经常会使用上述方式对某些股票或

① SECURITIES AND EXCHANGE COMMISSION (Release No. 34-56726; File No. SR-NYSE-2007-96)详见www.sec.gov/rules/sro/nyse/2007/34-56726.pdf。

整个市场进行交易暂停或中断。但各国学者从经济学或理论模型等多角度进行的研究结果并不一致，一些学者认为上述冲击应对机制导致重新交易后的波动率上升，交易者总体福利下降，而另一些学者则认为上述应对机制有利于信息的传播，值得推广与坚持。

1. 反面观点

早期，Hopewell(1978)①研究了 1974 年 2 月至 1975 年 6 月间在纽约证券交易所上市股票的暂停行为对其价格的影响，其研究结果显示，股票暂停交易时间越长，暂停交易期间异常报酬越大。研究认为暂停交易的长短与异常报酬有直接关系，并且重新交易后的价格调整仍不完全。

Howe(1986)②使用事件研究法研究了 1959 年 2 月至 1979 年 5 月间暂停交易股票，发现大多数交易暂停都是因为坏消息导致的，重新开始交易后，累积平均异常报酬显著为负。并且暂停交易时间越长，负异常报酬越大。

Ferris(1992)③研究了 1963 年至 1987 年间的纽约证券交易所与美国证券交易所暂停交易的股票，发现在暂停交易前股票确实出现异常报酬，在暂停交易后 20 天波动率和交易量才会恢复到正常水平。因此，他认为，从暂停交易前后波动性和交易量都处于异常的状况看，暂停交易并不是解决不寻常交易的好方法。

Lee(1994)④研究了 1988 年纽约证券交易所和美国证券交易所暂停交易的股票，他比较同一家公司实际暂停交易期间与仿真连续交易期间后的交易量与波动性，以考察暂停交易的成效。研究结果显示：暂停交易不但不能降低波动性和交易量，甚至还有提高波动和交易量的现象；

---

① Hopewell, M. H. and Arthur L. Schwartz, Jr., 1976. Temporary Trading Suspensions in Individual NYSE Securities, *The Journal of Financial*, 33:1355—1373.

② Howe, J.S. and Gary G.Schlarbaum, 1986. SEC Trading Suspensions: Empirical Evidence, *Journal of Financial and Quantitative Analysis*, 21:323—333.

③ Ferris, S.P., R. Kumar. and Glenn A.Wolfe, 1992. The Effect of SEC-Ordered Suspensions on Returns, *The Financial Review*, 27:1—34.

④ Lee, Charles M.C., Mark J. and Paul J. Seguin, 1994. Volume, Volatility, and New York Stock Exchange Trading Halts, *The Journal of Financial*, 49:183—214.

暂停交易不仅打断交易的连续性，并且由于缺少最近的成交数据，使投资人不愿显露需求，导致重新开盘后的价格具有杂音。

Christie，Corwin & Harris (2002)①研究发现，虽然暂停并重新开始交易后，交易量会增加，但价格波动率也随着上升。

2. 正面观点

Tan & Yeo (2003)②对新加坡证券交易所执行的建议暂停规则进行了实证，结果发现，暂停交易有利于新的市场敏感信息传播。

Peter-Jan Engelen & Rezaul Kabir(2006)③对布鲁塞尔泛欧交易所的股票进行了研究，实证显示，恢复交易后，股票交易量有显著增加，即价格波动率并没有因为暂停交易而增加。总体而言，在交易暂停期间，股票价格对新信息进行了及时和完全地调整，即交易暂停确实是让新信息在市场有效传播的一种途径。

Yong H. Kim et al.(2008)④通过对西班牙证券交易所上市股票的研究显示，不管是交易暂停机制还是限价机制触发后，交易活跃度增加。同时研究发现，在交易暂停结束后，买卖价差缩小，但是限价结束后买卖价差扩大。总体而言，反映了交易暂停有效地传递了市场信息。

Laughlin，Aguirre，and Grundfest (2014)⑤研究了信息从芝加哥期货交易所向纽约证券交易所的传递情况，研究表明在 2010 年 5 月“闪电崩盘”前的 4 月，芝加哥的期货市场在 7.25—8 毫秒之间就会影响到纽约的证券市场。进一步地，他们对 2012 年 8 月交易数据的研究显

① Christie，William G.，Shane A. Corwin，and Jeffrey H. Harris，2002，Nasdaq trading halts：The impact of market mechanisms on prices，trading activity，and execution costs，*The Journal of Finance* 57，3，1443—1478.

② Tan，R. and W. Yeo (2003)，“Voluntary trading suspensions in Singapore”，*Applied Financial Economics*，Vol.13，pp.517—523.

③ Peter-Jan Engelen & Rezaul Kabir (2006)，“Empirical evidence on the role of trading suspensions in disseminating new information to the capital market”，*Journal of Business Finance & Accounting*，Vol.33，2006，pp.1142—1167.

④ Yong H. Kim，J. Yague and J. Yang.(2008)，“Relative Performance of Trading Halts and Price Limits：Evidence from the Spanish Stock Exchange”，*International Review of Economics and Finance*，17 (2)，2008，197—215.

⑤ Laughlin，G.，A. Aguirre，and J. Grundfest，2014. Information transmission between financial markets in Chicago and New York，The Financial Review 49，283—312.

示，因越来越多功能更好的传递信息的微波塔的设立，使市场间信息传递时间下降到 4.2—5.2 毫秒之间。

最后，随着投资和融资全球化的发展，跨市场冲击问题越来越受到监管者和学术界的关注。但由于数据的可得性问题，这类问题的相关研究还较为少见。Moser(1990)①研究了 1989 年 10 月 13 日芝加哥商品交易所断路措施对纽约证券交易所造成的影响，研究发现，纽约证券交易所的交易量明显增加。Moser 将纽约证券交易所交易量的增加归咎于市场间缺乏断路措施的明确协调。

① Moser，James T. "Circuit Breakers"，*FRB Chicago-Economic Perspectives*，1990，v14(5)，2—13.

第六章

价格操纵监管的国际经验

在各国证券市场和衍生品市场监管中，除了前述为避免跨市场操纵在合约设计、大额申报制度、限仓、到期日前的监管等采取的技术手段，以及进行及时跨市场监视和跨市场信息分享等措施方面，与单一市场的有所差别以外，单一市场价格操纵与跨市场价格操纵在政府的监管法规与惩罚方面并无不同。因此，本章着重分析主要证券市场和衍生品对价格操纵的监管及惩罚，涉及相关跨市场方面的内容将特别指出。

从全球交易所联合会的数据显示，目前全球金融产品及其衍生品交易主要集中在美国、英国、其他欧洲市场等国家和地区，而其监管体系也相对完整。因此，下文主要分析近年来美国、英国、欧洲和日本市场对价格操纵监管的部分新规则。

第一节　全球主要金融市场对价格操纵监管概述

不论是早期的商品现货交易还是后来出现的金融产品交易，在对价格操纵进行定义及监管之前，对价格进行操纵都是非常常见和盛行的。

金融市场早期最常见的操纵模式是逼仓(corner)，因期货市场逼仓频繁出现，1868 年 10 月 13 日，芝加哥期货交易所开始制定规则限制逼仓，[①]并将其定义为“买入商品合约，然后采取手段导致卖家无法履行合约，目的是为了对卖家进行敲诈”。芝加哥期货交易所对逼仓的约束被认为是全球金融市场首次对价格操纵进行监管。证券市场上也类似，在美国证券交易法实施前，对股票价格的操纵司空见惯。在 1929 年美国股灾后，胡佛总统委派的调查组发现，股票市场的操纵非常盛行，“公司甚至银行的董事都在对自己的股票进行操纵”。[②]经济大萧条期间数位总统组织的对股票市场欺诈、内幕交易、价格操纵的调查，最终导致了《1933 年证券法》和《1934 年证券交易法案》的诞生。从此，对价格操纵的正式监管开始了。

就美国市场而言，操纵(manipulation)一词虽然散见于《1934 年证券交易法案》第 9 条、第 10 条第 b 项、第 14 条第 e 项、第 15 条第 c 项等条文及相关行政命令，但对于操纵行为的详细界定，主要在第 9 条第 a 项，同时在该部分具体指明了 5 种被认为是操纵的具体行为模式，并成为相关反操纵条款的主条款。

其他金融市场对价格操纵的定义也主要参考了美国的相关规定。如英国对于市场操纵的相关法规，主要体现在 2001 年 12 月 1 日颁布的《2000 年金融服务与市场法》(Financial Services and Market Act 2000，FSMA)，以及依该法授权制定的《2001 年市场行为守则》(The Code of Market Conduct 2001，COMAC)。2003 年欧盟颁布《禁止市场滥用指令》(Market Abuse Directive，MA Directive)后，英国也在 2005 年 7 月 1 日提出 2000 年金融服务与市场法的修正版本(FSMA the Regulation 2005)。2013 年，英国进一步对《2001 年市场行为守则》进行修订，制定了《2013 年市场行为守则》(The Code of Market Conduct 2013，

---

① www.cftc.org.

② [美]乔尔·塞利格曼：《华尔街变迁史：证券交易委员会及现代公司融资制度的演化进程》，田风辉译，经济科学出版社 2004 年版。

MAR1)，对市场出现的新操纵形态进行监管。

日本市场也类似，1988 年日本市场开始股指期货和期权交易后，对《证券取引法》进行了修订，增加了对新金融产品操纵的监管。对价格操纵的相关规定目前主要集中在《金融商品交易法》中。

从全球主要金融市场操纵以及对操纵监管的历程看，早期的操纵主要体现为交易型操纵，如逼仓、对倒等，操纵对象主要是商品期货。随着各国股票市场的建立，以及金融期货的出现，操纵者逐渐将目标转向股票、金融衍生品，以及有利可图的跨市场操纵。2008 年美国次贷危机后，各国监管者认为对价格操纵的监管还需要进一步优化，因此各国都对相关规则进行了一定程度的修订。进一步地，随着 IT 技术进步，高频交易的出现又衍生出一些新型操纵，如幌骗(spoofing)等。因此，各国监管机构也随之修订监管规则，对新型操纵进行监管。

第二节　次贷危机后全球金融监管改革新进展

一、美国金融监管改革

1.《多德—弗兰克法案》概述

2008 年开始的次贷危机给全球经济带来了巨大的负面冲击，全球金融危机及其所带来的惨痛教训使各国着手进行金融监管制度变革。首先进行改革的是这次次贷危机发源地的美国市场。2010 年 7 月 21 日，美国总统奥巴马正式签署了金融监管改革法案，开启了美国金融监管的新时代。这份金融监管改革法案全称《多德—弗兰克华尔街改革和消费者保护法案》[(Dodd-Frank Wall Street Reform and Consumer Protection Act)，①以下简称《多德—弗兰克法案》(Dodd-Frank Act)]，被认为是

① 法案的两位主要发起人分别是康涅狄格州民主党参议员克里斯托弗·多德(Christopher Dodd)和麻省民主党众议员巴尼·弗兰克(Barney Frank)。

20 世纪 30 年代以来美国改革力度最大、影响最深远的金融监管改革。该法案旨在通过改善金融体系问责制和透明度，以促进美国金融稳定、解决“大而不能倒”（Too big to fail）问题、保护纳税人利益、保护消费者利益。

根据该法案，美国将成立金融稳定监管委员会，负责监测和处理威胁国家金融稳定的系统性风险，赋予政府接管或关闭失败金融机构的权力。同时，在美国联邦储备委员会下设立新的消费者金融保护局，对提供各类消费者金融产品及服务的金融机构实施监管。

新法案的三大核心内容：

① 扩大监管机构权力，破解金融机构“大而不能倒”的困局，允许分拆陷入困境的所谓“大而不能倒”的金融机构和禁止使用纳税人资金救市；可限制金融高管的薪酬。

② 设立新的消费者金融保护局，赋予其超越目前监管机构的权力，全面保护消费者合法权益。

③ 采纳所谓的“沃克尔规则”，即限制大金融机构的投机性交易，尤其是加强对金融衍生品的监管，以防范金融风险。

2.《多德—弗兰克法案》关于价格操纵监管的新规①

不论是证券价格操纵，还是衍生品价格操纵，《多德—弗兰克法案》都进行了修改或者增加了部分条款。就衍生品价格操纵而言，《多德—弗兰克法案》第 753 条在强化美国商品期货委员会反期货操纵监管权的同时，实质性地修改了《商品交易法》（CEA）第 6 条（c）款，增加了第 6 条（c）款（1）项的规定，宽泛地禁止基于欺诈而实施的操纵行为。《商品交易法》第 6 条（c）款（1）项规定，任何经营主体直接或间接地在与互换、州际商品、期货合约等交易有关的环节使用或者企图使用操纵性、欺诈性的行为均属非法；同时，金融改革法案进一步为《商品交易法》第 6 条（c）款（1）项增设了虚假信息型操纵行为的认定规则：明知相

---

① 详见 http://www.skadden.com/Cimages/siteFile/Skadden_Insights_Special_Edition_Dodd-Frank_Act1.pdf。

关信息系虚假、误导性、不准确的报告，或者不计后果地漠视相关信息属于虚假、误导性、不准确的报告，经营主体仍然通过传递或者促成传递此类虚假信息的手段实质性地影响州际期货交易的价格以及市场反应并进而从事相关期货交易的，属于非法操纵期货市场行为。

另外，授权美国商品期货委员会在金融改革法案颁布一年内制定相关实施细则，要求经营主体向互换、期货合约等交易的对手方全面披露与交易有关的信息，从而保证对方不受误导。

在《多德—弗兰克法案》第 753 条中，重新对价格操纵方面的执法进行了定义。①其中对价格操纵、虚假信息等欺诈行为进行了详细的规定。

如在法案有关限制卖空(short selling)的规定中，对“操纵型”卖空进行了禁止。②同时对《商品交易法》中的有关价格操纵规定进行了扩展。③

法案授权美国商品期货委员会对市场参与机构的跨市场总头寸进行限制，目的是减少、消除或制止过度投机；阻止或预防挤压、囤积等价格操纵；为真正的对冲交易者提供足够的流动性；保证衍生品标的市场价格发现功能未被扭曲。④

为适应互换交易量越来越大的现状，在法案的“Title VII, Derivatives”部分，重新定义了“security(证券)”一词，将“基于证券的互换”包括了进来。同时，在《商品交易法》中新增第 10B 条，授权美国证券交易委员会限制参与者持有基于证券的互换头寸，并且需报告持有头寸数量。

3. 新的衍生品监管架构

《多德—弗兰克法案》通过后，为配合其执行以及推动新的衍生品

---

① 详见 Sec.753. Anti-manipulation authority。
② 详见 Act § 929X(b)。
③ 详见 Act § 929L。
④ 详见 Act § § 737 (to be codified at 7 U.S.C. 6a(a)) & 763 (to be codified at 15 U.S.C. 78a *et seq*.)。

监管框架，美国商品期货委员会规划分3阶段推出系列新法规，建设新的衍生品监管框架。

第1阶段的法规已于2011年春天完成，相关的法规包括：第一，规范的机构定义及相关互换合约交易商与主要互换交易市场参与者的注册要求，及豁免最终使用者适用集中结算的相关规范；第二，强制集中结算相关程序及结算机构与交易所，按照Part 40申报规则的程序；第三，大额交易人申报规则；第四，对举报非法者保护及反操纵等执行层面的相关规范；第五，消费者信息及隐私权保护规则、利益冲突规范、信用评级机构相关规范，以及修订Rule1.25和农产品定义。

第2阶段已在2011年夏天完成，制定的法规包括：第一，结算机构风险管理、财务资源、结算会员资格、数据保管；第二，互换交易商的营销实务、交易文件、交易确认、利益冲突及风险管理；第三，互换交易信息储存机构管理规则及互换交易信息保管与申报要求；第四，互换交易市场相关规范，如互换交易执行设施（Swap Execution Facilities，SEFs）、国外交易所等交易平台规范与交易信息实时申报和巨额交易管理规则。此外，还包括农产品互换交易、头寸限制等规范。

第3阶段已在2011年年底完成，包括商品定义、资本与保证金要求、监督与测试要求等规范，并考虑完成美国商品期货委员会与美国证券交易委员会共同发布的投资顾问申报要求，以及期货基金经理人申报要求的法规等。

4. 新增的交易所及相关规则

（1）大额交易人申报制度

在美国证券现货市场，为配合《多德—弗兰克法案》实施，据《1934年证券交易法案》第13条授权，2011年7月26日美国证券交易委员会宣布实施“大额交易人申报制度”（Large Trader Reporting Regime），并于2012年4月30日开始实施。①

① https://www.sec.gov/news/press/2011/2011-154.htm.

大额交易人申报制度大致可分为两大部分，第一为要求大额交易人使用13H表格（Form 13H）向美国证券交易委员会登记注册，第二为要求大额交易人的受托经纪商须确实保存、申报与监控该等交易人的交易记录。在新制实施后，首先，美国证券交易委员会将要求所有从事大额交易人须使用13H表格向其申报，所谓大额交易人指任一交易人在任一交易日的集中市场有价证券（Exchange-listed Securities）交易量超过200万股或成交值超过2000万美元，或任一交易月份在集中市场股票交易量超过2000万股或成交值超过2亿美元的交易者，但是本项措施订有排除条款，换言之，部分集中市场有价证券并未纳入适用范围。

在符合大额交易人门槛的交易人使用13H表格向美国证券交易委员会申报后，美国证券交易委员会首先将指定身份编号（Large Trader Identification Number，LTID）给每位大额交易人，以便其更有效率辨识与分析大额交易人的交易活动。其次，大额交易人须向其下单的证券经纪商主动披露其大额交易人身份编号，以及从事大额交易的所有账户。

新规则要求大额交易人的受托经纪商，须保存、申报与监控该等交易人的交易记录，也就是说，在现有经纪商向美国证券交易委员会申报信息系统（Electronic Blue Sheets System）中，经纪商必须另外申报大额交易人的身份编号（LTID）及大额交易发生时间。

此外，新规则规定经纪商须监控其客户是否符合大额交易人门槛，以提醒符合门槛的交易人向美国证券交易委员会申报其身份。新规则还要求大额交易人须在交易发生日的次日早上完成备查，以让美国证券交易委员会及时取得大额交易人的相关数据，以此协助美国证券交易委员会可能进行的市场操纵与其他不法交易活动调查。

（2）头寸限制

《多德—弗兰克法案》中对金融合约头寸的限制新规定在2011年10月18日正式生效。美国商品期货委员会对28项核心的商品期货合约以及“经济上相等的”（Economically Equivalent）期货、期权及互换合约的投机性头寸进行限制，对每一个合约都进行了具体的头寸限制规定。①该法规关于头寸限制将分两阶段实施，第一阶段预计于美国商品期货委员会与证券交易委员会共同定义“互换合约”相关规定生效后60天，对近月合约实施头寸限制，该限制数为现货应在外流通数的25%，能源类及金属类合约的头寸限制数将每年调整一次，农产品契约则每两年调整一次。

第一阶段实施时间为2011年年底，第二阶段须搜集1年份互换未平仓资料后(配合近期上述关于大额交易人申报的新规定)，对非近月合约实施头寸限制，该限制数为第一个25000手未平仓量的10%加上其余未平仓量的2.5%，将每两年调整一次限制数，第二阶段已于2013年年初开始实施。

(3) 举报人计划

为进一步打击市场欺诈、价格操纵和内幕交易行为，以及保护相关举报人，2011年5月25日，根据《多德—弗兰克法案》提交的美国证券交易委员会颁布期待已久的“举报人计划”(Whistleblower Improvement Act)的最终规则，该规则是对美国《1934年证券交易法案》第21F条《举报人奖励和保护》的补充。

该规则规定：对于主动向证券交易委员会提供原始信息的人士，如果该等信息导致联邦证券执法成功并产生超过100万美元的罚款，证券交易委员会将向举报人授予现金奖励。奖金额是证券交易委员会及任何相关行动产生罚金的10%至30%。该法案还就防止雇主报复规定了广泛的保护措施。举报人计划出台后，2012年8月美国证券交易委员会进行了第一例奖励，奖金约50000美元。2013年10月，美国证券交易委员会宣布给予一位告密者1400万美元奖金，引起全球关注。该告密者提供的信息使美国证券交易委员会帮助受证券欺诈的受害者成功追回巨额资金。②2019年3月26日，美国证券交易委员会奖励2位举报人共

① https://www.gpo.gov/fdsys/pkg/FR-2011-01-26/pdf/2011-1154.pdf.
② https://www.sec.gov/news/press-release/2013-209.

5000 万美元，因他们向其提供关于摩根大通未能向财富管理客户披露利益相关信息的证据，使得美国证券交易委员会顺利与摩根大通达成罪案和解，摩根大通被罚 3.07 亿美元。①

类似地，2011 年 10 月 24 日，美国商品期货委员会提交的举报人计划开始实施，将允许委员会对导致成功处罚决定的举报人发放罚款额度 10%到 30%的奖励。同时，根据这项提案，对发生在该法案正式成为法律的 7 月之前的违规行为进行举报也可以获得相应奖励。

二、欧洲金融监管改革

2008 年美国次贷危机引发了全球性的金融和经济危机，欧洲在金融部门和实体经济方面遭受重创。金融危机对欧洲的冲击使得欧盟开始反思金融监管存在的疏漏，寻找解决问题的思路。②

加强监管、深化协调、促进监管一体化成为欧盟自危机之后监管改革的主题。具体改革的内容包括：③

第一，2009 年 6 月 19 日，欧盟理事会通过了《欧盟金融监管体系改革》（Reform of EU's Supervisory Framework for Financial Services），成立了欧盟系统风险委员会和欧洲金融监管系统（European System of Finance Supervisors，ESFS）分别负责欧盟的宏观和微观审慎监管，这是次贷危机以来欧盟最为重大的金融监管改革事件。欧盟系统风险委员会的主要目的在监测并评估影响整体金融稳定的风险，它突出强调欧盟层面对监控系统性风险、加强宏观审慎监管的重视。2010 年 9 月 22 日，欧盟各成员国通过了《欧盟金融监管体系改革》。

第二，和其他国家一样，欧盟认为欧洲金融监管标准和手段在某种程度上支持了金融机构的顺周期行为。在 2009 年 7 月 7 日的欧盟经济

① https://www.sec.gov/news/press-release/2019-42.

② 汤柳：《欧盟金融监管一体化的演变与发展——兼评危机后欧盟监管改革》，《上海金融》2010 年第 3 期。

③ 具体内容请参见欧盟官方网站：http://ec.europa.eu/internal_market/finances/committees/index_en.htm#package。

与金融会议上，各国就如何减少金融监管的顺周期性达成了共识，酝酿引入前瞻性会计标准，发展坏账准备动态模型，建立逆周期资本缓冲、加强业绩与报酬相联系、推动对公允价值会计准则（fair value principle）的修改等。

第三，次贷危机之后欧盟开始致力于加强金融机构风险管理方面的改革。欧盟委员会先后在 2008 年 10 月和 2009 年 7 月，两次向欧盟理事会和欧洲议会提交了关于修改《资本金要求指令》的提案，强化对银行的风险约束；此外，欧盟银行监管委员会（CEBS）向欧盟委员会提出的关于流动性风险管理的 30 项原则性建议，欧盟委员会还通过了关于加强信用评级公司权威性和监管的提案，为了增强对冲基金和私人股权基金的透明度和监管，欧盟委员会通过了关于包括对冲基金和私人股权基金在内的投资基金管理人的欧盟监管框架指令的相关提案。

第四，次贷危机使欧盟更加深刻地认识到欧盟国家金融稳定合作机制的缺乏严重影响危机救助的效率与效果。在危机发生之后，欧盟理事会于 2007 年 10 月通过了跨国金融危机管理的九项原则，随后在 2008 年 6 月，欧洲各成员国的监管当局、中央银行以及财政部联合签订了关于危机管理和处置合作备忘录，其中就强调了成员国之间的金融监管合作。

就本次改革产生的欧盟系统风险委员会和欧洲金融监管系统这两个组织具体功能与职能而言，欧盟系统风险委员会的主要目的在于监测并评估影响整体金融稳定的风险。具体职能是在欧盟层面上负责宏观性的审慎监管，监控和评估在宏观经济发展以及整个金融体系发展过程中出现的威胁金融稳定的各种风险，识别并对这些风险进行排序，出现重大风险时发出预警并在必要时向政策制定者提供包括法律方面的各种建议和措施，执行预警后的相关监控，与国际货币基金组织、金融稳定委员会以及第三世界国家进行有关合作。但是欧盟系统风险委员会是一个独立的没有法人地位的监管机构。

欧洲金融监管系统，作为欧洲监管操作系统，旨在通过建立更强大、一致性更高的趋同规则来提高各国监管能力，实现对跨国金融机构的有效监管。其主要内容包括三个层次：在欧盟层面上，升级原先欧盟层面的银行、证券和保险监管委员会为欧盟监管局(European Supervisory Authorities，ESA)，在各国层面上，日常对金融机构的监管责任由各国监管当局承担，在相互配合的层面上，为了加强欧盟监管机构之间的合作、监管方法的一致性以及对金融混业经营的有效监管，欧盟系统风险委员会的指导委员会(Steering Committee)将负责建立与三个新的监管当局的信息交流与监管合作机制。

三、日本金融监管改革

美国次贷危机引发的全球性金融危机揭示了金融监管的缺陷，再次掀起了金融监管制度改革的浪潮，在金融危机中，日本的金融机构及体系未受到重大冲击。一方面，20 世纪 90 年代后期以来日本政府加强了金融监管，实行了早期调整和强化金融机构的检查制度等措施，因而日本的金融监管体系相对比较健全，从而使日本规避了一场大灾难。另一方面，全球金融危机对日本金融体系也产生了间接的影响，主要因日本出口受挫，股市和汇市的剧烈波动导致实体经济的恶化，由此间接影响到日本的金融领域，使一些金融机构坏账增加和持有股票的市值损失。同时，随着全球金融市场竞争越来越激烈，为提高金融业的全球竞争力，日本政府也在次贷危机过程中以及危机结束后逐步开始金融监管改革。

2007 年以来，日本加快了金融监管改革的步伐。日本议会、政府以及金融监管部门(金融厅)希望通过以“改进金融监管”(Better Regulation，BR)和“增强日本金融市场竞争力”(Better Market Initiative，BMI)为主要内容的金融改革，使日本的金融市场更为开放、透明、公平、高效，并在次贷危机后成为全球最重要的和最有吸引力的国际金融中心之一。总体而言，日本当前金融监管改革主要包括以下内容。

1. 改进金融监管[①]根据日本金融厅公布的金融监管改革方案，“改进金融监管”的主要内容由“四个支柱、五项举措”构成。四个支柱主要包括：一是实现监管与市场的最佳结合，为金融机构经营提供最大化的自由空间；二是密切关注重大风险隐患，将监管资源向重大风险隐患倾斜，及时发现并迅速采取有效应对举措；如定期公布金融机构次贷资产的敞口与损失状况；三是实施激励性的监管导向，鼓励私人部门自愿主动采取行动，强化全面风险管理；如实施激励性的财务评级制度，全面实施《巴塞尔协议 II》(Basel II)；四是提高监管的透明度和可测性，每年公布财务审查手册、监管指引等。

五项举措主要包括：一是加强与金融机构的对话，包括内资机构和外资机构，提高监管的有效性；二是加强信息传播，及时用英文公布相关法律法规和政策；三是加强与金融监管的国际合作；四是加强市场研究，及时掌握市场发展动态；五是倍加重视人力资源的培养和发展。

2. 增强日本金融市场竞争力(Better Market Initiative，BMI)，全称“增强日本金融市场和资本市场竞争力规划”(Plan for Strengthening the Competitiveness of Japan’s Financial and Capital Markets)，由“四个支柱和多项举措”构成。其主要内容如下。[②]

一是创建一个可信赖和有吸引力的市场，确保高效透明，以更好地满足国内外各类市场参与者的多样化需求。如，设立一个为专业投资者服务、简化信息披露的市场；发展多样化的 ETFs，基金投资对象由股票扩展到其他有价证券；修订行政处罚条例，实施激励性的处罚举措(初犯或及时纠正错误减轻处罚，重犯或不能及时纠正错误加重处罚)；允许国外上市公司仅采用英文进行信息披露，降低国外公司成本等。二是改善经营环境，为鼓励金融竞争、振兴日本金融业创造条件。如取消银行、证券和保险的分业经营限制；拓宽银行和保险集团的业务范围；促使金融机构提高效率，鼓励金融机构提供多样化、复杂化和国际化的

---

① 详见 http://www.fsa.go.jp/en/announce/state/20070925.html。
② 详细内容请参见：http://www.fsa.go.jp/en/news/2007/20071221/02.pdf。

产品和服务，更好地满足客户需求等。三是改进监管环境，以适应上述要求。如加强与金融机构的对话与沟通；提高监管政策的透明度和可测性等。四是改善金融市场的外部环境。如加快金融、法律、会计等人才培养；完善金融基础设施，提升城市的金融中心功能等。

目前，已经完成的工作主要有：一方面，无需修改法律的举措已经实施，如与金融机构达成 14 项“金融服务业规则”、颁布“提高日本国际金融中心地位的规划”（2008 年 4 月 18 日实施）、努力提高金融监管质量等；另一方面，需要修改法律才能落实的举措也已经基本完成，如设立专业投资者市场、多元化的 ETFs、取消分业经营限制、拓宽金融保险集团的业务范围、修订行政处罚条例等。2009 年 6 月 1 日，日本取消分业经营限制的法律已正式生效，以简化信息披露为主要特征的东京另类投资(AIM)市场(以私募和机构投资者为主要投资者，可仅用英文进行信息披露的市场)也开始运作实施。

次贷危机发生后，日本金融厅认为，次贷危机对日本的影响不同于欧美，属于外部冲击，日本金融监管和应对举措的主要目标在于防止外部风险内部化，确保金融体系的稳定。因此，短期应对举措主要集中于两个方面：一是制定对金融机构进行财政注资的计划，以确保其资本充足率达到安全标准；二是强化对银行借贷行为的监督检查，以确保其能够正常履行金融中介功能。①

在应对危机的中期举措上，日本监管当局采取的主要措施集中在以下四个方面：一是加强了金融机构证券化资产的信息披露。由于资产证券化市场是全球金融危机的导火索，因此日本金融厅要求确保这些资产证券化产品的基础资产(underlying assets)是真实的，并要求金融机构审查相关资产的内容，加强风险管理。日本金融厅从 2007 年年底开始按季度定期公布金融机构与次贷产品相关的资产敞口以及损失情况，希望通过信息公开增强市场透明度，稳定投资者预期，维护市场稳定。

二是逐步将信用评级机构纳入监管范围。信用评级机构的不良商业

① 王爱俭、牛凯龙：《次贷危机与日本金融监管改革：实践与启示》，《国际金融研究》2010 年第 1 期。

模式和失范的职业操守，未能起到真实披露信息的作用，对投资者产生了较强的误导，在本次金融危机中没有发挥应有的中介监督职能。因此，与欧美政府相同，日本金融厅已向本届议会提交相关法案，拟将评级机构的运营纳入监管范围。

三是成立专门工作组监控大型金融集团的跨境和跨行业风险。由于跨境风险传递日益严重，日本金融厅针对本土的全球化大型金融机构及国外大型金融机构在日本的分支机构分别建立了相关的监督机制。如针对日本三大银行和野村控股分别成立了监管小组；同时，相关小组也监督着包括保险机构以及在日本金融市场运营并产生重大影响的外国金融机构。

第三节　新型价格操纵及各国之应对

一、新型价格操纵的形态

随着 IT 技术的发展，全球金融市场交易电子化，以及程序化交易越来越普及，这一方面增加了金融资产的流动性，提升了交易效率，但另一方面也衍生了一些新的问题，如跨境操纵、利用程序化交易进行新型操纵，以及市场波动加剧等。

一般而言，程序化交易可以分为两大类：算法交易（Algorithmic Trading）和高频交易（High Frequency Trading）。程序化交易被市场和监管机构重视缘于 1987 年 10 月 19 日的“黑色星期一”和 2010 年 5 月 6 日的“闪电崩盘”(Flash Crash)。①上述两个事件发生后，关于程序化交易加剧市场波动、程序化交易是否影响市场公平性等相关争论持续了数年。不过，美国证券交易委员会和商品期货委员会的联合研究报告认为，程序化交易并不是导致市场“闪电崩盘”的原因，真正的原因包括了

① 1987 年 10 月 19 日这一天之内，美国道琼斯工业平均指数下跌 508.32 点，约合 22.6%左右；2010 年 5 月 6 日下午，道琼斯指数几分钟内下跌 700 点，当天最高下跌 1000 点，创历史日内最大跌幅。

止损单的使用、不同交易所间交易规则差异，以及市场的做空行为等。①

而程序化交易，特别是在股票、期货等衍生品交易市场中的高频交易，容易导致交易滥用(Abusive Practices)，而大部分市场监管机构将交易滥用定义为违法交易。如 2015 年中国证监会处罚的伊世顿公司操纵股指期货就是典型的交易滥用。根据国际证券交易委员会组织以及加拿大投资业监管组织(Investment Industry Regulatory Organization of Canada，IIROC)的报告显示，在高频交易中，交易滥用或价格操纵主要有以下几种情形：

1. 动能引发或层次策略(Momentum Ignition or Layering Strategies)②

动能引发一般指交易者采取一连串下单交易(多数时候还伴随在市场上散布不实信息)，以此引发(Ignite)市场价格快速上升或下跌；层次策略则一般指“以多种价格和数量”报买卖单，并很快撤单。目的是为了让其他交易者认为交易很活跃而加入交易中来。特别地，加拿大投资业监管组织认为典型的层次策略是这样操作的：操纵者在其中一个交易方向上下一个(Bona Fide Orders)实际委托单(如买单或卖单)，同时在相反方向下一个(Non-Bona Fide Orders)虚假委托单(如卖单或买单)，目的是诱使其他市场参与者对虚假委托单发生反应，从而与实际委托单交易。

2. 幌骗或称布假单(spoofing)

幌骗本来是信息安全特别是网络安全行业中的常用术语，指一个人或程序发出虚假数据成功冒充别人获得非法利益。在金融市场上，幌骗也被称为布假单，指操纵者使用限价单委托，但其目的不是为了成交而是为了操纵价格。美国商品期货委员会则将幌骗定义为委托的目的是为了在成交前取消。该操纵手法一般发生在开盘和收盘时，包括大量报出买单或卖单使委托单失衡；或大量委托以期影响开盘或收盘价。

随着各国监管机构对高频交易监管水平的提高，近年来，欧美监管机构已处理了数起幌骗操纵事件(参见表 6.1)。

---

① FINDINGS REGARDING THE MARKET EVENTS OF MAY 6，2010 https://www.sec.gov/news/studies/2010/marketevents-report.pdf.

② 加拿大投资业监管组织将动能引发策略和层次策略视为一类操纵，其他一些研究或监管者则将其视为不同类别操纵。

表 6.1　近年来美国和英国幌骗及层次策略案例及处罚情况

被　　告	违法行为	处置时间	处罚结果
Micheal Coscia	使用高频交易手段在 ICE 欧洲期货交易所的原油、油气等合约上发出大量无意执行的幌骗订单，获利近 28 万美元	2013 年 7 月	罚款约 59.8 万英镑；三年有期徒刑加两年监外看管
Swift trade	该公司在与 LSE 会员交易 swaps 或 CFDs 时频繁报撤单，进而利用会员在 LSA 市场上的后续对冲操作影响多只股票的行情	2014 年 1 月	罚款 800 万英镑
Da vinci invest	该公司为交易者 Banye、Brad、Pornye 及该三名交易员控制的 Mineworld 公司提供 LSE 及 BATs 等交易设施上通过买卖 CFDs 实施幌骗的条件，并参与利润分成	2015 年 8 月	行为禁令及罚款(对 Da vinci 公司罚款 146 万英镑，对 Mineworld 罚款 500 万英镑，对 Banye、Pornye 各罚款 41 万英镑、对 Brad 罚款 29 万英镑)
Igor B. Oystacher and 3 Red Trading LLC	对包括铜、原油、天然气等大宗商品期货进行不以成交为目的的幌骗操纵	2015 年 10 月	三年独立评估检测；250 万美元罚款
Milrud	雇用大批海外交易者帮助参与分层交易	2015 年 12 月	25.8 万美元罚款
Heet Khara and Nasim Salim	利用分层交易操纵黄金、白银期货价格	2016 年 4 月	永久禁止交易和注册；分别对两被告处 130 余万美元罚款
Navinder Singh Sarao	使用分层算法形成严重失衡的订单影响价格，从暂时的人为波动中获利	2016 年 11 月	永久禁止交易和注册；没收非法所得并处以 2474 万美元罚款
Citigroup Global Markets Inc./ Stephen Gola/ Jonathan Brims	利用幌骗技术操纵美国国债期货	2017 年 1 月	分别罚款 2500 万美元/35 万美元/20 万美元，Stephen Gola 和 Jonathan Brims 被禁止交易 6 个月
Deutsche Bank	利用幌骗技术操纵贵金属期货价格	2018 年 1 月	3000 万美元罚款
UBS	利用幌骗触发止损单操纵贵金属期货价格	2018 年 1 月	1500 万美元罚款

资料来源：各交易所网站。

3. 塞单策略(Quote Stuffing Strategies)

该操纵策略指对某特殊证券瞬间输入大量买进或卖出委托，并很快取消，使交易系统涌入过多的市场数据信息。其目的是使市场或其他参与者成交或获得信息的时间延长，以期获得“信息套利”（information arbitrage)机会。Jared Egginton 等(2016)[①]研究发现在 2010 年 1 月至 12 月期间，美国市场十分盛行塞单，研究期间美国 74.7%的上市公司都存在塞单现象。塞单现象降低了市场流动性、增加了交易成本，增加了市场的短期波动。

4. 恶性流动性侦测策略(Abusive Liquidity Detection Strategies)

该策略指在开盘前(pre-open)输入大量的委托单(揭示单或冰山单)或使用侦测单(pinging order)，[②]以侦测是否存在大买家或卖家，以期在他们之前交易，而不是与大买家/卖家交易。在经过一段可获利的价格走势后，操纵者委托单反转(即操纵者如果侦测到有大买单/卖单，他则卖出/买入，可以增加卖出利润或降低买入成本)。

二、各国监管机构及交易所的应对

美国次贷危机后，2010 年 7 月《多德—弗兰克法案》在第 747 条部分，增列了扰乱市场的失序交易行为(Disruptive Practices)，将幌骗行为归为非法交易。同时，美国商品期货委员会也修订了与幌骗相关的监管规则。2016 年 7 月，猎豹能源公司的负责人迈克尔 · 蔻莎 (Michael Coscia) 成为全球第一个因幌骗而入狱的人。[③]

2015 年，美国商品期货委员会为应对日益盛行的算法交易，提出了交易草案(Regulation Automated Trading，Reg AT)。[④]希望该机制能

① Egginton，Jared & Van Ness，Bonnie & Van Ness，Robert.（2016）. Quote Stuffing. 10.1111/fima.12126.

② 美国证券交易委员会在其证券市场结构观点说明会（“Concept Release on Equity Market Sturcture”）报告中将“Pinging Order”定义为：一种报出后立即取消的委托单，它可搜索及读取所有类型的潜在流动性，包括黑池(Dark Pools)，交易所未揭示委托，以及 ECNs 交易平台的委托单。

③ https://www. justice. gov/usao-ndil/pr/high-frequency-trader-sentenced-three-years-prison-disrupting-futures-market-first.

④ https://www.cftc.gov/PressRoom/PressReleases/pr7283-15.

抵消运用时间差的套利交易(latency arbitrage),即交易速度快的市场参与者,利用价格即将波动的信息,在其他市场参与者尚未作出反应时获取利润的套利策略。2016 年 6 月,美国证券交易委员会批准成立了“在创造公平交易环境的交易所”的 the Investors Exchange(IEX)。该交易所对所有交易,包括委托下单、委托回报或成交回报等传输,一律推迟 350 微秒。2017 年 5 月美国证券交易委员会批准了纽约证券交易所对中小型股票实行减速机制——减速丘(Speed Bump),①欧洲期货交易所(Eurex)自 2017 年开始也陆续在部分市场实施减速丘机制。

随着传统投资者对高频交易的抱怨,部分交易所为了吸引传统交易者继续留在市场中,越来越多的交易所开始实施或计划实施减速丘(图 6.1)。如伦敦金属交易所(London Metal Exchange),计划 2019 年内将在黄金及白银期货交易撮合中,加入 8 毫秒的延迟;芝加哥期权交易所集团(Cboe Global Markets)旗下的 EDGA 市场也预计在监管部门核准后,于 2020 年加入减速丘机制;洲际交易所集团(Intercontinental Exchange Inc.)在 2020 年 5 月获监管部门核准后,将在旗下的美国期货市场设置减速丘;莫斯科证券交易所(Moscow Exchange)已于 2019 年 4 月将相似的减速丘机制运用在美元兑卢布期货市场中。②

2008 年美国次贷危机发生后,欧盟金融市场监管者认为之前的欧盟金融工具市场准则(Markets in Financial Instruments Directive, MiFID)已经不能适应新的市场形势,开始着手修改,2017 年欧盟金融工具市场准则 II(MiFID II)修订完成,并于 2018 年 1 月开始实施。就程序化和高频交易而言,为提高市场透明度及加强投资人保护,欧盟金融工具市场准则 II 在其文件中对高频算法交易(high-frequency algorithmic trading)进行了详细的定义,并要求提交算法交易的特点、交易参数、公司内部测试细节、交易时的取消订单、成交订单等。③

① www.automatedtrader.net/.../157585/sec-approves-speed-bump-on-nyse-mkt.
② https://www.wsj.com.
③ https://www.fca.org.uk/markets/mifid-ii.

类似地，2013 年 12 月，因获利了结(profit-taking)自动化交易程序失误，HanMag 证券误输入 36100 笔 Kospi200 期权委托单，因损失惨重而倒闭。①2014 年韩国交易所开始对期货和期权实施价格稳定及 Kill Switch(或称 e-stop)机制，以加强风险管控，防止类似错误再次发生。为了应对幌骗、层次策略等新型操纵，2016 年美国金融行业监管局(FINRA)开始发布月度跨市场证券监察报告(Cross-Market Equities Supervision)，即潜在价格操纵报告，简称为报告卡(Report Cards)，以帮助公司监控可能涉嫌价格操纵的交易。特别地，该报告可以识别客户的交易是否涉嫌幌骗或层次策略。②

考虑到虽然我国程序化交易起步较晚，但是近年来快速发展，形成一定规模，也出现了程序化交易技术风险导致市场大幅波动、利用程序化交易从事违法违规行为等情况。2015 年 10 月，中国证监会公布了《证券期货市场程序化交易管理办法(征求意见稿)》，禁止了下述行为："频繁申报并频繁撤销申报，且成交委托比明显低于正常水平；在收盘阶段利用程序进行大量且连续交易，影响收盘价"等前述提及可能涉嫌价格操纵的行为。③2019 年年初，中国证监会发布《关于〈期货交易管理条例〉第七十条第一款第五项的规定》④公开征求意见通知，对虚假申报的操纵手段⑤予以规定，由此可见，在对期货市场行为的规制上，我国逐渐对幌骗等新型操纵加以重视。

2020 年 3 月 1 日开始实施的新《证券法》增加了对程序化交易的相关规定，在第 45 条，要求"通过计算机程序自动生成或者下达交易指令进行程序化交易的，应当符合国务院证券监督管理机构的规定，并向

---

① http://www.koreatimes.co.kr/www/news/biz/2013/12/123_147953.html.

② https://www.finra.org/compliance-tools/report-center/cross-market-supervision.

③ http://www.csrc.gov.cn/pub/zjhpublic/G00306201/201510/t20151009_284758.htm.

④ 《关于〈期货交易管理条例〉第七十条第一款第五项的规定》公开征求意见通知，该规定于 2019 年 11 月 22 日起施行。中国证券监督管理委员会网站，http://www.csrc.gov.cn/pub/zjhpublic/zjh/201902/t20190215_350976.htm。

⑤ 第 2 条【虚假申报操纵】任何单位或者个人不以成交为目的申报买卖合约，影响期货交易价格，并进行与申报方向相反的交易或者谋取其他不正当利益的，构成操纵。

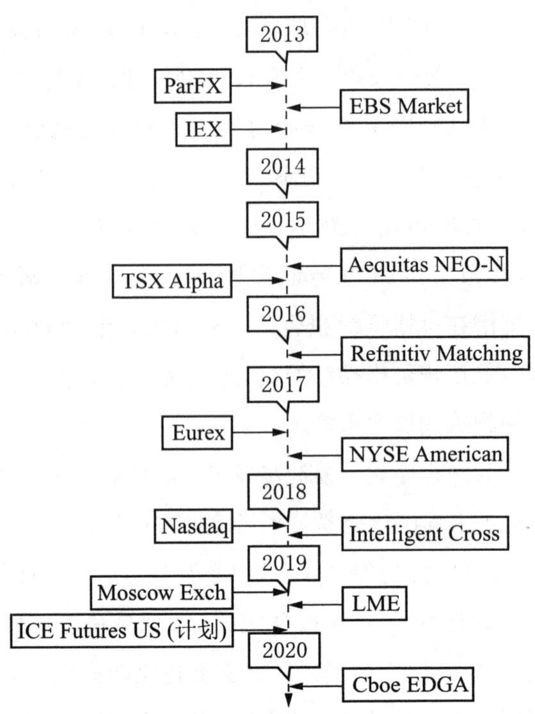

资料来源：华尔街日报。①

图 6.1 采用和计划采用减速丘的交易所

证券交易所报告，不得影响证券交易所系统安全或者正常交易秩序”；对于违反该条规定的法律责任，在第 190 条中进行规定：“……责令改正，并处以五十万元以上五百万元以下的罚款。对直接负责的主管人员和其他直接责任人员给予警告，并处以十万元以上一百万元以下的罚款。”

（二）监管科技

前文已述及，借助计算机，使用程序化交易的市场参与者越来越多。而程序化交易，容易导致交易滥用。交易滥用操纵价格的行为严重

---

① 2019 年 5 月，美国商品期货委员会批准了 ICE Futures U.S.在 2 月提出的在交易规则中加入减速丘——“消极订单保护”（Passive Order Protection， POP)。认为 POP 可以防止价格操纵和交易滥用。https://www.cftc.gov/PressRoom/PressReleases/7928-19.

危害了市场的公平性，因此，各国监管机构试图通过监控整个市场的交易来辨别和抓住市场欺诈者。但市场每天发生的交易包括下单、修改、取消和成交等，数据在100亿数量级以上，纯人工监控已逐渐变成不可能的任务。因此，利用大数据和AI来搜集分析数据，并判断是否采取监管措施成为必然之选。

全球金融科技公司2019年的数据显示，近年来，各级监管机构和技术公司投入监管科技（Regulatory Technology，RegTech）的资源越来越多（图6.2）。监管科技可以利用大数据等IT技术高效地执行金融交易监督、跟踪、判断金融交易过程是否合规等。

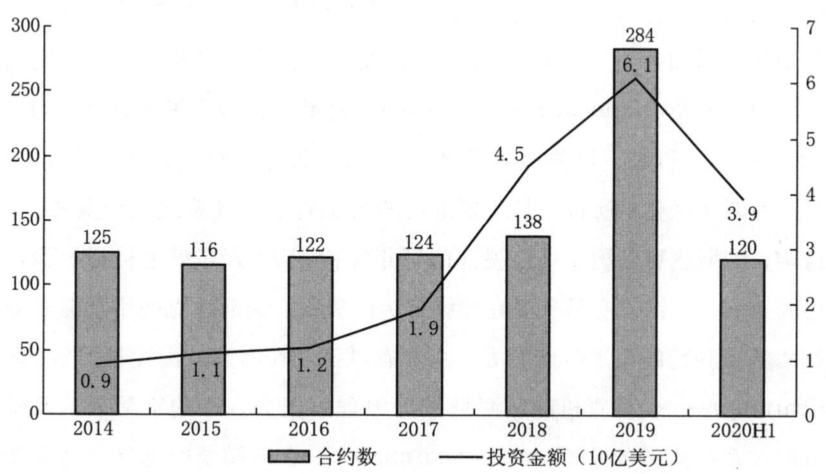

图6.2 2014—2020上半年全球监管科技投资金额

美国证券交易委员会的工作人员目前正在利用大数据来开发文本分析和机器学习算法，以发现可能存在的欺诈和不当行为。另外，新加坡金融管理局（MAS）正在研究如何利用人工智能和机器学习来分析可疑交易，以识别那些值得进一步关注的交易，让监管机构将它们的资源集中在更高风险的交易上。近年来，国内的相关监管机构也正逐步推出利用AI来监控市场的平台，提升监管效率，降低监管成本。

同时，作为自律组织的交易所等也开始了行动。雅虎财经的报道显示，美国金融业监管局正在策划引入新的平台，比较新旧 AI 系统的市场监控效率。同时，纳斯达克和伦敦证券交易所也于 2019 年使用这个新的 AI 监控软件。另外，交易所运营商还计划将这项技术出售给银行和基金经理，这样他们就可以监控他们的交易员，以避免从业人员进行内幕交易和价格操纵。人工智能公司 Neurensic 推出了一项工具，该工具可根据交易员的交易模式与监管机构认为可疑的模式匹配，为交易员创造“诚信得分”。①

2018 年 4 月，纳斯达克宣布，港交所成为其在亚洲的第一个购买纳斯达克智能市场监控（Nasdaq SMARTS Market Surveillance）系统的交易所客户，将最新的机器学习及市场参与者关系发现技术运用于股票市场，以加强对市场的监管和保护投资者。②2018 年 8 月，印度国家证券交易所（National Stock Exchange）表示正在研究采用机器学习、AI 及区块链科技，增强其监管水平，以预防操纵行为。③2019 年 11 月，纳斯达克交易所宣布其股票市场的人工智能监管系统成功上线。④目前，纳斯达克美国市场监视部门每年需检视 75 万条以上被标识为价格异常波动、错误交易及潜在操纵行为的警报。纳斯达克的市场监视新技术具备独特的人工智能能力，主要有以下三个特点：深度学习（Deep Learning）——使计算机能从海量数据中理解极为复杂的交易模式及隐藏的关系；转移学习（Transfer Learning）——在旧模型的基础上建立新模型；人机互助学习（Human-in-the-Loop Learning）——使分析师能够有效地向机器分享专业知识，使机器专注于证据的侦查。

当前，基于 IT 技术的金融科技、区块链技术等对证券市场的冲击已逐步显现。一方面，给证券市场的从业人员带来压力，另一方面，高

---

① https://finance.yahoo.com/news/siri-catch-market-cheats-wall-110001392.html.

② https://www. globalbankingandfinance. com/hkex-deploys-nasdaq-smarts-machine-learning-technology-for-market-surveillance/.

③ https://economictimes. indiatimes. com/markets/stocks/nse-working-on-artificial-intelligence-to-boost-surveillance-operations/articleshow/65328124.cms.

④ https://mondovisione. com/media-and-resources/news/nasdaq-launches-artificial-intelligence-for-surveillance-patterns-on-us-stock/.

速、隐秘的交易，以及庞大的交易数据量，使得证券市场的监管者也面临了新的挑战。面对不可逆转的创新，不论是从业者还是监管者，都必须思考和行动起来以适应新的市场形势。纳斯达克发布的年度全球资本市场监视研究报告显示，许多交易所近年来都开始注重人工智能及机器学习的投资，希望科技创新可以加强警报的有效性以减少交易监视的假警报，减少监管成本。调查显示，42%的受访机构表示近期有投资人工智能及机器学习项目，65%的受访机构预计 2 年内将进行相关投资。

第七章

国内跨市场价格操纵的监察与监管

第一节 国内金融现货市场与衍生品市场发展历史与现状

一、中国金融现货市场历史与现状

新中国成立后，由于对资本市场认识不足，股票与债权等金融市场投资品被视为资本主义产物而长期被禁止。20世纪70年代末期以来的中国经济改革大潮，推动了资本市场在中国境内的萌生和发展，由于经济的发展与企事业单位融资的需要，债券等金融产品逐渐重新出现在市场中。

在过去的20多年间，中国资本市场从无到有，从小到大，从区域到全国，得到了迅速的发展，在很多方面走过了一些成熟市场几十年甚至是上百年的道路。尽管经历了各种坎坷，但是中国资本市场的规模不断壮大，制度不断完善，证券期货经营机构和投资者不断成熟，逐步成长为一个在法律制度、交易规则、监管体系等各方面与国际普遍公认原则基本相符的资本市场。①2008年中国证监会编著出版的《中国

① 中国证券监督管理委员会编：《中国资本市场发展报告》，中国金融出版社2008年版。

资本市场发展报告》认为，总体看，中国大陆资本市场的发展可以归结为几大阶段：①

1. 资本市场的萌生(1980—1992 年)

1981 年政府决定恢复国库券发行，以行政分配摊派发行的模式向企业和公众融资；1984 年北京天桥百货股份有限公司和上海飞乐股份有限公司首次发行股票；该时期股票一般按面值发行，大部分实行保本保息保分红、到期偿还，具有一定债券的特性；发行对象多为内部职工和地方公众；发行方式多为自办发行，没有承销商。

随着证券发行的增多和投资者队伍的逐步扩大，股票和债券的柜台交易陆续在全国各地出现，二级市场初步形成。伴随着一、二级市场的初步形成，证券经营机构的雏形开始出现。1987 年 9 月，中国第一家专业证券公司——深圳特区证券公司成立。1988 年，为适应国库券转让在全国范围内的推广，中国人民银行下拨资金，在各省组建了 33 家证券公司，同时，财政系统也成立了一批证券公司。

证券市场的大力发展开始于 20 世纪 90 年代沪深证券交易所的正式成立。1990 年 11 月 26 日，上海证券交易所成立，并于同年 12 月 19 日开业，1990 年 12 月 1 日，深圳证券交易所成立。至此，相对正规的股票流通市场开始正式形成。

1992 年 1—2 月邓小平同志南方谈话后，中国政府将“建立社会主义市场经济体制”确立为经济体制改革的目标。由此，股份制成为国有企业改革的方向，更多的国有企业实行股份制改造并开始在资本市场发行上市。②1993 年，股票发行试点正式由上海、深圳推广至全国，打开了资本市场进一步发展的空间。

在这个发展初期，市场处于一种自我演进、缺乏规范和监管的状

① 该报告将我国资本市场发展归结为三大阶段，考虑到报告时融资融券和股指期货交易还未开始，同时考虑到股灾后国内资本市场的新作为，笔者将其分为五个阶段。

② 邓小平同志在南方视察时指出：“证券、股市，这些东西究竟好不好，有没有危险，是不是资本主义独有的东西，社会主义能不能用，允许看，但要坚决地试。看对了，搞一两年，对了，放开；错了，纠正，关了就是了。关，也可以快关，也可以慢关，也可以留一点尾巴。怕什么，坚持这种态度就不要紧，就不会犯大错误。”具体见：周正庆：《走中国特色资本市场发展道路》，《中国金融》2010 年第 19 期。

态，并且以区域性试点为主。总体上看，股份制改革起步初期，股票发行缺乏全国统一的法律法规，也缺乏统一的监管，股票发行市场也出现了混乱。同时，股票交易市场中的内幕交易、价格操纵盛行。深圳“8 · 10 事件”的爆发[①]是这种发展模式弊端的体现，标志着资本市场的发展迫切需要规范的管理和集中统一的监管。

2. 资本市场初步形成(1993—1998 年)

1992 年 10 月，国务院证券管理委员会和中国证券监督管理委员会(以下简称国务院证券委和中国证监会)成立，标志着中国资本市场开始逐步纳入全国统一监管框架，区域性试点推向全国，全国性市场由此开始发展。

1997 年 11 月中国金融体系进一步确定了银行业、证券业、保险业分业经营、分业管理的原则。1998 年 4 月，国务院证券委撤销，中国证监会成为全国证券期货市场的监管部门，建立了集中统一的证券期货市场监管体制。

中国证监会成立后，推动了《股票发行与交易管理暂行条例》《公开发行股票公司信息披露实施细则》《禁止证券欺诈行为暂行办法》《关于严禁操纵证券市场行为的通知》等一系列证券期货市场法规和规章的建设，资本市场法规体系初步形成，使资本市场的发展走上规范化轨道，为相关制度的进一步完善奠定了基础。

随着市场的发展，上市公司数量、总市值和流通市值、股票发行筹资额、投资者开户数、交易量等都进入了一个较快发展的阶段。沪、深交易所交易品种逐步增加，由单纯的股票陆续增加了国债、权证、企业债、可转债、封闭式基金等。伴随着全国性市场的形成和扩大，证券中介机构也随之增加。

1997 年 11 月，《证券投资基金管理暂行办法》颁布，规范证券投资基金的发展。同时，对外开放进一步扩大，推出了人民币特种股票(B

---

① 详见新浪财经：《许志林，亲历深圳 8.10 事件》，http://finance.sina.com.cn/stock/stocklearnclass/20101007/16268742998.shtml1992。

股），境内企业逐渐开始在纽约、伦敦和新加坡等海外市场上市。到1998年年底，全国有证券公司90家，证券营业部2412家。

在这个阶段，统一监管体系的初步确立，使得中国资本市场从早期的区域性市场迅速走向全国性统一市场。随后，在监管部门的推动下，一系列相关的法律法规和规章制度出台，资本市场得到了较为快速的发展，同时，各种体制和机制缺陷带来的问题也在逐步积累，迫切需要进一步规范发展。1993年8月15日国务院证券委发布的《禁止证券欺诈行为暂行办法》，为价格操纵欺诈的处罚提供了依据。并通过打击山东渤海和君安深圳发展中心营业部操纵市场，以及张家界炒作本公司股票等价格操纵处罚案例，树立打击价格操纵的决心。但由于对价格操纵的打击力度有限，这段时间国内市场价格操纵、内幕交易仍然十分盛行，并延续到后一发展时期。

3. 证券市场的进一步规范与发展（1999—2009年）

在这个阶段，标志性事件是《证券法》的颁布。《证券法》于1998年12月颁布并于1999年7月正式实施，是中国第一部规范证券发行与交易行为的法律，并由此确认了资本市场的法律地位。2006年1月，修订后的《证券法》颁布。《证券法》的实施及随后的修订，标志着资本市场走向更高程度的规范发展，也对资本市场的法规体系建设产生了深远的影响。

自1998年建立了集中统一监管体制后，为适应市场发展的需要，证券期货监管体制不断完善，实施了“属地监管、职责明确、责任到人、相互配合”的辖区监管责任制，并初步建立了与地方政府协作的综合监管体系。与此同时，执法体系逐步完善。中国证监会在各证监局设立了稽查分支机构，2002年增设了专司操纵市场和内幕交易查处的机构。2007年，为适应市场发展的需要，证券执法体制进行了重大改革，建立了集中统一指挥的稽查体制。

中国证监会不断加强稽查执法基础性工作，严格依法履行监管职责，集中力量查办了“琼民源”、“银广夏”、“中科创业”、“德隆”、“科龙”、“南方证券”、“闽发证券”等一批价格操纵大案要案，坚决打击各类违法违规行为，切实保护广大投资者的合法权益，维护“公平、公正、公开”的市场秩序。

2001 年 12 月中国加入世界贸易组织，中国资本市场对外开放步伐明显加快。到 2006 年年底，中国已经全部履行了加入世界贸易组织时有关证券市场对外开放的承诺。对外开放推进了中国资本市场的市场化、国际化进程，促进了市场的成熟和发展壮大。这一时期，合资证券期货经营机构大量设立；合格境外机构投资者(QFII)与合格境内机构投资者(QDII)机制相继建立；大型国有企业集团重组境外上市继续推进；外商投资股份公司开始在境内发行上市，外资也被允许对上市公司进行战略投资；证券监管国际合作进一步扩大。

这一时期，为充分发挥资本市场的功能，市场各方对多层次市场体系和产品结构的多样化进行了积极的探索。中小板市场和 2009 年创业板的推出和代办股份转让系统的出现，是中国在建设多层次资本市场体系方面迈出的重要一步。可转换公司债券、银行信贷资产证券化产品、住房抵押贷款证券化产品、企业资产证券化产品、银行不良资产证券化产品、企业或证券公司发行的集合收益计划产品以及权证等新品种出现，丰富了资本市场的交易品种。同时，债券市场得到初步发展，中国债券市场规模有所增加，市场交易规则逐步完善，债券托管体系和交易系统等基础建设不断加快。

在这一阶段，1999 年《证券法》的实施及 2006 年《证券法》和《公司法》的修订，使中国资本市场在法制化建设方面迈出了重要的步伐；中科创业、德隆等一批价格操纵大案的及时查办对防范和化解市场风险、规范市场参与者行为起到了重要作用；国务院《关于推进资本市场改革开放和稳定发展的若干意见》的出台标志着中央政府对资本市场发展的高度重视；以股权分置改革为代表的一系列基础性制度建设使资本市场的运行更加符合市场化规律；创业板、股指期货等金融投资新品种的出现意味着国内多层次资本市场建设已基本完成，而股指期货的上市为股票市场投资者提供了直接的避险工具；合资证券经营机构的出现和合格境外机构投资者等制度的实施标志着中国资本市场对外开放和国际化进程有了新的进展；数个价格操纵案例的宣判，以及对老鼠仓和内幕交易的持续打击，标志着管理层对打击价格操纵违法的重视。

4. 前进中的反思(2010—2017 年)

2010 年 1 月 8 日，国务院原则同意开展证券公司融资融券业务试点，以及 2010 年 4 月 19 日开始交易的中国第一个股指期货——沪深 300 指数期货，为证券现货市场参与者提供了做空机制和套期保值工具，改变了中国大陆证券市场只能通过价格上涨获利的盈利模式，成为大陆资本市场历史性跨越发展的大事件。同时，吸引外国公司到中国证券交易所来上市，开设国际板曾经被提上日程，但后来并未实施。

2013 年 1 月 16 日全国中小企业股份转让系统(以下简称“全国股转系统”，俗称“新三板”)正式揭牌运营，为创新型民营中小微企业的融资创建了一个全国性平台。新三板市场的建立，意味着我国资本市场已经形成了全国性的主板、中小板、创业板、场外市场等多层次的资本市场格局，为将来资本市场的深化发展奠定了基础。另外，新三板开创了国内证券市场采用做市商交易制度的先河。①

2015 年 6 月开始，国内股市开始大幅度下跌，即开始了市场所谓的股灾。股灾成因为何？到目前为止并没有统一的说辞。但其中，投机比例过高、杠杆比例过高等是市场和监管者较为认同的因素之一。因此，随后的主要监管政策体现为市场去杠杆。另外，国内股票市场第九次暂停 IPO 也随即被施行。不过与历史上前几次 IPO 暂停时间相比，2015 年 IPO 暂停时间相对较短(见表 7.1)，说明监管者通过多年来的监管，已经充分认识到指数的表现与 IPO 之间的关系。

① 监管层认为做市商制度是导致目前新三板交易量惨淡的主要原因之一。因此，2018 年 1 月 15 日开始逐渐将做市商交易转为集中交易，至 2019 年 4 月底，仅剩 9.5%左右公司进行做市商交易。但笔者认为，将合格投资者资金设为 500 万元是导致交易不活跃的主要原因之一。

表 7.1　历次 IPO 暂停时间及长度

序号	开始—结束	时间长度
1	1994 年 7 月 21 日—1994 年 12 月 7 日	5 个月
2	1995 年 1 月 19 日—1995 年 6 月 9 日	5 个月
3	1995 年 7 月 5 日—1996 年 1 月 3 日	6 个月
4	2001 年 7 月 31 日—2001 年 11 月 2 日	3 个月
5	2004 年 8 月 26 日—2005 年 1 月 23 日	5 个月
6	2005 年 5 月 25 日—2006 年 6 月 2 日	12 个月
7	2008 年 12 月 6 日—2009 年 6 月 29 日	8 个月
8	2012 年 11 月 3 日—2014 年 1 月 7 日	15 个月
9	2015 年 7 月 5 日—2015 年 11 月 6 日	4 个月

资料来源：笔者自行整理。

进入 2017 年，金融市场去杠杆仍然是各监管机构的主要思路。因此，资管业务新规中的打破刚性兑付、消除多层嵌套、禁止通道业务以及公募和阳光私募不能发行分级产品、进行穿透式监管等都是去杠杆的具体策略。另外，2017 年 11 月 20 日，证监会宣布成立发行与并购重组审核监察委员会，对首次公开发行、再融资、并购重组实行全方面的监察，以打击财务数据作假和监管套利。

5. 资本市场历史性跨越(2018 年至今)

进入 2018 年以后，监管层认识到资管新规过于严苛，因此对相关规则一直处于修订之中，使其更符合市场实际。同时，为了进一步解决创新型企业融资难问题，2018 年 6 月 6 日，证监会正式发布中国存托凭证(Chinese Depository Receipt， CDR)相关规则——《存托凭证发行与交易管理办法(试行)》，使已经在境外上市的企业能够在境内融资。更进一步地，2018 年 11 月 20 日，上海股交中心获批设立科技创新企业股份转让系统，即市场热议的科创版。科创版实行注册制，以及降低盈利要求，对于完善多层次资本市场体系，提升资本市场服务实体经济的能力，促进上海国际金融中心、科创中心建设提供了至关重要的突破口和实现路径。2019 年 6 月 13 日，在第十一届陆家嘴论坛开幕式上，中国证监会和上海市人民政府联合举办了上海证券交易所科创板开板仪式，并于 7 月 22 日举行了首批科创板企业上市仪式。①

对国内证券市场而言，2019 年至 2020 年的焦点事件是对《证券法》的修订和实施。2019 年 12 月 28 日，第十三届全国人大常委会第十五次会议审议通过了修订后的《中华人民共和国证券法》，新《证券法》已于 2020 年 3 月 1 日开始实施。新《证券法》主要从以下几个角度进行了改革和完善："全面推行证券发行注册制"、"显著提高证券违法违规成本"、"完善投资者保护制度"、"进一步强化信息披露要求"、"完善证券交易制度"、"明确中介机构职责，加重违规处罚"、"建立多层次资本市场体系"、"明确证券法必要的域外适用效力"等。

总体而言，中国存托凭证是国内证券市场让外面(上市)公司走进来的重要举措，一方面拓宽了境内投资者的投资范围，另一方面使一些因为各种原因不得不到境外融资的企业也能够回到境内融资。而科创板则将多年来证监会对国内拟上市企业设置的过高盈利要求进行了突破，同时突破的还有多重股权结构问题。科创板开板意味着证监会将对公司价值的判断留给投资者自己，而不是通过严苛的审核制进行包办。而新《证券法》第 9 条则打通了将来其他上市板块分步实施公开发行注册制之路。

截至 2019 年 10 月底，沪深交易所共有上市公司 4214 家，总市值高达 555703.6 亿元。其中，主板上市公司 2459 家，中小板 941 家，创业板 776 家，科创板 38 家(表 7.2)。加上各地股权交易中心，目前国内资本市场已经形成了主板、创业板、中小板、科创板、场外市场等多层次的资本市场格局(见图 7.1)，以及能够进行对冲交易和信用交易的融资融券交易和股指期货交易市场。《证券法》修订的最新版本也体现了

① 2020 年 6 月 12 日，证监会发布了《创业板首次公开发行股票注册管理办法(试行)》等文件，深交所创业板也开始实施注册制。http://www.csrc.gov.cn/pub/newsite/zjhxwfb/xwdd/202006/t20200612_378199.html.

对多层次资本市场的重视，在第 37 条中，将证券交易所划分为证券交易所、国务院批准的其他全国性证券交易场所，以及按照国务院规定的区域性股权三个层次。为企业的多元化融资提供了法律保障。在第 97 条规定："证券交易所、国务院批准的其他全国性证券交易场所可以根据证券品种、行业特点、公司规模等因素设立不同的市场层次。"上述规定为将来不同层次的资本市场的建设打下了基础。

表 7.2　沪深交易所上市公司概况

交易所	板块挂牌数				总市值(亿元)
	主板	中小板	创业板	科创板	—
上海证券交易所	1988	—	—	38	333997.76
深圳证券交易所	471	941	776	—	221705.84
合　　计	2459	941	776	38	555703.6

资料来源：沪深交易所官网，查询于 2019 年 10 月 31 日。

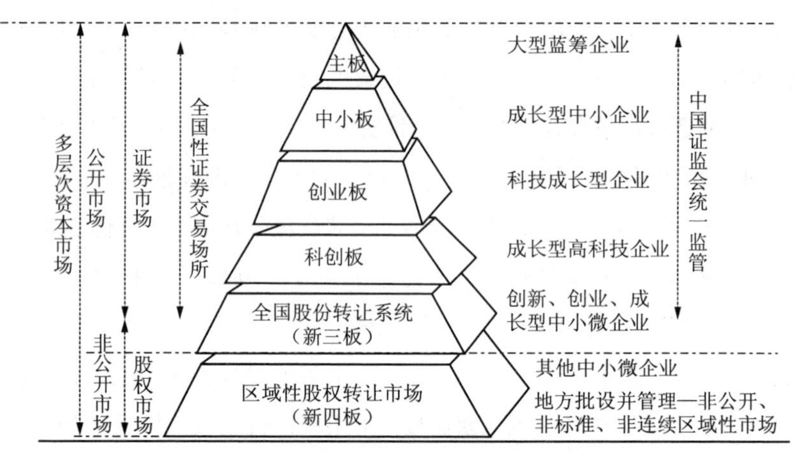

图 7.1　中国大陆市场多层次资本市场结构

二、中国金融衍生品市场历史与现状

从 1988 年国务院批准期货试点以来，我国期货市场历经了 23 年的发展历程。在这二十多年的发展中，一方面，期货产品体系的日益完善，在促进期货市场规模不断扩大的同时，进一步满足了现货企业规避风险的需求，也为广大投资者提供了更为丰富的投资工具。另一方面，由于欺诈、价格操纵一度盛行，市场监管不力，使得国内衍生品市场发展之路并不顺利。

进入21世纪，市场的逐步规范，使得交易品种、交易量，以及市场参与人数逐年创历史新高。股指期货的出现，使得我国衍生品市场进入了新的历史阶段。总体上看，我国衍生品市场发展可以分为以下几个阶段。

1. 试探性发展阶段(1988—1993年)

20世纪80年代末，随着经济体制改革的深入，市场机制发挥越来越大的作用，农产品价格波动幅度增大。1988年2月，国务院指示有关部门研究国外期货制度。1988年3月，国务院《政府工作报告》指出："加快商业体制改革，积极发展各类批发贸易市场，探索期货交易。"从此，我国开始了曲折的期货市场实践。

试点初期，受行业利益驱使，加上市场监管不力，交易所数量和交易品种迅猛增加，全国最多的时候出现了50多家交易所，市场交易品种达到30多个，开业的交易所有2300多个会员，期货经纪公司300多家(包括50多家合资公司)，有7大类50多个上市交易品种。

在初期发展阶段，我国期货市场盲目发展，风险也在酝酿和积累。期货市场中的会员及经纪公司主体行为很不规范，大户垄断、操纵市场、联手交易、超仓、借仓、分仓等违规行为严重，还有透支交易，部分期货经纪公司重自营轻代理，这些行为投机性强，使广大投资者蒙受了巨大损失，严重扭曲了期市价格，不能发挥期货对现货的套期保值和价格发现功能，加大了风险控制的难度，阻碍了期货市场的正常运行。

2. 市场整顿清理阶段(1993—2000年)

1993年11月14日，国务院下发《关于坚决制止期货市场盲目发展的通知》，认为"一些地方和部门竞相争办期货交易所或以发展期货交易为目标的批发市场，盲目成立期货经纪公司；一些执法部门也参与期货经纪活动；有些外资、中外合资或变相合资的期货经纪公司蓄意欺骗客户；一些境内外不法分子互相勾结搞期货经纪诈骗活动；一些单位和个人对期货市场缺乏基本了解，盲目参与境内外的期货交易，上当受骗，造成经济损失”。①由此开始了第一次清理整顿工作，加强了对期货市场的监管力度，最终有 15 家交易所被确定为试点交易所。1994 年暂停了期货外盘交易；同年 4 月暂停了钢材、煤炭和食糖期货交易；10 月，暂停粳米、菜籽油期货交易。1995 年 2 月发生国债期货“327”风波，同年 5 月发生国债期货“319”风波，当年 5 月暂停了国债期货交易。

1998 年 8 月 1 日，国务院下发《关于进一步整顿和规范期货市场的通知》，开始了第二次整顿工作。在这次清理整顿中，保留了上海、郑州和大连 3 家期货交易所。期货品种压缩为 12 个，并且各个品种在各个交易所不再重复设置。

1999 年 5 月，国务院通过了《期货交易管理暂行条例》，并于 1999 年 9 月 1 日施行，中国证监会又组织制定了《期货交易所管理办法》②《期货经纪公司管理办法》《期货从业人员资格管理办法》和《期货经纪公司高级管理人员任职资格管理办法》。这套法规对期货市场各主体的权利、义务等都作了规定，为市场参与者提供了行为规范，也为期货市场的监督管理提供了法律依据。证监会还统一了三个交易所的交易规则，提高了对会员的结算准备金和财务实力的要求，修改了交易规则中的薄弱环节，完善了风险控制制度。

3. 稳步发展阶段(2001—2005 年)

治理整顿也导致期货市场规模急剧萎缩，2000 年期货市场交易量跌到了历史最低点，仅有 1.6 万亿元。2001 年 3 月，全国人大批准的

---

① 请参见 http://www.law-lib.com/law/law_view.asp?id=108045。

② 2019 年 11 月 15 日证监会就《期货交易所管理办法》向社会公开征求意见，http://www.csrc.gov.cn/pub/newsite/zjhxwfb/xwdd/201911/t20191115_366025.html。

“十五”规划首次提出“稳步发展期货市场”，意味着7年的期货市场清理整顿任务已经基本完成。有关部门提出期货市场要为健全社会主义市场经济体系、为促进国民经济稳定发展发挥其应有的作用。

2004年2月1日，国务院颁布了《国务院关于推进资本市场改革开放和稳定发展的若干意见》，提出我国要“稳步发展期货市场”，“在严格控制风险的前提下，逐步推出为大宗商品生产者和消费者提供发现价格和套期保值功能的商品期货品种”。并且要“研究开发与股票和债券相关的新品种及其衍生产品”。①随着国家关于发展期货市场的政策调整以及期货市场法制建设与监管体系的建立与完善，期货市场开始复苏。

4. 金融衍生品新阶段(2005—2015年)

继1995年国债期货停止交易后，中国衍生品市场经历了长达11年的商品期货时代，2006年9月8日，中国金融期货交易所正式在上海挂牌成立，成为中国第四家期货交易所。

2007年3月16日，国务院发布《期货交易管理条例》，同《期货交易管理暂行条例》相比，前者将适用范围从原来的商品期货交易扩大到商品、金融期货和期权合约交易，为后来的股指期货交易及监管埋下了伏笔。2010年4月16日，沪深300股指期货开始交易，开创了国内金融衍生品时代的新纪元。②

5. 股灾后反思与前行(2015年至今)

2015年6月开始的股灾，引起了市场参与者和监管机构的高度关注，与全球其他金融市场曾经发生的类似：卖空(即国内的融券交易)、股指期货等在内的做空手段往往成为股灾受害者责备的主要对象(见表7.3)，而备受压力的监管者采取的常见手段则包括了提高做空工具的保证金，甚至停止相关交易。因此，2015年9月7日开始，沪深300、上

① 请参见 http://www.china.com.cn/chinese/PI-c/488781.htm。

② 实际上，在这之前，2005年开始，我国货币市场已陆续出现人民币远期、利率互换等金融衍生品，但由于普通投资者不参与交易，而媒体报道也较少，因此并未广为人知，具体时间请参见表7.3。

证50、中证500仅有的3只股指期货保证金被提高到40%的水平。不久后，交易所进一步限制股指期货交易，日内过度交易行为的监管标准调整为单个合约10手。上述规则导致股指期货交易量大幅度下跌。

表7.3　历年股灾后的金融监管

事　　件	官方认为的原因	监管手段
1929年美国股灾	卖空、高杠杆、内幕交易、操纵价格	《证券法》出台，打击内幕交易、价格操纵、禁止卖空
1987年美国股灾	程序化交易、投资组合理论、高杠杆	熔断机制
2007年次贷危机	卖空	禁止对金融股卖空
2015年中国股灾	高杠杆、做空	去杠杆、提高股指期货保证金，限制交易量等

资料来源：笔者自行收集整理。

随着股票现货市场的稳定，证监会逐步放松了对股指期货的限制交易，如2019年4月22日结算时起，中证500股指期货各合约的交易保证金标准统一调整为12%，并将股指期货日内过度交易行为的监管标准调整为单个合约500手。①

另外，因近年来股票等现货市场不景气，导致金融衍生品新品种上市停滞。但商品衍生品新品种挂牌上市交易一直处于稳定发展之中，如2017年、2018年以及2019年白糖、豆粕、铜期权、尿素、粳米等商品衍生品分别上市交易。据2019年11月8日媒体报道，为进一步加强资本市场基础制度建设，经中国证监会原则同意，中金所拟于近期开展沪深300股指期权上市交易。同时，为满足投资者风险管理的需求，充分发挥ETF期权经济功能，推动期现联动健康发展，批准了上交所上市沪深300ETF期权合约。②

表7.4显示，截至2019年5月，传统的商品衍生品，已经包括了期

① http://www.cffex.com.cn/jysdt/20190419/23716.html.
② 中国证券网，http://news.cnstock.com/news,bwkx-201911-4450446.htm。

货和期权，而在金融市场上，远期、期货、期权以及互换，这四类金融衍生品都已经具备。

表 7.4　中国主要衍生品挂牌上市时间(截至 2019 年 11 月)

金融衍生品	上市时间	备　注
外汇期货	1992 年 6 月 1 日	已退市①
深圳综合指数期货	1993 年 3 月 10 日	已退市②
债券期货	1993 年 10 月 25 日	已退市③
利率互换	2005 年 10 月 10 日④	—
人民币远期	2005 年 8 月 15 日	—
人民币互换	2008 年 12 月 12 日	—
人民币期权	2011 年 4 月 1 日	—
沪深 300 指数期货	2010 年 4 月 16 日	—
上证 50ETF 期权	2015 年 2 月 9 日	—
豆粕期权	2017 年 3 月 31 日	—
白糖期权	2017 年 4 月 19 日	—
铜期权	2018 年 9 月 21 日	—
沪深 300 指数期权	2019 年 12 月 23 日	—

资料来源：笔者自行收集于《中国证券史》、外管局、外汇交易中心及各交易所官方网站。

① 1992 年 6 月推出美元、日元、马克等外汇期货，但因交易清淡，1996 年 3 月 27 日中国人民银行与外管局宣布《外汇期货业务管理试行办法》无效。

② 1993 年 3 月，深圳综合指数期货与深圳 A 股指数期货推出，因 1996 年 9 月深圳平安保险公司福田证券部大户打压操纵标的指数，监管部门宣布停止交易。

③ 因著名的国债期货“327”价格操纵事件，1995 年 2 月 27 日，国内第一个金融衍生品种停止交易。

④ 2006 年 2 月 9 日，中国人民银行发布《关于开展利率互换有关事项的通知》，而 2005 年 10 月 10 日，国家开发银行与中国光大银行完成了首笔人民币利率互换交易，协议的名义本金为 50 亿元人民币、期限 10 年、光大银行支付固定利率、开发银行支付浮动利率(1 年期定期存款利率)。当时双方约定，待人民银行有关政策出台后交易生效。这标志着人民币利率衍生工具在中国金融市场正式登场，利率市场化和金融市场建设进入了一个新阶段。

第二节　金融现货市场与衍生品市场监察和监管

一、金融现货市场与衍生品市场监察

（一）金融现货市场监察

1. 监察的相关规定

证监会要求对证券交易过程中的价格操纵等违法违规行为进行监察的相关规定最早见于1996年10月31日证监会发布的《中国证券监督管理委员会关于严禁操纵证券市场行为的通知》，该通知明确要求沪深交易所监察交易过程中的价格操纵与内幕交易。目前上海证券交易所和深圳证券交易所分别负责在各自交易所挂牌交易的证券交易，而两个交易所对证券价格操纵的监察工作遵循的最高依据是《证券法》，作为证券市场主管机构，依据《证券法》第170条，国务院证券监督管理机构依法履行职权，有权采取系列监察措施。①

---

① 《证券法》第170条：国务院证券监督管理机构依法履行职责，有权采取下列措施：（一）对证券发行人、证券公司、证券服务机构、证券交易场所、证券登记结算机构进行现场检查；

（二）进入涉嫌违法行为发生场所调查取证；

（三）询问当事人和与被调查事件有关的单位和个人，要求其对与被调查事件有关的事项作出说明；或者要求其按照指定的方式报送与被调查事件有关的文件和资料；

（四）查阅、复制与被调查事件有关的财产权登记、通讯记录等文件和资料；

（五）查阅、复制当事人和与被调查事件有关的单位和个人的证券交易记录、登记过户记录、财务会计资料及其他相关文件和资料；对可能被转移、隐匿或者毁损的文件和资料，可以予以封存、扣押；

（六）查询当事人和与被调查事件有关的单位和个人的资金账户、证券账户、银行账户以及其他具有支付、托管、结算等功能的账户信息，可以对有关文件和资料进行复制；对有证据证明已经或者可能转移或者隐匿违法资金、证券等涉案财产或者隐匿、伪造、毁损重要证据的，经国务院证券监督管理机构主要负责人或者其授权的其他负责人批准，可以冻结或者查封，期限为六个月；因特殊原因需要延长的，每次延长期限不得超过三个月，冻结、查封期限最长不得超过二年；

（七）在调查操纵证券市场、内幕交易等重大证券违法行为时，经国务院证券监督管理机构主要负责人或者其授权的其他负责人批准，可以限制被调查的当事人的证券买卖，但限制的期限不得超过三个月；案情复杂的，可以延长三个月；

（八）通知出境入境管理机关依法阻止涉嫌违法人员、涉嫌违法单位的主管人员和其他直接责任人员出境。

为防范证券市场风险，维护市场秩序，国务院证券监督管理机构可以采取责令改正、监管谈话、出具警示函等措施。

具体到交易所，虽然沪深交易所关于价格操纵等行为的监察并不完全相同，但同为证监会监管，因此并无本质差别，故本书仅讨论上海证券交易所的监察制度。

《证券法》是上海证券交易所市场监察工作的最高遵循依据，该法对禁止内幕交易和操纵市场的具体行为，以及行为所应承担的法律责任予以明确规范。同时，对于股价操纵和内幕交易等进行监察的依据还包括1993年4月颁布的《股票发行与交易管理暂行条例》①第七章的相关内容、《上海证券交易所权证管理暂行办法》《保险机构投资者股票投资管理暂行办法》，以及《上海证券交易所交易规则》(2018年)等法规或行政规定。

针对短线操纵、新股炒作和操纵现象，上海证券交易所2009年开始安排专人对短线操纵和新股交易展开重点监控，并通过警示、限制账户交易等措施，联合券商加强新股交易行为的管理；事后则积极总结经验，并将新股关注账户设入监控系统。同时，配合新一代交易系统(简称NGTS)的上线，上海证券交易所推出了新监察系统——第三代监察系统(简称3GSS)，提高了监管工作的有效性和针对性。

A. 监察职能组织架构

上海证券交易所监察制度在1995年前后逐步建立起来，设立市场监察部负责市场监察工作。市场监察部原先监管的侧重点在于市场的制度建设方面，监管内容主要包括对于上市公司的信息披露和公司治理、对于券商的综合治理和对于基金的规范销售和投资的监管；目前的业务重点是负责实时监控证券交易市场，发现、调查、制止、报告异常情形、协助查处证券违法违规案件等。

该部门现分为实时监控组、稽查组及历史分析组三个小组办理业务。

---

① 该暂行规定中的很多内容已经被《证券法》替代，但未见监管机构废止该规定。仅见证监法律字[1999]第3号废止“关于授权上海、深圳证券交易所依照《股票发行与交易管理暂行条例》第46条规定对个人持股情况进行监管的决定(证监法字[1993]110号)”。详见http://www.fdi.gov.cn/pub/FDI/zcfg/fzflfgml/P020060619698849539195.pdf。

a. 实时监控组

①实时监控交易，并于发现异常时进行追踪监察；②对异常交易进行初步判断，完成初步分析报告；③协助制定交易市场突发性事件的基础数据；④记录每天市场交易重点情况。

b. 稽查组

①调查市场短期异常交易情况和违规行为；②调查会员公司违规行为；③接受并处理投诉案件；④协助及配合证券主管机关的调查工作。

c. 历史分析组

①调查市场长期异常交易情况和违规行为；②起草有关审核合约，参与重大案件诉讼活动；③接受公安体系、检察体系及法院体系的咨询，进行司法协助。

B. 监察职能概述

监察的职能主要包括统计功能，即对交易情况进行实时统计和数据查询；监测预警功能，当个股、交易人触及前期设计好的相关预警指标值时，系统自动预警以提醒监察者关注；为相关价格操纵、内幕交易案件提供交易依据等。

a. 在线监察作业

在线监察的时间为非法定假日或休市日的每周一至周五的交易日，每个交易日上午 9:15 至 9:25 为开盘集合竞价时间，上午 9:30 至 11:30、下午 13:00 至 15:00 为连续竞价时间。

涉及价格操纵、内幕交易方面的监察主要包括两个方面的内容，一是对异常波动的监察，二是对异常交易的监察。而主要依据则包括了股价涨跌幅度、成交量、换手率、交易集中程度以及持股比率等。根据关注程度，在线实时监察可分为常备监控与特定监控。常备监控是在系统内设置一组常备参数，当个股、券商及投资人在委托及交易过程中超越参数的设定范围，即发出警报并自动显示；特定监控是每日开盘前根据市场情况，在系统内设置参数对个股、券商及投资人交易进行跟踪。2008 年，为了增强对通过交易进行价格操纵违法的监察，上海证券交易所完成了实时监察系统前端应用服务器的扩容改造工作。经过升级与扩容，实时监控主机的成交明细处理能力从 800 万笔、300 万参与交易账户数提升到 1.5 亿—2 亿笔，不受参与交易账户数限制，提高了在线监察数据的处理能力。

在《上海证券交易所交易规则》第五章的 5.4.2 节中，交易所将股票、封闭式基金竞价交易出现下列情形之一的，认定为异常波动：(1)连续 3 个交易日内日收盘价格涨跌幅偏离值累计达到±20%的；(2)连续 3 个交易日内日均换手率与前 5 个交易日的日均换手率的比值达到 30 倍，并且该股票、封闭式基金连续 3 个交易日内的累计换手率达到 20%的；(3)本所或证监会认定属于异常波动的其他情形。而重点监察的内容是异常交易行为，在《上海证券交易所交易规则》的第六章，交易所对 13 种异常交易情况进行了定义。①

b. 线下监察

市场监察部根据成交、报价等资料的初步分析，如发现涉嫌违规交易行为，将以电话询问、发出督促监管或协助调查通知等多种方式，要求券商提供客户身份、交易及资金进出数据等，并配合宏观经济和公司基本面信息以进一步确认是否为市场操纵或内幕交易。同时，交易所也对举报人的举报和上级主管机构要求进行调查的涉嫌操纵和内幕交易的行为进行调查。此外，股票价格有异常波动时，监察部门也会提醒公司管理部查看上市公司是否存在信息披露方面的问题。

此外，为把握市场形势的新变化和违规交易行为的新动向，市场监

① 一、可能对证券交易价格产生重大影响的信息披露前，大量买入或者卖出相关证券；二、以同一身份证明文件、营业执照或其他有效证明文件开立的证券账户之间，大量或者频繁进行互为对手方的交易；三、委托、授权给同一机构或者同一个人代为从事交易的证券账户之间，大量或者频繁进行互为对手方的交易；四、两个或两个以上固定的或涉嫌关联的证券账户之间，大量或者频繁进行互为对手方的交易；五、大笔申报、连续申报或者密集申报，以影响证券交易价格；六、频繁申报或频繁撤销申报，以影响证券交易价格或其他投资者的投资决定；七、巨额申报，且申报价格明显偏离申报时的证券市场成交价格；八、一段时期内进行大量且连续的交易；九、在同一价位或者相近价位大量或者频繁进行回转交易；十、大量或者频繁进行高买低卖交易；十一、进行与自身公开发布的投资分析、预测或建议相背离的证券交易；十二、在大宗交易中进行虚假或其他扰乱市场秩序的申报；十三、本所认为需要重点监控的其他异常交易。

察部、公司管理部、会员部、债券基金部、办公室等部门定期召开监管例会，沟通信息，并开展“监管行动季”等行动，持续高效的打击价格操纵、内幕交易等违规违法交易。同时加强所内外联合监管，通过定期对口业务交流、日常电话沟通联系以及证券业自律工作联席会议等形式，保持与证监会、协会、深交所、登记结算公司等有效协作。

C. 处置措施

当发现交易异常，且可能对证券交易价格或交易量产生影响时，上海证券交易所可采取非现场调查和现场调查措施，要求相关会员及证券营业部提供投资者开户数据、授权委托书、资金存取凭证、资金账户情况、相关交易情况等数据协助调查。为提高对异常和操纵价格等违规交易，以及其他证券违规违法的处置效率，2008 年 7 月，上海证券交易所发布了《上海证券交易所纪律处分实施细则》，并建立了由相关业务部门专业人员、法律部门专业人员和交易所之外的专业人士共 20 人组成的纪律处分委员会。

对于交易所认为情节严重的异常交易行为，交易所可能采取以下程序：一是根据交易所纪律处分委员会的讨论结果，采取纪律处分措施，包括采取口头或书面警示、约见谈话、要求相关投资者提交书面承诺、限制相关证券账户交易、报请证监会冻结相关账户；二是向证监会上报，根据情况建议证监会相关部门介入或进入立案侦查。另据上海证券交易所 2008 年 5 月颁布的《上海证券交易所证券异常交易实时监控指引》规定，上海证券交易所在实时监察过程中，发现证券价格出现包括价格操纵在内可能引起异常波动或者证券交易出现异常时，有权采取盘中临时停牌、连续停牌、书面警示、限制相关账户交易等措施。同时，从 2008 年开始，上海证券交易所为了加大对游资短线交易的监管力度，建立游资“黑账户名单”，制定盘中异动停牌预案，对涉嫌违规的部分账户，要求相关会员每日报告其交易和资金进出情况，约见部分游资大户集中的证券公司高管，强化对基金等机构投资者的监管。

（二）金融衍生品市场监察

2006年9月成立的中国金融期货交易所下设监查部，①其主要职责是：负责违规行为查处；监管协作；内审及本所法律事务处理等。

监查部负责日常交易检查和进一步的立案调查，与价格操纵相关的主要职责如下：

1. 日常检查

指监查部根据其各项规章制度，对会员、客户、期货保证金存管银行、信息服务机构及期货市场其他参与者的业务活动进行的定期和不定期监督检查。具体而言，可以查阅、复制与期货交易有关的信息、资料；对会员、客户、期货保证金存管银行、信息服务机构等单位和人员调查、取证；要求会员、客户、期货保证金存管银行、信息服务机构等被调查者申报、陈述、解释、说明有关情况；查询会员的期货保证金账户；检查会员的交易、结算及财务等技术系统；制止、纠正、处理违规违约行为等。同时，监查部受理书面或者口头投诉、举报。

同时对于会员或者客户有《中国金融期货交易所违规违约处理办法》中定义的，被认为影响期货交易价格行为的，监查部可以责令其改正，并可以根据情节轻重，采取谈话提醒、书面警示、通报批评、公开谴责、限制开仓、强行平仓、暂停或者限制业务、调整或者取消会员资格等措施。

2. 立案调查

对日常检查工作中发现的、投诉举报的、监管部门和司法机关等单位移交的或者通过其他途径获得的线索进行审查，认为涉嫌违规的，监查部予以立案调查。对已经立案的案件，监查部指定专人负责调查。监查部搜集的证据包括书证、物证、视听资料、电子记录、证人证言、当事人陈述、调查笔录、鉴定结论等能够证明案件真相的一切材料。

会员、客户、期货保证金存管银行和信息服务机构及期货市场其他

---

① 上海证券交易所下设部门名称为监察部。

参与者涉嫌违规，经立案调查的，在确认违规行为之前，为防止违规后果进一步扩大，保障处理决定的执行，监查部可以申请交易所对被调查人采取下列临时处置措施：暂停受理申请开立新的交易编码；限制入金；限制出金；限制开仓；降低持仓限额；提高保证金标准；限期平仓；强行平仓。

关于异常交易方面，2019 年 1 月 21 日，上海期货交易所发布了《上海期货交易所异常交易行为管理办法》，①其对构成异常交易行为的情形进行了规定。②该管理办法同时对异常交易的处理、监管责任等进行了明确的规定。

2019 年 5 月 31 日，中国金融期货交易所发布《中国金融期货交易所异常交易管理办法》《中国金融期货交易所风险控制管理办法》《〈中国金融期货交易所异常交易管理办法〉股指期货有关监管标准及处理程序》《〈中国金融期货交易所异常交易管理办法〉国债期货有关监管标准及处理程序》等规则，对频繁报撤单、大额报撤单行为的监管标准及处理程序，以及实际控制关系账户合并持仓超限行为的监管标准及处理程序等进行了规定，③并于 2020 年 4 月对《〈中国金融期货交易所异常交易管理办法〉国债期货有关监管标准及处理程序》进行了修订。④如规定“非期货公司会员、客户单日在某一合约上的撤单次数达到 500 次(含 500 次)的，构成‘频繁报撤单’的异常交易行为”，对异常交易的处置则包括电话提示、将异常交易者列入重点监管名单、限制开仓不低

---

① http://www.shfe.com.cn/regulation/regulation/Implementingrules/911332893.html.

② 第 5 条　期货交易出现以下情形之一的，交易所认定为异常交易行为：

(一)以自己为交易对象，多次进行自买自卖的行为(自成交)；(二)一组实际控制关系账户内的客户之间多次进行相互为对手方的交易；(三)日内出现频繁申报并撤销申报，可能影响期货交易价格或者误导期货市场其他参与者进行期货交易的行为(频繁报撤单)；(四)日内出现多次大额申报并撤销申报，可能影响期货交易价格或者误导期货市场其他参与者进行期货交易的行为(大额报撤单)；(五)一组实际控制关系账户合并持仓超过交易所持仓限额规定的；(六)单个交易日在某一上市品种或者合约上的开仓交易数量超过交易所制定的日内开仓交易量的；(七)采取程序化交易方式下达交易指令，可能影响交易所系统安全或者正常交易秩序的行为；(八)中国证监会规定或者交易所认定的其他情形。

③ http://www.cffex.com.cn/jysgg/20190531/23768.html.

④ http://www.cffex.com.cn/jysgg/20200408/24409.html.

于 1 个月等。

二、金融现货市场与衍生品市场监管

(一) 现货市场监管历史与现状

除上述提及的沪深交易所交易规则和早期的监管法规以外，目前对证券价格操纵进行监管与处罚的法规主要是《证券法》和《刑法》，其中，前者对价格操纵、内幕交易进行了详细的定义，并规定了相应违法的经济处罚。后者则对价格操纵、内幕交易应该受到的刑事处罚进行了规定。

1. 1987 年——《证券柜台交易暂行规定》

20 世纪 80 年代末期，新中国成立以来第一次发展股票，对价格操纵和内幕交易进行禁止的相关规定首见于 1987 年 1 月 5 日上海市政府、中国人民银行上海分行发布的《证券柜台交易暂行规定》，在其中的第 10 条规定：企业不得在金融机构购买本企业的股票。禁止了解企业内幕情况的人从事该企业的股票买卖活动。随着 1990 年 11 月上海证券交易所的成立，同年 12 月，上海市政府颁布《上海市证券交易管理办法》，进一步细化了对相关价格操纵行为的描述，在第 39 条，禁止任何单位和个人进行下列行为：(1)同一单位或个人和两个以上单位或个人私下串通，同时买卖同一种证券，制造证券的虚假供求和价格；(2)利用内幕消息，从事证券买卖；(3)为诱使他人参与交易，制造或散布虚假的、容易使人误解的信息；(4)以操纵市场为目的，连续抬价买入或压价卖出同一种证券；(5)未经许可，在证券交易市场上直接或间接买卖自己发行的证券；(6)以其他直接或间接方法，操纵市场或扰乱市场秩序的。1992 年 4 月，深圳市政府颁布《深圳市上市公司监管暂行办法》，在其中的第 27 条规定：凡涉及上市公司经营情况及其财务数据的报导文章，在刊登前必须经交易所审阅，并同时报送主管机关备查，否则便视为有意操纵该种股票价格。与上海证券交易所不同，深圳证券交易所未对价格操纵其他具体形式进行描述与禁止。

2. 1993年——《股票发行与交易管理暂行条例》和《禁止证券欺诈行为暂行办法》

上述对价格操纵、内幕交易行为的禁止与约束规则的发布者都是交易所所在地政府或人民银行分行，并没有以证券监管机构或交易所名义发布，且仍属于各自为政的监管局面。另外，更为重要的是，虽然沪深交易所都有各自对价格操纵进行管理的规则，但上述规则都未提及如果发生证券价格操纵时应该如何处置与对涉案人的处罚问题。这种局面一直持续到1993年，当年4月23日，中国证监会与国务院证券委共同颁布《股票发行与交易管理暂行条例》，在其中的第74条，该《条例》规定：任何单位和个人违反本条例规定，有下列行为之一的，根据不同情况，单处或者并处警告、没收非法获取的股票和其他非法所得、罚款：

(1)在证券委批准可以进行股票交易的证券交易场所之外进行股票交易的；(2)在股票发行、交易过程中，作出虚假、严重误导性陈述或者遗漏重大信息的；(3)通过合谋或者集中资金操纵股票市场价格，或者以散布谣言等手段影响股票发行、交易的；(4)为制造股票的虚假价格与他人串通，不转移股票的所有权或者实际控制，虚买虚卖的……

由于该《股票发行与交易管理暂行条例》并没有对价格操纵、内幕交易的具体形式进行描述，同时对价格操纵者的处罚也未作具体规定，因此，同年9月2日，国务院证券委发布《禁止证券欺诈行为暂行办法》首次对价格操纵具体行为表现、内幕交易的形式，重大信息的定义以及内幕人员的定义进行了详尽的规定，同时对价格操纵与内幕交易的罚款也进行了具体的规定。在《禁止证券欺诈行为暂行办法》中规定，操纵市场行为包括：(1)通过合谋或者集中资金操纵证券市场价格；(2)以散布谣言等手段影响证券发行、交易；(3)为制造证券的虚假价格，与他人串通，进行不转移证券所有权的虚买虚卖；①(4)出售或者要约出售其并不持有的证券，扰乱证券市场秩序；(5)以抬高或者压低证

① 这是国内证券市场的监管历史中，首次对虚假交易进行规定。

券交易价格为目的，连续交易某种证券；(6)利用职务便利，人为地压低或者抬高证券价格；(7)其他操纵市场的行为。

对价格操纵的处罚方面，《禁止证券欺诈行为暂行办法》根据操纵者身份分别进行了规定，其第 15 条规定：证券经营机构、证券交易场所以及其他从事证券业的机构有操纵市场行为的，根据不同情况，单处或者并处警告、没收非法所得、罚款、限制或者暂停其(指证券经营机构)证券经营业务、其(指证券交易场所及其他从事证券业的机构)从事证券业务或者撤销其证券经营业务许可、其从事证券业务许可；其第 16 条规定：前条所列以外的机构有操纵市场行为的，根据不同情况，单处或者并处警告、没收非法所得、罚款；已上市的发行人有操纵市场行为，情节严重的，并可以暂停或者取消其上市资格；第 17 条规定：个人有操纵市场行为的，根据不同情况，没收其非法获取的款项和其他非法所得，并处以五万元以上五十万元以下的罚款。

《禁止证券欺诈行为暂行办法》的实施，一方面统一了沪深交易所各自定义价格操纵和内幕交易的局面，另一方面对价格操纵等违法行为进行了详细的定义与描述，有利于后期的认定，并明确了价格操纵的民事责任。因此，《禁止证券欺诈行为暂行办法》对后期国内证券市场打击证券价格操纵，规范市场发展，树立投资者信心起到了重要的作用。

3. 1996 年——《中国证券监督管理委员会关于严禁操纵证券市场行为的通知》

虽然借助上述监管规则监管机构查处了数起价格操纵的重大违法违规案件，由于对价格操纵监察不力、处罚过轻等原因，证券公司及其营业部等机构参与的价格操纵违法仍然十分严重。①证监会认识到，证券市场上出现的若干制造和传播虚假信息、恶炒个别股票等操纵市场的现象，严重影响了证券市场的健康发展。为了保护投资者的合法权益，促进证券市场健康发展，证监会 1996 年 10 月 31 日发布了《中国证券监

① 1995 年 1 月，山东渤海和君安深圳发展中心营业部因操纵市场、非法获利分别处以罚款 100 万元人民币。

督管理委员会关于严禁操纵证券市场行为的通知》，对价格操纵行为进行了相对更为具体的规定：第一，通过合谋或者集中资金操纵证券市场价格；第二，以散布谣言、传播虚假信息等手段影响证券发行、交易；第三，以制造证券的虚假价格，与他人串通，进行不转移证券所有权的虚买虚卖；第四，以自己的不同账户在相同的时间内进行价格和数量相近、方向相反的交易；第五，出售或者要约出售其并不持有的证券，扰乱证券市场秩序；第六，以抬高或者压低证券交易价格为目的，连续交易某种证券；第七，利用职务便利，人为地压低或者抬高证券价格；第八，证券投资咨询机构及股评人士利用媒介及其他传播手段制造和传播虚假信息，扰乱市场正常运行；第九，上市公司买卖或他人串通买卖本公司的股票；第十，中国证监会认定的其他操纵市场的行为。

在这个通知中，证监会第一次对通过不同账户，但实际控制人为同一人或机构的对倒交易行为进行了禁止性规定。同时，首次明确要求证券交易所要加强对股价异常变动的股票的监控，及时查处操纵市场的行为，并向中国证监会报告；并且要求证监会各地派出机构——各地证管办加强对本地区上市公司、证券经营机构、证券投资咨询与信息机构的监管，对上述机构利用制造、传播虚假信息和其他手段操纵市场的行为，要严肃查处，并将情况及时报告中国证监会。另外，也第一次提出对制造和传播虚假信息的媒体，中国证监会将会同国家有关部门严肃查处，直至吊销执照，并追究法律责任。

4. 1997 年——《刑法》

1997 年 3 月，针对国内证券市场价格操纵盛行的情况，证券犯罪被写进了《刑法》，从此内幕交易，编造传播虚假信息、操纵证券交易价格等犯罪行为将依法受到严惩。为适应新的证券市场监管形式，《刑法》数次对涉及价格操纵、内幕交易的处罚进行修订：如 1999 年 12 月 25 日颁布的《刑法修正案(一)》，2006 年 6 月 29 日颁布的《刑法修正案(六)》，以及 2009 年 2 月 28 日颁布的《刑法修正案(七)》，具体见表 7.5。①

① 2011 年 5 月 1 日开始实施的《刑法修正案(八)》未对价格操纵和内幕交易的相关处罚进行修订。

表 7.5　与内幕交易、价格操纵有关的历次修订

修订时间	修订内容	简　评
《刑法修正案(一)》—1999 年 12 月 25 日颁布	《刑法修正案(一)》对第 180 条至第 182 条中关于内幕信息、知情人以及价格操纵的行为模式和处罚的规定中，增加了对期货价格的内幕交易和价格操纵的相关规定。	20 世纪 90 年代中期，国内期货市场严重的价格操纵与内幕交易事件导致了监管机构开始严厉打击期货市场违规违法交易。
《刑法修正案(六)》—2006 年 6 月 29 日颁布	《刑法修正案(六)》将《刑法》第 182 条(操纵证券、期货交易价格罪)的“获取不正当利益或者转移风险”部分删除，将罚金的标准“违法所得一倍以上五倍以下”部分删除，增加“情节特别严重”的情形，并规定相应的量刑幅度，“处五年以上十年以下有期徒刑，并处罚金”，同时在第 3 款中增加“在自己实际控制的账户之间进行证券交易”，并将本罪的行为样态的四项情形作出不同程度的增加、删除或调整，同时将本条单位犯罪的量刑延伸到第 2 款。	① 修正案增加了“在自己实际控制的账户之间进行证券交易”也属违法的规定，将利用包括亲戚朋友身份证进行对倒交易价格操纵的模式明列，有利于打击国内典型的价格操纵模式——对倒交易。 ② 本条加重了对本罪的刑罚，由最高五年提高到最高可判十年，同时取消了原条文的罚金标准，将权限赋予人民法院具体操作。
《刑法修正案(七)》—2009 年 2 月 28 日颁布	《刑法修正案(七)》第 1 款增加了“或者明示、暗示他人从事上述交易活动”，同时，增加一款作为第 4 款(利用未公开信息交易罪)：“证券交易所、期货交易所、证券公司、期货经纪公司、基金管理公司、商业银行、保险公司等金融机构的从业人员以及有关监管部门或者行业协会的工作人员，利用因职务便利获取的内幕信息以外的其他未公开的信息，违反规定，从事与该信息相关的证券、期货交易活动，或者明示、暗示他人从事相关交易活动，情节严重的，依照第一款的规定处罚。”	① 对第 1 款中增加认定了一种犯罪行为方式——明示、暗示他人从事上述交易活动。即，内幕信息知情人尽管自己没有买卖该证券、期货，也没有把信息泄露给他人，只要明示或者暗示他人从事上述交易活动，也构成内幕交易罪。 ② 对知情人利用内幕信息以外的其他未公开信息非法获利进行了规定。除了内幕信息，可能还存在法律法规中没有罗列的其他重要信息，因此，增加的条款对此进行约束，禁止知情人利用这些未公开信息损害其他规定利益。

资料来源：刑法和各修正案。

在《刑法》第180条和第182条分别对内幕交易与证券和期货价格操纵的经济处罚和刑事处罚进行了规定，特别地，第182条“操纵证券、期货市场罪”规定，有下列情形之一，操纵证券、期货市场，情节严重的，处五年以下有期徒刑或者拘役，并处或者单处罚金；情节特别严重的，处五年以上十年以下有期徒刑，并处罚金：

（1）单独或者合谋，集中资金优势、持股或者持仓优势或者利用信息优势联合或者连续买卖，操纵证券、期货交易价格或者证券、期货交易量的；

（2）与他人串通，以事先约定的时间、价格和方式相互进行证券、期货交易，影响证券、期货交易价格或者证券、期货交易量的；

（3）在自己实际控制的账户之间进行证券交易，或者以自己为交易对象，自买自卖期货合约，影响证券、期货交易价格或者证券、期货交易量的；

（4）以其他方法操纵证券、期货市场的。

单位犯前款罪的，对单位判处罚金，并对其直接负责的主管人员和其他直接责任人员，依照前款的规定处罚。

另外，2010年5月7日，最高人民检察院、公安部发布《最高人民检察院、公安部关于公安机关管辖的刑事案件立案追诉标准的规定(二)》对证券和期货市场中的价格操纵案的追诉标准进行了规定。①

---

① 第39条 [操纵证券、期货市场案(刑法第一百八十二条)]操纵证券、期货市场，涉嫌下列情形之一的，应予立案追诉：

（一）单独或者合谋，持有或者实际控制证券的流通股份数达到该证券的实际流通股份总量百分之三十以上，且在该证券连续二十个交易日内联合或者连续买卖股份数累计达到该证券同期总成交量百分之三十以上的；

（二）单独或者合谋，持有或者实际控制期货合约的数量超过期货交易所业务规则限定的持仓量百分之五十以上，且在该期货合约连续二十个交易日内联合或者连续买卖期货合约数累计达到该期货合约同期总成交量百分之三十以上的；

（三）与他人串通，以事先约定的时间、价格和方式相互进行证券或者期货合约交易，且在该证券或者期货合约连续二十个交易日内成交量累计达到该证券或者期货合约同期总成交量百分之二十以上的；

（四）在自己实际控制的账户之间进行证券交易，或者以自己为交易对象，自买自卖期货合约，且在该证券或者期货合约连续二十个交易日内成交量累计达到该证券或者期货合约同期总成交量百分之二十以上的； （转下页）

5. 1999 年——《证券法》

1999 年 7 月 1 日全国人民代表大会通过并正式施行《证券法》，是国内证券市场对价格操纵、内幕交易违法监管的里程碑事件。为适应新的证券市场发展，全国人大 2005 年 10 月发布了新的《证券法》，该修订版《证券法》于 2006 年 1 月 1 日开始生效。修订后的《证券法》在第四节“禁止的交易行为”中，第 73 条到第 78 条对内幕信息知情人的范围、内幕信息、价格操纵行为等进行了定义。其中，第 77 条规定：禁止任何人以下列手段操纵证券市场：

（1）单独或者通过合谋，集中资金优势、持股优势或者利用信息优势联合或者连续买卖，操纵证券交易价格或者证券交易量；

（2）与他人串通，以事先约定的时间、价格和方式相互进行证券交易，影响证券交易价格或者证券交易量；

（3）在自己实际控制的账户之间进行证券交易，影响证券交易价格或者证券交易量；

（4）以其他手段操纵证券市场。

操纵证券市场行为给投资者造成损失的，行为人应当依法承担赔偿责任。

在第 86 条，为预防持股过于集中，对持有个股的比例及相关信息披露进行了规定。在第 180 条中，《证券法》规定了对涉嫌价格操纵和内幕交易的股票的处置手段：“可以限制被调查事件当事人的证券买卖，但限制的期限不得超过十五个交易日；案情复杂的，可以延长十五个交

（接上页）（五）单独或者合谋，当日连续申报买入或者卖出同一证券、期货合约并在成交前撤回申报，撤回申报量占当日该种证券总申报量或者该种期货合约总申报量百分之五十以上的；

（六）上市公司及其董事、监事、高级管理人员、实际控制人、控股股东或者其他关联人单独或者合谋，利用信息优势，操纵该公司证券交易价格或者证券交易量的；

（七）证券公司、证券投资咨询机构、专业中介机构或者从业人员，违背有关从业禁止的规定，买卖或者持有相关证券，通过对证券或者其发行人、上市公司公开作出评价、预测或者投资建议，在该证券的交易中谋取利益，情节严重的；

（八）其他情节严重的情形。

易日。”

在第 202 条和第 203 条中，分别对内幕交易和价格操纵的经济处罚进行了规定。其中，针对价格操纵，“操纵证券市场的，责令依法处理非法持有的证券，没收违法所得，并处以违法所得一倍以上五倍以下的罚款；没有违法所得或者违法所得不足三十万元的，处以三十万元以上三百万元以下的罚款。单位操纵证券市场的，还应当对直接负责的主管人员和其他直接责任人员给予警告，并处以十万元以上六十万元以下的罚款”。

对内幕交易，“证券交易内幕信息的知情人或者非法获取内幕信息的人，在涉及证券的发行、交易或者其他对证券的价格有重大影响的信息公开前，买卖该证券，或者泄露该信息，或者建议他人买卖该证券的，责令依法处理非法持有的证券，没收违法所得，并处以违法所得一倍以上五倍以下的罚款；没有违法所得或者违法所得不足三万元的，处以三万元以上六十万元以下的罚款。单位从事内幕交易的，还应当对直接负责的主管人员和其他直接责任人员给予警告，并处以三万元以上三十万元以下的罚款。证券监督管理机构工作人员进行内幕交易的，从重处罚”。

6. 2007 年——《中国证券监督管理委员会限制证券买卖实施办法》

为维护证券市场正常秩序，保护投资者合法权益，有效打击证券违法行为，并配合《证券法》第 180 条第 7 项，2007 年 4 月 30 日中国证券监督管理委员会第 204 次主席办公会议审议通过了《中国证券监督管理委员会限制证券买卖实施办法》。

该办法中所指的限制交易是证监会在调查操纵证券市场、内幕交易等重大证券违法行为时，对被调查事件当事人受限账户的证券买卖行为采取的限制措施。通过限制涉嫌价格操纵和内幕交易的相关账户，能够及时中止上述违法犯罪交易，并有利于下一步的进一步调查取证。

另外，其中的第 3 条规定：“受限账户包括被调查事件当事人及其实际控制的资金账户、证券账户和与当事人有关的其他账户。”这有利于打击我国内幕交易和价格操纵案件中使用他人身份证进行交易的情况。

7. 2008 年——《最高人民检察院、公安部关于公安机关管辖的刑事案件立案追诉标准的规定(一)》

为进一步打击价格操纵，规范价格操纵违法的处罚，2008 年 3 月，最高人民检察院、公安部颁布《最高人民检察院、公安部关于公安机关管辖的刑事案件立案追诉标准的规定(一)》，对公安机关经济犯罪侦查部门管辖的内幕交易、操纵证券市场等违法行为立案追诉标准作出了规定，强化对价格操纵的打击。并于 2010 年 5 月颁布《最高人民检察院、公安部关于公安机关管辖的刑事案件立案追诉标准的规定(二)》对其进行修订。

另外，交易所等机构也制定或修改相关规则对价格操纵进行监察与约束。如 2011 年 1 月，深交所公布的《深圳证券交易所交易规则》(2011 年修订)，并于 2 月 28 日正式实施，进一步优化监管机制，以强化防范市场风险。

8. 2019 年——《最高人民法院、最高人民检察院关于办理操纵证券、期货市场刑事案件适用法律若干问题的解释》

随着国内金融市场的发展，各类价格操纵事件也层出不穷，但在对操纵证券和期货市场的定罪量刑标准和有关法律适用问题方面仍存在争议。因此，最高人民法院、最高人民检察院联合公布了《最高人民法院、最高人民检察院关于办理操纵证券、期货市场刑事案件适用法律若干问题的解释》，对以下问题和定义进行了进一步的确定：《刑法》第 182 条第 1 款第 4 项规定的“以其他方法操纵证券、期货市场”、《刑法》第 182 条第 1 款规定的“情节严重”、操纵证券、期货市场，违法所得数额在五十万元以上，具有下列情形之一的，应当认定为《刑法》第 182 条第 1 款规定的“情节严重”、《刑法》第 182 条第 1 款规定的“情节特别严重”、《刑法》第 182 条中规定的“自己实际控制的账户”等。

另外，考虑到之前很多单位操纵价格案例中，直接负责人或主管人员并没有受到处罚，因此，该解释还专款说明“对其直接负责的主管人员和其他直接责任人员定罪处罚，并对单位判处罚金”。进一步地，该解释对将“违法所得”定义为：通过操纵证券、期货市场所获利益或者避免的损失。如此定义的目的是避免操纵者通过价格操纵规避可能的损失，但其最终结果显示并没有正利润的情况下，处罚时产生歧义的问题。

2020 年 3 月 30 日，上海市第一中级人民法院通过在线方式审理了“牛散”唐某甲等人“虚假申报型”操纵股价一案，上海市第一中级人民法院审理后认为，上述三人的行为均已构成操纵证券市场罪。其中，唐某甲、唐某乙属于情节特别严重，唐某丙属于情节严重。上海市第一中级人民法院分别对唐某甲判处有期徒刑 3 年半，并处罚金 2450 万元；对唐某乙判处有期徒刑 1 年半，并处罚金 150 万元；对唐某丙判处有期徒刑 1 年，缓刑 1 年，并处罚金 10 万元。这是全国首例因为虚假报单、撤单入刑的案件。他们操纵股价的其中一个方法是虚假申报和虚假撤单。即《关于办理操纵证券、期货市场刑事案件适用法律若干问题的解释》中，被认定为《刑法》第 182 条第 1 款第 4 项规定的“以其他方法操纵证券、期货市场：……(五)不以成交为目的，频繁申报、撤单或者大额申报、撤单，误导投资者作出投资决策，影响证券、期货交易价格或者证券、期货交易量，并进行与申报相反的交易或者谋取相关利益的。”

9. 2020 年——新《证券法》

始于 2015 年的《证券法》修订，初衷是推出注册制。但在修订过程中，国内资本市场面临着剧烈的变化，如 2015 年的股灾、股灾延续导致的 2016 年熔断、2018 年金融市场的进一步放开以及 CDR 的试点政策推出、2019 年注册制在科创板块中实施等。上述“大事件”导致《证券法》在修订过程中四年四审，持续“大改”。2019 年 12 月 28 日，第十三届全国人大常委会第十五次会议审议通过了修订后的《证券法》，已于2020年3月1日起施行。新《证券法》进行了包括“全面推行证券发行注册制度”、“完善投资者保护制度”、“显著提高证券违法违规成本”等在内的制度改革和完善。

就价格操纵而言，新《证券法》与2014版第77条相比，在第55条中增加了四类操纵行为。①其中，第4款是为了应对近年来在欧美衍生品市场频繁出现的一种新型操纵——幌骗。第5款和第6款则是对信息操纵进行了明确规定。随着近年来国内以证券为标的的衍生品市场的发展，对现货市场与衍生品市场的跨市场操纵有可能会出现。第7款对此进行了较为宽泛的定义。另外，近年来在监管和司法实践中，如何对操纵证券市场行为进行认定一直存在争议，“看意图还是看(操纵导致的)后果，或者既要有意图，也要有(操纵导致的)后果”。新《证券法》中规定“禁止任何人以下列手段操纵证券市场，影响或者意图影响证券交易价格或者证券交易量”，意味着以后无需实际影响证券交易价格或者证券交易量，只要意图影响即可。

对多年来学界和投资者一直诟病的对价格操纵处理太轻的问题，新《证券法》也作了回应，将处罚力度进行了大幅度提升。在第192条规定：对操纵市场者，“……责令依法处理其非法持有的证券，没收违法所得，并处以违法所得一倍以上十倍以下的罚款；②没有违法所得或者违法所得不足一百万元的，处以一百万元以上一千万元以下的罚款。单

① 第55条　禁止任何人以下列手段操纵证券市场，影响或者意图影响证券交易价格或者证券交易量：

(一) 单独或者通过合谋，集中资金优势、持股优势或者利用信息优势联合或者连续买卖；

(二) 与他人串通，以事先约定的时间、价格和方式相互进行证券交易；

(三) 在自己实际控制的账户之间进行证券交易；

(四) 不以成交为目的，频繁或者大量申报并撤销申报；

(五) 利用虚假或者不确定的重大信息，诱导投资者进行证券交易；

(六) 对证券、发行人公开作出评价、预测或者投资建议，并进行反向证券交易；

(七) 利用在其他相关市场的活动操纵证券市场；

(八) 操纵证券市场的其他手段。

操纵证券市场行为给投资者造成损失的，应当依法承担赔偿责任。

② 在2019年6月27日，最高人民法院、最高人民检察院发布的《关于办理操纵证券、期货市场刑事案件适用法律若干问题的解释》中，对操纵未盈利的情况也要处罚，避免了之前操纵者未操纵成功，出现亏损，可能处罚偏轻的情况。

位操纵证券市场的，还应当对直接负责的主管人员和其他直接责任人员给予警告，并处以五十万元以上五百万元以下的罚款”。

总体上看，通过近20年来对价格操纵、内幕交易监管的经验，以及对价格操纵等证券违法的打击决心，证监会、交易所等监管机构对此类违法犯罪的监察更加有效，打击更加有力。同时，通过立法和制定规则，目前对价格操纵的监察、认定以及处罚形成了相对完善的法规体系。国内证券市场的监管者已认识到对价格操纵打击处罚关系到股票市场是否公平，是否能够持续稳步发展的关键因素之一。而对价格操纵认定与处罚立法的完善无疑是建设有国际竞争力资本市场的重要基础工作。

(二) 衍生品价格操纵监管历史与现状

1990年10月，中国郑州粮食批发市场经国务院批准，作为我国第一个商品期货市场正式开业。虽然我国衍生品市场几乎与股票市场同步开始发展，但其相关监管条例和法规却明显滞后于股票市场。在衍生品发展初期的1988—1993年间，全国最多的时候出现了50多家交易所，各交易所分别制定了对价格操纵的监管，①但却缺乏统一的监管条例和法规，这种局面一直持续到1996年5月6日证监会公布《关于对操纵期货行为认定和处罚的规定》。

1999年5月，证监会颁布《期货交易管理暂行条例》，而对于操纵期货价格的刑事处罚，一直到1999年12月25日颁布的《刑法修正案(一)》才出现。

1. 1996年5月——《关于对操纵期货行为认定和处罚的规定》(已废止)

为了严厉打击操纵行为，有效遏制过度投机活动，维护期货市场秩序和稳定，确保期货市场试点工作健康进行，证监会制定了《关于对操纵期货市场行为认定和处罚的规定》。该规定首次对操纵期货价格进行

① 如《苏州物资交易所期货交易规则》第80条规定，会员单位及出市代表如果“违反交易所价位涨落规定，在竞价交易中有意哄抬或压低价格”；“虚报市价，联手交易，从中谋利”，则属于违规。对于上述违规，交易所给予批评教育、警告罚款、暂停交易直至取消当事人的出市代表资格和会员单位资格等。

了定义，并列举了严重扭曲期货市场价格，扰乱市场秩序的数种行为，以及对其的相应处罚。①

2. 1999 年 5 月/2007 年 4 月——《期货交易管理暂行条例》/《期货交易管理条例》

1993 年 11 月 4 日，国务院下发《关于制止期货市场盲目发展的通知》，开始了第一次清理整顿工作，当时的国务院证券委及中国证监会等有关部门加强了对期货市场的监管力度，最终有 15 家交易所被确定为试点交易所。1998 年 8 月 1 日，国务院下发《关于进一步整顿和规范期货市场的通知》，开始了第二次整顿工作。虽然期货市场自建立以来价格操纵盛行，但一直没有颁布相关法规和条例对此进行监管。②

---

①　一、操纵期货市场行为是指交易所会员或客户为了获取不正当利益，故意违反国家有关期货交易规定，违背期货公开、公平、公正的原则和大户报告制度，单独或者合谋使用不正当手段，严重扭曲期货市场价格，扰乱市场秩序的下列各种行为：

1. 交易所会员或客户为了规避交易所持仓限量规定，利用其他会员席位或者其他客户名义建仓，其建仓总量超过交易所对该会员或客户规定的持仓限量的；

2. 若干交易所会员或客户之间通过集中资金，由一个客户或者会员统一下达交易指令且情节严重的；

3. 交易所会员用若干客户的资金为一个客户或自己进行交易且情节严重的；

4. 交易所会员为客户提供资金，并强制客户按照自己的意志和要求进行交易的；

5. 交易所会员间利用移仓、对敲等手段，故意制造市场假象，虽未超过持仓限量，但已严重影响市场秩序，企图或实际影响期货价格或者市场持仓量的；

6. 交易所会员或客户蓄意串通，按照事先约定的方式或价格进行交易或互为买卖，制造市场假象，企图或实际严重影响期货价格或者市场持仓量的；

7. 交易所会员接受多个客户的全权委托，并实际统一进行交易，严重影响期货市场价格的；

8. 客户假借他人名称或用虚假的名字，多方开立账户和下达交易指令，实际超过持仓限量或严重影响期货市场价格的；

9. 交易所会员故意阻止、延误或改变客户某一方向的交易指令，或擅自下达交易指令或诱导、强制客户按照自己的意志进行交易，且情节严重的；

10. 交易所会员或客户超越自身经营范围或实际要求，控制大量交易所指定仓库标准仓单，企图或实际严重影响期货市场价格的；

11. 交易所会员或客户在实物交割环节上蓄意违规，企图或实际严重影响交割结算的正常进行的；

12. 交易所会员或客户在现货市场上超越自身经营范围或实际需求，囤积居奇，企图或实际严重影响期货市场价格的。

二、对有操纵市场嫌疑的交易所会员和客户，各交易所有义务配合政府监管部门进行调查；对经调查证明确有操纵市场行为者，可根据情节轻重，单处或者并处警告、没收非法所得、罚款、暂停、中止直至取消资格、宣布其为“市场禁止进入者”。对触犯刑律的，移交司法部门追究刑事责任。

三、对不配合政府监管部门调查、隐瞒事实真相、拒不提供有关资料或提供假证的交易所、交易所会员和客户，政府监管部门依据有关规定对其进行处罚。

②　1995 年“327”国债操纵事件中，管某某最后被判刑的罪名为贪污和挪用公款。

直到1999年5月，国务院才通过了《期货交易管理暂行条例》，并于1999年9月1日施行。①同一年，中国证监会又组织制定了《期货交易所管理办法》《期货经纪公司管理办法》《期货从业人员资格管理办法》和《期货经纪公司高级管理人员任职资格管理办法》。这套法规对期货市场各主体的权利、义务等都作了规定，为市场参与者提供了行为规范，也为期货市场的监督管理提供了法律依据。证监会还统一了三个交易所的交易规则，提高了对会员的结算准备金和财务实力的要求，修改了交易规则中的薄弱环节，完善了风险控制制度。另外，前文提到，2019年最高人民法院、最高人民检察院联合公布《最高人民法院、最高人民检察院关于办理操纵证券、期货市场刑事案件适用法律若干问题的解释》，以增加衍生品市场价格操纵处罚的效率。

整体上看，2000年之前，我国期货监管体制比较混乱，一是政出多门，缺少统一的监管部门；二是监管部门以“管得住”作为监管思路，在监管手段上以行政性指令为主。

2007年4月15日，《期货交易管理条例》正式施行。与暂行条例相比，在价格操纵方面的主要修改体现在对于内幕交易的处罚加重，同时，增加了对单位参与内幕交易，以及监管机构参与内幕交

---

① 《期货交易管理暂行条例》在第61条和第62条中首次对期货交易中内幕交易和价格操纵及其处罚进行了规定。

第61条　期货交易内幕信息的知情人员或者非法获取期货交易内幕信息的人员，在对期货交易价格有重大影响的信息尚未公开前，利用内幕信息从事期货交易，或者向他人泄露内幕信息，使他人利用内幕信息进行期货交易的，没收违法所得，并处违法所得1倍以上5倍以下的罚款；没有违法所得或者违法所得不满10万元的，处10万元以上50万元以下的罚款；构成犯罪的，依法追究刑事责任。

第62条　任何单位或者个人有下列行为之一，操纵期货交易价格的，责令改正，没收违法所得，并处违法所得1倍以上5倍以下的罚款；没有违法所得或者违法所得不满20万元的，处20万元以上100万元以下的罚款；构成犯罪的，依法追究刑事责任：

（一）单独或者合谋，集中资金优势、持仓优势或者利用信息优势联合或者连续买卖期货合约，操纵期货交易价格的；

（二）蓄意串通，按事先约定的时间、价格和方式相互进行期货交易，影响期货交易价格或者期货交易量的；

（三）以自己为交易对象，自买自卖，影响期货交易价格或者期货交易量的；

（四）为影响期货市场行情囤积实物的；

（五）有中国证监会规定的其他操纵期货交易价格的行为的。

单位有前款所列行为之一的，对直接负责的主管人员和其他直接责任人员给予纪律处分，并处1万元以上10万元以下的罚款。

易的处罚规定。[①]另外，将暂行条例中的第 62 条中的第 4 款“为影响期货市场行情囤积实物的”修改为第 74 条第 4 款的“为影响期货市场行情囤积现货的”，目的是适应金融衍生品的跨市场监管问题。[②]

另外，《期货交易管理条例》将规范的内容由商品期货扩展到金融期货和期权交易，扩大了期货公司的业务范围，进一步强化了风险控制和监督管理。

3. 各期货交易所违规处理办法

除了国务院颁布的《期货交易管理暂行条例》等系列文件外，经过整顿后的三个期货交易所和新成立的中国金融期货交易所也分别颁布了对违规的处理办法，如上海期货交易所颁布的《上海期货交易所违规处理办法》及其系列修订办法。

在 2006 年 7 月版的《上海期货交易所违规处理办法》中，交易所对操纵期货价格及其经济处罚进行了规定。随着金融市场的变化，上海期货交易所 2008 年 12 月对《上海期货交易所违规处理办法》进行了修订，在第 28 条增加了两款规定，其中在第 3 款中将对敲单独罗列，认

---

① 《期货交易管理条例》在第 73 条和第 74 条中首次对期货交易中内幕交易和价格操纵及其处罚进行了规定：

第 73 条　期货交易内幕信息的知情人或者非法获取期货交易内幕信息的人，在对期货交易价格有重大影响的信息尚未公开前，利用内幕信息从事期货交易，或者向他人泄露内幕信息，使他人利用内幕信息进行期货交易的，没收违法所得，并处违法所得 1 倍以上 5 倍以下的罚款；没有违法所得或者违法所得不满 10 万元的，处 10 万元以上 50 万元以下的罚款。单位从事内幕交易的，还应当对直接负责的主管人员和其他直接责任人员给予警告，并处 3 万元以上 30 万元以下的罚款。

国务院期货监督管理机构、期货交易所和期货保证金安全存管监控机构的工作人员进行内幕交易的，从重处罚。

第 74 条　任何单位或者个人有下列行为之一，操纵期货交易价格的，责令改正，没收违法所得，并处违法所得 1 倍以上 5 倍以下的罚款；没有违法所得或者违法所得不满 20 万元的，处 20 万元以上 100 万元以下的罚款：

（一）单独或者合谋，集中资金优势、持仓优势或者利用信息优势联合或者连续买卖合约，操纵期货交易价格的；

（二）蓄意串通，按事先约定的时间、价格和方式相互进行期货交易，影响期货交易价格或者期货交易量的；

（三）以自己为交易对象，自买自卖，影响期货交易价格或者期货交易量的；

（四）为影响期货市场行情囤积现货的；

（五）国务院期货监督管理机构规定的其他操纵期货交易价格的行为。

单位有前款所列行为之一的，对直接负责的主管人员和其他直接责任人员给予警告，并处 1 万元以上 10 万元以下的罚款。

② 金融衍生品的跨市场操纵中，操纵者囤积的可能是股票现货，而非实物。现货包括的范围比实物更广。

定通过对敲转移资金等洗钱行为也属于违规。①

2006年9月成立的中国金融期货交易所在股指期货正式推出前，也颁布了《中国金融期货交易所违规违约处理办法》，并于2010年2月20日起实施。该处理办法第22条中除了对囤积、对倒等价格操纵进行定义外，也对相应的处罚进行了规定。同时，还将跨市场价格操纵及其处罚进行了规定，如第4条规定：为影响期货市场行情囤积相关现货；第5条规定“操纵相关现货市场价格而影响期货交易价格”。②

---

① 第28条 期货市场参与者具有下列违反交易管理规定行为之一的，责令改正，没收违规所得。情节较轻的，给予警告、强行平仓、暂停开仓交易1个月以内的处罚，没有违规所得或者违规所得5万元以下的，可以并处5至20万元的罚款；违规所得5万元以上的，可以并处违规所得一倍以上三倍以下的罚款；情节严重的，给予通报批评、暂停部分期货业务、强行平仓、暂停开仓交易1至6个月、取消会员资格、宣布为“市场禁止进入者”的处罚；没有违规所得或者违规所得10万元以下的，可以并处10万元至100万元的罚款，违规所得10万元以上的，可以并处违规所得三倍以上五倍以下的罚款：

（一）通过合谋集中资金，统一指令，联手买卖，操纵市场价格的；

（二）利用移仓、分仓、对敲等手段，规避交易所的持仓限制，超量持仓，控制或企图控制市场价格，影响市场秩序的；

（三）利用对敲等手段，影响市场价格、转移资金或者牟取不当利益的；

（四）不以成交为目的或明知申报的指令不能成交，仍恶意或连续输入交易指令企图影响期货价格，扰乱市场秩序或转移资金的；

（五）为制造虚假的市场行情而进行连续买卖、自我买卖或蓄意串通，按事先约定的方式或价格进行交易或互为买卖，制造市场假象，影响或企图影响市场价格或持仓量的；

（六）利用内幕信息或国家秘密进行期货交易或泄露内幕信息影响期货交易的；

（七）以垄断、囤积标的物和不当集中持仓量的方式，控制交易所大量指定交割仓库标准仓单，企图或实际严重影响期货市场行情或交割的；

（八）以操纵市场为目的，用直接或间接的方法操纵或扰乱交易秩序，妨碍或有损于公正交易，有损于国家利益和社会公众利益的；

（九）以非善意的期转现行为，影响市场秩序的；

（十）未按要求使用交易所标准仓单管理系统，影响系统正常运作的；

（十一）未遵守交易所风险警示制度的有关要求的；

（十二）其他违反中国证监会和交易所有关交易管理规定的行为。

② 第22条 会员或者客户有下列影响期货交易价格行为之一的，责令改正，并可以根据情节轻重，采取谈话提醒、书面警示、通报批评、公开谴责、限制开仓、强行平仓、暂停或者限制业务、调整或者取消会员资格等措施：

（一）单独或者合谋，集中资金优势、持仓优势或者利用信息优势联合或者连续买卖合约，影响期货交易价格；

（二）蓄意串通，按照事先约定的时间、价格和方式相互进行期货交易，影响期货交易价格或者期货交易量；

（三）以自己为交易对象，自买自卖，影响期货交易价格或者期货交易量；

（四）为影响期货市场行情囤积相关现货；

（五）操纵相关现货市场价格而影响期货交易价格；

（六）不以成交为目的或者明知申报的指令不能成交，仍恶意或者连续输入交易指令企图影响期货价格，扰乱市场秩序、转移资金或者进行利益输送；

（七）利用内幕信息或者国家秘密进行期货交易或者泄露内幕信息影响期货交易；

（八）通过其他方式影响期货交易价格的行为。

上述违规行为同时构成违约的，依照本办法第十九条第二款的规定处理。

会员有本条所列行为的，对责任人依照本办法第十九条第三款的规定处理。

另外，中国金融期货交易所还公布了《中国金融期货交易所期货异常交易监控指引(试行)》，并于2010年11月15日起实施。该指引第5条对股指期货中的异常交易情形及其处置办法进行了定义与规定。①

4. 1997年——《刑法》

1997年3月颁布的《刑法》对证券市场内幕交易，编造传播虚假信息、操纵证券交易价格等犯罪行为的经济处罚和刑事责任进行了规定。但对期货市场的价格操纵问题并未涉及。直到1999年12月25日颁布的《刑法修正案(一)》，以及随后的数次修订案，才将期货市场的价格操纵经济和刑事处罚写入刑法中。具体请参见前文和表7.5中刑法各次修订内容。

另外，前述提及2010年5月7日，最高人民检察院、公安部发布《最高人民检察院、公安部关于公安机关管辖的刑事案件立案追诉标准的规定(二)》第39条的规定，“在自己实际控制的账户之间进行证券交易，或者以自己为交易对象，自买自卖期货合约，且在该证券或者期货合约连续二十个交易日内成交量累计达到该证券或者期货合约同期总成交量百分之二十以上的”，将归属“操纵证券、期货市场”的刑事案件，予以立案追诉。

5.《最高人民法院、最高人民检察院关于办理操纵证券、期货市场刑事案件适用法律若干问题的解释》

鉴于《刑法》的第182条第4款为兜底条款，开放式的法条表述在

---

① 第5条　期货交易出现以下情形之一的，为异常交易行为：

(一) 以自己为交易对象，大量或者多次进行自买自卖；

(二) 委托、授权给同一机构或者同一个人代为从事交易的客户之间，大量或者多次进行互为对手方交易；

(三) 大笔申报、连续申报、密集申报或者申报价格明显偏离申报时的最新成交价格，可能影响期货交易价格；

(四) 大量或者多次申报并撤销申报可能影响期货交易价格或者误导其他客户进行期货交易；

(五) 日内撤单次数过多；

(六) 日内频繁进行回转交易或者日内开仓交易量较大；

(七) 两个或者两个以上涉嫌存在实际控制关系的交易编码合并持仓超过交易所持仓限额规定；

(八) 大量或者多次进行高买低卖交易；

(九) 通过计算机程序自动批量下单、快速下单影响交易所系统安全或者正常交易秩序；

(十) 交易所认定的其他情形。

一定程度从立法层面上就我国对操纵期货市场行为的具体定罪量刑标准开了一个敞口，从而导致了长期以来实践中刑事案件处理操纵行为时往往捉襟见肘，难以应对当下形式多样的操纵行为。2019 年 6 月 27 日，最高人民法院和最高人民检察院联合发布了《最高人民法院、最高人民检察院关于办理操纵证券、期货市场刑事案件适用法律若干问题的解释》(2019 年 7 月 1 日生效实施)，以回应现实中存在的一些法律适用问题的争议，并对操纵期货市场的定罪量刑标准作出了进一步的规范，第一次对操纵市场的“其他行为”进行了列举，以清晰对相关违法行为的界定。本次“两高”司法解释将司法实践中新出现的操纵行为类型也纳入规制范围，明确了六种操纵证券、期货市场的其他方法。[①]需要注意的是，前述新增的六种操纵行为类型，前三项操纵行为是之前证监会在《证券市场操纵行为认定指引(试行)》中明确规定的，而策划实施重大事项、信息型操纵和囤积现货此前从未被作为明确的操纵行为类型纳入行政执法或刑事司法的规制范围，是司法解释根据近期司法及行政执法经验首创性地将其作为单独的操纵行为类型，并对其予以规制。

此外，本次司法解释改变了原有的部分行为的立案追诉标准，从连续交易日数量、累计成交量比例、期货交易占用保证金数额、违法所得数额、交易成交额等方面作出限定，进一步明确了刑法打击操纵行为的入罪标准。其中，对连续交易日的限定降低为 10 个，累计成交量的占比也降至占期货合约总成交量的 20%以上，并增加了以保证金数额进行衡量的模式。

针对“情节严重”和“情节特别严重”的认定标准，司法解释明确了七种“情节严重”的认定标准以及七种“数额 + 情节”的“情节严重”的情形，其中违法所得数额在一般入罪标准(100 万元)基础上降低至一半(50 万元)，即可追究刑事责任，并在此基础上，明确了六种“情节特别严重”的认定标准，其中按照违法所得数额的十倍确定了“情节

① 分别为：“蛊惑交易操纵”、“抢帽子交易操纵”、“策划实施重大事项操纵”、“利用信息优势操纵”(“信息型操纵”)、“幌骗交易操纵”(“虚假申报操纵”或“滥用高频交易操纵”，典型案例有伊世顿操纵期货市场案)和“跨期、现货市场操纵”(“囤积现货操纵”)。

特别严重”的数额标准。此外，该司法解释对如何认定为“自己实际控制的账户”①和单位犯罪该如何定罪量刑的标准也作出了界定。

（三）金融现货市场与衍生品跨市场监察与监管

1. 跨市场监察

随着股指期货上市开始交易，为了应对股指期货上市以后可能出现的跨市场操纵行为，2007 年 3 月 13 日，在中国证监会统一部署和协调下，上海证券交易所、深圳证券交易所、中国金融期货交易所、中国证券登记结算公司和中国期货保证金监控中心公司在上海签署了股票市场和股指期货市场跨市场监管协作系列协议。此举标志着股票现货市场和期货市场的跨市场监管协作体制框架正式确立。

此次五方签署的协议包括：《股票市场与股指期货市场跨市场监管备忘录》以及《股票市场与股指期货市场跨市场监管信息交换操作规程》《股票市场与股指期货市场跨市场监管反操纵操作规程》《股票市场与股指期货市场跨市场监管突发事件应急预案》三个具体操作规程。②上述协议以防范市场风险、维护市场平稳运行、保障现货和期货市场健康协调发展为目标，主要内容是构建包括信息交换机制、风险预警机制、共同风险控制机制和联合调查机制等在内的股票市场与股指期货市场跨市场联合监管协作机制。

证监会除了对各单一市场进行监管外，还会对跨市场监管加强指导、协调，督促五方按照协议的具体要求，积极进行监管协作，加强联系和沟通，提高监管效率，在各自职责范围内及时采取有效的联合监管措施，防范并及时查处跨市场操纵、内幕交易等违法违规行为，确保股指期货交易的顺利推出和平稳运行。同时，2007 年 12 月证监会还促成中国金融期货交易所成立“股指期货市场监管协调小组办公室”，以实现信息共享和跨市场协调监管。③

---

① 从行为人对账户内资产是否拥有交易决策权来判定是否为“自己实际控制的账户”。

② 详见证监会网站：http://www.csrc.gov.cn/pub/newsite/bgt/xwdd/200708/t20070813_68514.htm。

③ 详见中国金融期货交易所网站：http://www.cffex.com.cn/gyjys/jysdt/200912/t20091218_10467.html。

2. 跨市场监管

除了上文提及的跨市场监管文件以外，目前并没有单独的跨市场监管文件，对跨市场的监管散见于各交易所监管条例中。如 2008 年 12 月实施的《上海期货交易所违规处理办法》第 28 条第 7 款中规定“以垄断、囤积标的物和不当集中持仓量的方式，控制交易所大量指定交割仓库标准仓单，企图或实际严重影响期货市场行情或交割的”属于违规行为，会得到相应的处罚。2010 年 2 月 20 日起实施的《中国金融期货交易所违规违约处理办法》在第 22 条中对跨市场价格操纵及其处罚进行了规定，如第 4 款、第 5 款分别规定：为影响期货市场行情囤积相关现货；操纵相关现货市场价格而影响期货交易价格，则交易所可以根据情节轻重，采取谈话提醒、书面警示、通报批评、公开谴责、限制开仓、强行平仓、暂停或者限制业务、调整或者取消会员资格等措施。

第三节　现货市场与衍生品市场监管现状与存在的问题

一、现货市场价格操纵现状与监管存在的问题

（一）现货市场价格操纵现状

我国证券市场尚处于发展的初期，与西方发达市场的初期成长过程类似，股票市场存在各种不规范的情况，在新兴证券市场中，内幕交易和价格操纵是较为常见的违规违法交易。再加上早期对价格操纵等打击的立法和处罚滞后，使得很多价格操纵与内幕交易未被视为非法，也因此未受到相应的惩处。

根据梅君、操仲春、姜欣欣(2002)的统计，1994 年至 2000 年间，证监会共公布了处罚公告 226 个。其中，最常见的是资金透支挪用的违法案件，占 32.9%；第二位的是法人投资者以个人投资者名义开户和券商以个人名义进行自营，占 19.1%；第三位是中介机构提供的虚假证明

占 10.7%，这其中虚假财务报告占 8.4%；名列第六位的市场价格操纵占 5.5%；内幕交易名列第七位占2.6%。①

从 2000 年以后披露的“亿安科技股票操纵案”、“中科创业股票操纵案”等轰动性的价格操纵案例看，这些案件发生的时间都是在 2000 年以前，但因为案件材料收集和审理的时间问题，统计时未被研究者统计。因此，可以认为，总体而言，1994 年至 2000 年间的价格操纵与内幕交易案件的低比例与现实不符，原因在于监管者对价格操纵打击不力或者是没有找到有效打击市场操纵的方法。

陆蓉、陈小琳(2009)对中国证监会网站、北大法律信息网、《中国证券报》《上海证券报》和《证券时报》等媒体的价格操纵案例信息进行了收集研究。统计结果显示，从 1996—2007 年，上海和深圳证券市场操纵案件共发生 47 例，其中股票价格操纵 44 例，基金价格操纵 3 例。②

本书对 2000—2020 年 6 月间中国证监会公布的与价格操纵相关的处罚公告进行了整理和研究发现：期货市场因价格操纵被处罚的案例共 9 个，操纵手段主要包括对倒、逼仓等(见本书附录二)；债券市场价格操纵案例共 3 个(见本书附录一)，主要操纵手段是对倒；而 2000 年至 2020 年 6 月，证监会共发出 157 个公告，对价格操纵的个人或公司进行处罚。

从表 7.6 可知，在这 157 个操纵案例中，有 88 个案例利用资金优势进行操纵，而在交易型操纵中，利用对倒(自买自卖或自己控制的账户间买卖)进行操纵成为操作者最青睐的手段。另外，随着近年来高频交易的盛行，虚假申报也逐渐成为操纵者利用的常见手段。

对案例的进一步梳理可以发现，对操纵价格的处罚主要以罚款和行政处罚为主，在这 157 个案例中，仅有 6 例被刑事处罚，最高刑期为 7 年。另外，从操纵价格的目的看，大部分操纵的目的是获得价格上涨带

① 梅君、操仲春、姜欣欣：《中国证券市场典型案例》，中国人民大学出版社 2001 年版。

② 陆蓉、陈小琳：《股票操纵行为市场表现及其判别研究》，《证券市场导报》2009 年第 4 期。

表 7.6　2000 年至 2020 年 6 月股票市场价格操纵主要方式

操纵方式	合谋	荐股①	资金优势	持股优势	对倒
小计	10	12	88	39	80
频繁申报或撤单	虚假申报	高价申报	连续交易	②回转交易	③反向交易
16	49	10	38	8	10

资料来源：证监会公告。

来的收益。而随着资本市场产品越来越丰富，以及上市公司资本运作的多样性，一些操纵者操纵股票价格的目的不是为了直接从股票价格差中获取收益，而是其他间接目的。如恒逸石化（〔2014〕41 号）被操纵案中，操纵者的目的是维持股价便于公司进行定向增发；福昕软件等股票（〔2018〕51 号）被操纵案中，国泰君安场外市场部做市业务相关工作人员，为减少 2015 年做市业务浮盈，降低 2016 年业绩考核起点，在 2015 年最后一个交易日故意报低价试图打压价格。其他操纵目的还包括为了私募基金净值或理财产品不跌破平仓线等。

处罚案例同时显示，随着国内金融市场的发展，以及监管水平的提高，操纵股票价格的操纵者团伙或公司化运作模式越来越明显，操纵者往往利用公司平台招聘操盘手，组建操纵团队进行操纵。如 2018 年 3

① 主要操纵方式包括：荐股前买入，利好公布后卖出；荐股后吸引他人买入，操纵者同时大量对倒，制造交易活跃假象；分析师与操纵者串通荐股后操纵者卖出。

② 回转交易主要违反了沪深交易所关于交易型开放式指数基金的相关规定，如《上海证券交易所交易型开放式指数基金业务实施细则》第 22 条规定：(一)当日申购的基金份额，同日可以卖出，但不得赎回；(二)当日买入的基金份额，同日可以赎回，但不得卖出；(三)当日赎回的证券，同日可以卖出，但不得用于申购基金份额；(四)当日买入的证券，同日可以用于申购基金份额，但不得卖出。而操纵者为了在指数与股票现货间套利，会利用实际控制的账户，一些账户买入 ETF 指数份额，另一些账户则当天卖出构成 ETF 的成分股。抛开借用个人账户这种违规行为，笔者认为视这种套利为违规值得商榷。

③ 直接使用“反向交易”一词的相关规定仅见于《证券投资基金管理公司公平交易制度指导意见》(证监会公告[2011]18 号)，该意见第四章的第 19 条和第 20 条要求监控反向交易，并禁止“可能导致不公平交易和利益输送的同日反向交易”。从处罚公告看，表 7.5 中反向交易指操纵者控制了多个账户，一些账户买入(卖出)某股票，另一些账户当天卖出(买入)同一股票，目的是产生交易活跃的假象。其与对倒的区别在于对倒是自己控制的账户间同时交易，并在实际控制的账户间成交。

月被证监会罚款56.7亿元的厦门北八道集团。证监会披露，北八道集团利用300多个股票账户、100多台电脑、10多位操盘手同时交易，使用巨额杠杆资金对张家港行、江阴银行、和胜股份等股票进行操纵。

另外，在2010年沪深300指数期货上市交易以前，国内市场由于不能通过股指期货或融资融券对股票进行做空，因此，就目前发现案例而言，操纵者对价格的操纵大部分都是力图拉升股价。而在其他证券市场也有类似特点，就算存在如卖空、个股期货、个股期权，以及股指期货等做空工具，操纵者仍然习惯通过做多股票来操作(即拉升卖出模式)。

（二）金融现货市场价格操纵监管存在的问题

从梅君、操仲春、姜欣欣(2002)，陆蓉、陈小琳(2009)的研究以及笔者近年来对价格操纵监管与处罚的案例分析结果看，虽然从《证券法》到《刑法》，以及其他相关条例、规则、办法对价格操纵及其经济处罚和刑事责任进行了详细的规定与打击，但价格操纵仍然屡禁不止。究其原因，可以归纳为以下几个方面：

1. 地方利益保护，阻碍价格操纵监管

上述研究显示，国内证券市场的操纵者，除了投资者、内部人、机构外，券商或者其营业部往往也是主要“帮凶”或参与者；但价格操纵等违法交易发生后，一些地方政府为了自身利益，也会利用公共权力打击价格操纵举报人，偏袒或“保护”进行价格操纵的公司或个人，如2010年7月28日南方网披露的“记者因报道上市公司交易内幕遭全国通缉”。①如此一来，导致机构对价格的操纵更加肆无忌惮。

2. 价格操纵处罚过轻，不利于形成威慑效用

从监管者对“琼民源”、“中科创业”、“银广厦”等处罚看，明显处罚偏轻，没有充分保护中小投资者的利益。虽然2002年1月15日，最高人民法院颁布了《关于受理证券市场因虚假陈述引发的民事侵权纠纷案件有关问题的通知》，由此标志着中国证券民事赔偿机制得到正式启

① 详情参见http：//news.163.com/10/0728/04/6CLDLA5D0001124J.html。

动，民事赔偿因而也进入了操作实施阶段。但在实际操作过程中，操纵者受到的经济处罚与操纵获利相比微不足道(详见表7.7)。

表7.7　中国股票市场操纵非法所得与处罚统计(部分)

股票名称	违规主体	非法所得（万元）	罚款（万元）	刑事处罚（年）
钱江生化	证券公司	4233.18	4233.18	0
亿安科技	投资顾问公司	44900	44900	3.5
海鸥基金	投资咨询公司	4678	200	0
陕国投A	信托投资公司	10322	300	NA
河北威远	个人	829.89	40	0
众城实业	兼并方	900	200	0
东大阿派	信托投资公司	2914.21	200	0
国际大厦	基金	NA	200	0
金帝建设	大股东	6343.2	400	0
北大车行	证券公司	7455.89	500	0
南油物业	证券公司	NA	500	0
陆家嘴	证券公司	2343.8	500	0
上海石化	证券公司	2191	500	0
华天酒店	大股东	8129	500	
万里电池	证券公司	1942.18	400	0
琼民源	大股东	6651	200	3
郑百文	咨询公司	NA	5	3缓5
工商银行等	个人	12500	25000	7
ST金花	个人	8346	450	3
中电电机	个人	亏损	3000	7

资料来源：倪全宏、邹小山：《股票市场中交易操纵的一般模式和实证研究》，《广西社会科学》2004年第11期。最后一列——刑事处罚(年)及近年来案例为笔者统计，指涉案人中最高刑期。

3. 对价格操纵违法处理不够及时，对受害投资者补偿不足

对价格操纵的及时处理一方面能够提升其他投资者对证券市场的信心，另一方面能够对价格操纵进行有效打击，使得及时有效监管的形象得到强化，从而降低价格操纵违规违法。典型的如“涨停板敢死队”，[①] “涨停板敢死队”是典型的合谋操纵股票收盘价格，包括互联网在内的各种媒体对其的报道与批评也广为人知，但监管层对其一直视而不见，这种局面一直持续到2009年。[②]

从近年来经确认的价格操纵案例看，虽然有些操纵者受到严厉处罚，如亿安科技价格的操纵者。但在处罚上述操纵者的同时，对受害者没有任何补偿。[③]因此，监管者没有充分利用对操纵者的处罚提升受害者和其他市场投资者信心。

4. 价格操纵例外条例仍需完善

前文显示，一方面为与国际证券市场接轨，另一方面为降低IPO或再融资机构的市场风险，国内监管者逐步放开了对股票回购和超额配售选择权的限制，但对于在IPO时进行的稳定操作仍然是禁止的。[④]以股票交易市场开始建立的1990年到股票市场价格操纵案件中出现的2003年间数据计算，与其他国家相比，我国新股抑价发行程度远远高于其他国家。表7.8数据表明，就算在2001—2003年股市不景气的市场，新股折价发行程度仍然高。

其他学者的研究结果也指出了国内券商在IPO时进行稳定操作。如，黄鑫和沈艺峰(2002)实证表明承销商相对于折价战略更偏好于托

---

① 早期特指宁波的“涨停板敢死队”，2000年开始，徐某某等人合谋对一些特定股票采用“拉涨停，并随后抛出”的策略。随后各地都出现了以“涨停板敢死队”为名的投资个人或团队。其中部分并没有进行操纵，仅是为了吸引资金进行私募操作的噱头而已。

② 宁波“涨停板敢死队”营业部老总被拘，参见http://money.163.com/09/0519/04/59L9NN6B00253B0H.html。

③ 证监会对四家公司的罚没收款以及剩下77万股的盈利都直接上缴国库，而中小投资者没有得到任何赔偿。

④ 相关规定分别为2018年10月26日，全国人大常委会审议通过的《关于修改〈中华人民共和国公司法〉的决定》，修改了上市公司关于回购的相关规定；证监发[2001]112号《超额配售选择权试点意见》。

表 7.8　新股发行家数与首日涨幅(%)

时　　间	1990	1991	1992	1993	1994	1995	1996
家　　数	6	1	38	120	107	24	195
首日涨幅	287	43	586	524	174	634	317
时　　间	1997	1998	1999	2000	2001	2002	2003
家　　数	206	106	97	137	79	71	67
首日涨幅	269	320	112	151	212	147	72

数据来源：深圳天软科技公司，涨幅通过[(首日收盘价－发行价)/发行价]*100%计算，并略去小数点。

市。①杨记军和赵昌文(2006)实证研究认为承销商托市不仅是新股发行抑价的重要原因，也是使资本市场健康运作、保护投资者利益的关键。②

徐文燕、武康平(2002)③通过对上海A股市场的研究发现，上海A股市场上确实存在承销商托市，且有理由相信，托市的行为对新股价格和新股交易的活跃有显著影响，从而影响了新股的初始回报，也成为一、二级市场价差偏高的一个重要原因；承销商托市的行为模式是承销商在新股上市一两天后开始介入，托市的力度逐渐增大；约10个交易日后，承销商因为实力的限制和目的的达到，逐渐悄悄退出，约第20个交易日后，基本完全退出；承销商托市的对象主要是难以引起投资者炒作和投资兴趣的大盘股以及缺乏想象和炒作空间，价格定位比较明确的增发新股。

上述文献和数据显示，虽然我国证券市场禁止券商和上市公司进行稳定操作，但实证显示券商仍在私下进行稳定操作以规避IPO价格风险。因为国内明文禁止券商进行稳定操作，但实际上他们仍在私下进

① 黄鑫、沈艺峰：《承销商托市与新股折价》，《证券市场导报》2002年第11期。
② 杨记军、赵昌文：《中国IPO市场存在承销商托市吗》，《财经科学》2006年第6期。
③ 徐文燕、武康平：《承销商托市对新股初始回报的影响——对上海A股市场的实证研究》，《当代经济科学》2002年第1期。

行，甚至对 IPO 股票价格进行操纵，这意味着买入新股的投资者面临的风险很大。①

5. 证券实名制交易仍然未得到很好实行

从上述可以看到，因为从业人员规范②等原因，为了逃避监管，国内操纵者大量使用包括亲戚朋友身份证，甚至到山区买别人身份证，如 2009 年 6 月证监会对阳光私募—国贸盛干的调查。③在 2018 年证监会处罚的北八道集团操纵案例中，该公司使用员工或其他相关人员账户操纵股价。处罚文件显示，北八道实际控制“陈某腾”等 301 个证券账户，账户由员工及员工相关账户和配资中介提供账户两类组成。④迄今为止，为操纵股价而借用他人账户数最多的案例为路某某等人操纵泰山石油案(证监禁入字[2007]7 号)，共借用了他人证券账户达 8817 个。

二、衍生品市场价格操纵现状与监管存在的问题

自 20 世纪 90 年代国内衍生品市场开始建立之初，就一直处于庄家盛行，严重价格操纵的状态之下。在衍生品发展初期的 1988—1993 年间，全国最多的时候出现了 50 多家交易所，各交易所分别制定了对价格操纵的监管，但却缺乏统一的监管条例和法规，这种局面一直持续到 1996 年 5 月 6 日证监会公布《关于对操纵期货行为认定和处罚的规定》，对操纵期货价格的处罚仅包括经济处罚与行政处罚，以及用语模

---

① 徐华、于海燕(2007)通过理论分析表明，在中国证券市场上承销商在 IPO 发行承销过程中，能够操纵发行定价实现自身利益的最大化。承销商受到市场份额效应和当期收入效应的支配，通过操纵发行价格，在当期收入和市场份额之间权衡，实现自身损失的最小化。

② 《证券法》第三章第一节第 43 条规定：证券交易所、证券公司和证券登记结算机构的从业人员、证券监督管理机构的工作人员以及法律、行政法规禁止参与股票交易的其他人员，在任期或者法定限期内，不得直接或者以化名、借他人名义持有、买卖股票，也不得收受他人赠送的股票。任何人在成为前款所列人员时，其原已持有的股票，必须依法转让。

③ 证监会在查处阳光私募管理者周某某时发现，“最高峰时，葛某某派手下人到湖北十堰一些山区里收身份证，用麻袋装了就到各个证券公司去开立账户”。详见：证监会稽查风暴持续升级　阳光私募周卫军二进宫：http://finance.sina.com.cn/stock/y/20090625/07346397070.shtml。

④ 〔2018〕5 号中国证监会市场禁入决定书。

糊的刑事处罚。[①]对于操纵期货价格的刑事处罚直到1999年12月25日颁布的《刑法修正案(一)》才出现。

由于对期货市场价格操纵者没有及时与合理的处罚，最终导致众多品种退市以及1993年开始的两次期货市场大整顿。20世纪90年代初期至2016年姜某操纵甲醇案之前，对期货价格操纵的最严厉处罚是1998年4月21日中国证监会对海南橡胶期货R708合约交易中操纵价格的单位和个人作出的处罚。该处罚将邵某等个人和上海华隆实业总公司等企业列为期货市场禁止进入者，而对个人操纵者仅没收操纵市场收入，未进行罚款；对另一些操纵参与者仅进行了警告处分。[②]

在国内衍生品历史上，直到2016年姜某操纵案才出现因操纵期货价格而受到刑事处罚的个人。[③]这其中的原因包括：1999年12月25日颁布的《刑法修正案(一)》颁布前，国内并没有对操纵期货的刑事处罚进行规定；[④]《刑法修正案(一)》颁布后，因为前期期货市场的整顿，明目张胆的价格操纵现象已经大幅度减少。

总体上看，迄今为止，我国期货市场仅有9起价格操纵处罚案例(具体见本书附录二)。这并不说明国内衍生品市场操纵案例很少，而是前文提到的早期国内监管者对价格操纵没有定义，同时处罚较轻。另一个原因则可能是一些新型的操纵暂时还未能鉴别。因此，进一步完善衍生品市场监管显得非常急迫与重要。目前，我国期货市场已形成“一个条例”、“三个司法解释”、“四个办法”为主体的法规体系和“五位一体”的期货监管体系，但遗憾的是讨论多年的《期货法》仍然没有推出。

---

① 该规定第2条称：对经调查证明确有操纵市场行为者，对触犯刑律的，移交司法部门追究刑事责任。

② 详见证监会处罚公告，http：//www.txsec.com/view/content_page_law.asp?id=2424。

③ 2014年11月14日至12月16日期间，国内第一大甲醇贸易商成都欣华欣化工材料有限公司(以下简称欣华欣公司)时任总经理姜某，利用欣华欣公司大肆囤积甲醇现货，操纵甲醇期货价格。

④ 1995年发生的著名“327”国债期货价格操纵事件中，管某某最后被判刑的罪名为贪污罪和挪用公款罪，而非期货价格操纵罪。

第四节　价格操纵的其他新特点

随着全球金融市场的持续开放，投资全球化逐渐成为一种常态。但一方面，价格操纵者也开始利用交易制度、监管制度甚至语言文化差异等进行跨境操纵。另一方面，因为跨境交易与价格操纵涉及资金流出流入、他国或地区交易制度、语言熟悉等因素，因此，非专业人士一般很难对其他地区或国家的证券进行操纵。

一、投资全球化下的跨境操纵

随着经济全球化带来的投资全球化，使得融资者可以进行非本土融资，而投资者能够投资本地的金融产品，也可参与国际化投资。但金融市场开放使得跨境证券活动日益增多，同时也滋生了各类跨境违法行为，如唐某某借道沪港通机制操纵小商品城股价、①行为人赴泰国操纵国内股市②等。从全球金融市场看，跨境对证券价格进行操纵的案例呈现越来越多的趋势。

（一）证监会诉乔治・乔吉乌③

2009 年 2 月，美国证券交易委员会起诉加拿大多伦多人乔治 · 乔吉乌（George Georgiou），称其在 2004 年 9 月至 2008 年 9 月 17 日间，利用系列欺诈手段操纵四个微型市值（microcap）公司股票。美国证券交

---

① 2017 年 3 月 10 日，中国证监会对“唐某某操纵小商品城案”正式作出行政处罚决定。该案被称为“沪港通”跨境操纵市场第一案，当事人为规避监管，借助沪港通机制在香港证券公司开设多个账户，56 个交易日内通过频繁交易操纵沪市上市公司“小商品城”（600415.SH）股价，获利共计 4 千余万元。

② 2017 年 5 月，166 名中国人因涉嫌操纵中国股市在泰国东北部邬汶府被泰国警方扣押。泰方以涉案人员入境方式合法且当地未出台禁止、限制跨境操控股市的法律法规为由，未对相关人员控诉罪名而只做备案登记。涉案人员基于我国 IP 地址管理更为精细，为了规避国内强监管，同时利用跨境调查执法具有更高难度这一特点，远赴境外进行操纵。

③ SEC v. George Georgiou，Civil Action No. 09-CV-616（MMB）（E. D. Pa.），https：//www.sec.gov/litigation/litreleases/2009/lr20899.htm.

易委员会查明，他直接或指挥开设在加拿大、巴哈马以及特克斯和凯科斯群岛等地的离岸证券经纪人的代理人账户，利用包括对倒（wash sales）、预设交易价格（prearranged trades）、[①]做高收盘价（marking-the-close）等手段操纵上述公司股票价格。

为了操纵价格，乔治大量持有这四只股票的流通股份，并进行了频繁的对倒交易，造成这些股票交易很活跃的假象，诱惑其他投资者买入。同时，乔治利用操纵的股票在离岸经纪公司处进行融资，并进一步利用融资资金进行价格操纵。通过上述操纵，乔治共获得操纵利润两千万美元左右。

值得注意的是，乔治在通过交易行为操纵上述股票价格的同时，还通过虚假信息的方式来诱导其他投资者买入。一方面，他通过被操纵公司管理层配合，让公司公布利好消息配合其出货获利；另一方面，他通过广告推销商给 700 万个地址投递（待操纵标的公司）股票推广印刷品，以期其抛售股票时上述邮件接收者接盘。美国证券交易委员会调查发现，通过该虚假信息操纵，乔治获利在 380 万美元以上。

（二）国内首例跨境操纵案

2017 年 3 月 10 日，中国证监会公布了“首例沪港通跨境操纵案件”及对操纵者的处罚。证监会称，唐某某等人涉嫌操纵“沪股通”标的股票“小商品城”，非法获利 4000 余万元。同时，证监会查实唐某某等人涉嫌利用资金优势、持股优势操纵其他 5 只内地股票，非法获利近 2.5 亿元的另一起操纵案件。证监会对唐某某等人进行了定格处罚，罚没款合计超 12 亿元。

调查显示，此次唐某某等人利用在香港和内地开立的数个证券账户，内外配合，通过制造人为的交易价格和交易量，误导其他投资者参与交易，实施跨境操纵。具体而言，账户组采用日内反向交易、对倒交

---

① 指交易双方（交易员或经纪公司）同意以一个特别价格交易，通常该价格在交易前约定好。预设交易价格一方面将其他市场参与者排除在外，另一方面可以避税。因此，大部分市场视其为非法。

易、操纵开盘价、盘中拉抬、尾市拉抬、虚假申报等多种手法操纵股价，其中 21 个交易日存在对倒行为，29 个交易日存在日内反向交易行为，11 个交易日撤回申报股数占申报股数比例超过 50%。

证监会新闻发言人张晓军表示，该案件是中国证监会成功查处的首起不法投资者绕道香港开立证券账户，借道“沪股通”交易机制反向操纵 A 股的新型案件，是监管部门有效应对执法新形势的成功案例。

二、价格操纵的新特点

（一）操纵主导者皆为行业资深人士或机构

在上述跨境操纵案例中，不论是野村国际、乔治，还是唐某某，操纵主导者都有一个共同点，即，都曾经是证券市场的资深人士或资深金融机构。乔治曾经是登记在册的加拿大交易经纪人代表；而唐某某则先后担任过联合证券有限责任公司基金经理助理、深圳宝盈基金管理公司行业研究员、深圳国诚投资咨询公司研发总监等职务，在市场有一定知名度。

（二）杠杆化运作和“借鸡生蛋”

为了利润最大化，乔治利用融资工具，将操纵标的公司股份抵押，通过融资进行杠杆交易；类似地，为了放大资金，2014 年 10 月，唐某某设立深圳博腾资本管理有限公司，通过私募管理人平台利用优先劣后等杠杆方式，在市场募集资金，将募集的资金用于操纵市场。

近年来部分操纵者还玩起了“借鸡生蛋”的游戏，通过发行私募基金，借助客户资金操纵股票价格，获取高收益。①如 2018 年被处罚的浙江私募高管谢某某利用浙江亿方博投资发行私募产品筹集的资金通过拉升、虚假申报等手段操纵 7 只股票价格。②私募基金通金投资的投资主管刘某也因类似原因被证监会处罚。

---

① 在早期还不能通过阳光私募等形式融资的时候，一些个人和机构甚至通过骗贷获得资金进行股价操纵。如“湖北中融公司董事长骗贷 2 亿元操纵股市”，https://www.chinacourt.org/article/detail/2005/08/id/173273.shtml。

② 中国证监会行政处罚决定书〔2018〕60 号。

三、跨境散布虚假信息

国际证券委员会组织在其报告市场操纵的调查与起诉（Investigating and Prosecuting Market Manipulation）中，列举了数个跨境散布虚假信息相关案例。①上述案例的类似之处在于，为了让其他投资者在“收获期”接盘，操纵者通过邮件，印刷广告，甚至建立虚假的投资咨询网站，引诱受害者买入标的股票。②

① http：//www.iosco.org/research/.

② 法国证券交易所业务委员会（COB）披露了一家美国公司跨国操纵法国公司的案例。该美国公司想低价收购法国公司，因此拟以跨国信息操纵的手法打压目标公司的股价：美国公司制作了一个网站，上面罗列了关于法国公司的各种错误和虚假信息，并特别指出法国公司涉及了数起诉讼，且会不计成本应对诉讼；并联系了包括法国日报在内的几家媒体，公开了上述散布虚假信息的网站，并将法国公司评级为“负面”。上述虚假信息操纵导致法国公司股价出现了持续下跌。在业务委员会披露的另一个案例中，法国的投资者投诉一家位于西班牙的公司，称其给受害者通过电话推荐了一家在加拿大 OTC 挂牌交易的美国公司。当受害者想卖出股票时，根本无法成交。业务委员会调查发现，该公司已无资产，属空壳公司，股票已无流动性，西班牙公司通过对倒制造该公司股票交易活跃假象，吸引投资者参与。

第八章

价格操纵监管相关建议

从近年来对股市和期货的单一市场监管看，虽然存在很多疑似操纵案例，但经过相关法规确认的较少，这并不是说我国市场操纵现象很少，而可能意味着我们的监管还有很多需要改进的地方。2010 年 4 月沪深 300 股指期货开始交易，市场更加复杂。从全球其他金融市场发展历史看，单个市场和跨市场间价格操纵的发生不可避免。同时，除了传统价格操纵模式，以及近年来高频交易衍生出来的新型操纵问题，价格操纵监管还面临一些新的形势。基于此，笔者认为可以从以下几个角度入手提升监管效率。

第一节　法律法规层面

一、协调市场间的法令规定——尽快推出《期货法》

虽然我国证券市场与期货市场都属证监会统一管辖，但两市场的部分法规和交易制度仍存在许多分歧，其中有些差异是因为市场特点不同导致的，但有些规定却可能会限制市场间套利交易。例如，由于我国目前证券市场和上市的股指期货的交易机制、交易时间、交易成本不同，可能造成跨市场间套利交易阻碍，反而有利于进行跨市场操纵与内幕交易行为。

因此，建议将来加强协调现货与期货市场间法令规定，以增进市场效率，理顺市场间的套利途径，有效遏制市场操纵或内幕交易等不法行为发生。同时，尽快推出《期货法》提高衍生品市场的监管效率，以利于跨市场价格操纵等不法行为的打击。

另外，虽然2006年1月开始施行的新《证券法》规定：证券交易以现货和国务院规定的其他方式进行交易。为股票相关的衍生品交易打下了基础。但是在新《证券法》中，期货、期权，以及将来的互换等衍生品到底是否属于证券，仍未进行明确的规定。将来大量金融衍生品上市以后，对于跨市场操纵行为可能会发生无法可依之局面。因此，进一步扩大“证券”一词的定义范围更加具有前瞻性。

最后，投资品种的衍生品出现后，会有投资者进行现货与衍生品之间的套利交易，或进行同一合约多空头寸对冲，以降低市场波动风险。因此建议监管部门在市场操纵的认定过程中，应该借鉴欧盟和德国在对市场操纵进行定义时使用的“可接受市场行为”、“市场失当”等概念，引入“理性交易”的概念，如果投资者能够证实其在多个市场的交易是合法的，其行为将不构成市场操纵，否则将抑制这部分投资者的投资需求。①英国在认定市场不当行为的过程中，已经引入“理性投资者”(regular user)的概念，帮助执法者作出判断。

---

① 2010年5月，股指期货参与者杨某因进行商品期货市场上常见的“锁仓”（指在期货交易中，当投资者看不清未来方向，又不想获利了结或斩仓出局的情况下，在同一品种上同时开多单和空单，锁定盈利或亏损的保护性交易策略），受到中国金融期货交易所的警告。交易所认为他在操纵股指期货价格，因此对其进行限制开仓处罚。他辩称是锁定风险，等待市场机会。详见 http：//money.163.com/10/0527/02/67LHGRIM00251LIE.html。

二、及时查处并加重处罚

Shave(1993)指出：如果在事后有办法准确地、比较容易地判别市场操纵，那么监管当局就可以更多地采用威胁性手段(事后惩罚)来应对市场操纵，这样做会更加有效。①Beny(2004)的研究也发现，对内幕交易等价格操纵惩治越严格的国家，股价就越能反映市场信息，政府和股市流动性就越好，说明了加强政府惩罚力度的重要性。②

但从国内证券市场和期货市场已发生价格操纵案例看，操纵者受到的经济处罚远小于其潜在获利。因此，要打击价格操纵，必须加重对其的惩罚，使其期望收益为负数。目前《证券法》虽然规定了价格操纵的经济处罚，但比较近年来发生的操纵案例发现，其罚款数额微不足道。尽管 1997 年 3 月就已经将价格操纵列为刑事犯罪，并将最高刑期提高到 10 年。但直到 1999 年“赵某操纵证券交易价格案”才成为国内第一例价格操纵刑事案件。从第 7 章表 7.5 可以看到，大部分价格操纵案都仅对涉案机构或个人进行了经济处罚，而没有追究刑事责任。从已有的刑事处罚看，因价格操纵的最高刑期为 7 年。③

导致许多案件处罚过轻的原因包括：在实践中，大多数的操纵市场案件都是由证监会处理的，行为人仅承担警告、建议辞职等行政责任，只有极少数案件是作为刑事案件由法院处理的。同时，在很多操纵案例中，处罚时仅针对单位进行经济处罚，而未追究单位主要决策者和责任人的刑事责任。④即，将价格操纵视为单位犯罪，而非个人。如此一来，真正的操纵者并没有受到处罚，甚至还从中获取了丰厚的操纵利

---

① Shavell，Steven. The optimal structure of law enforcement[J].Journal of Law and Economics，1993，36：255—287.

② Beny，Laura，2004，A Comparative Empirical Investigation of Agency and Market Theories of Insider Trading，John M.Olin Discussion Paper No.264.

③ 北京首发投资顾问有限公司法定代表人汪某某犯操纵证券市场罪，判处有期徒刑七年，并处罚金 12575 万余元。

④ 在 2019 年 7 月 1 日施行的《最高人民法院、最高人民检察院关于办理操纵证券、期货市场刑事案件适用法律若干问题的解释》第 8 条中明确规定了不仅处罚单位，也处罚主管和负责人。单位实施《刑法》第 182 条第 1 款行为的，依照本解释规定的定罪量刑标准，对其直接负责的主管人员和其他直接责任人员定罪处罚，并对单位判处罚金。

润，间接鼓励后来者继续操纵股票价格。

随着股指期货推出，以及将来个股期货等衍生品出现以后，与以前的商品现货和期货市场操纵相比，在股票市场(现货)和股指期货的跨市场之间操纵更加方便并且普通投资者越发难以察觉。因此，如果不加重对价格操纵的处罚，很可能导致严重的市场丑闻出现，影响我国金融市场的健康发展。①

三、引入集团诉讼制度,保护市场参与者利益

前文述及，在 2006 年《证券法》开始实施前，法院对因股票市场和期货的内幕交易和价格操纵导致的民事赔偿案件不予受理。2011 年 3 月，“股市黑嘴”汪某某成为国内因市场操纵被提起民事赔偿案的第一个被告人。② 虽然如此，但由于国内投资者不能以集团诉讼③对操纵者进行起诉，诉讼费用高、诉讼周期长，使得理智的投资者通常不会选择提起民事诉讼。如此导致价格操纵者不能得到应有的惩罚，而受害投资者不能得到补偿。因此，推行追究市场操纵的民事责任，允许受害的投资者对市场操纵不法行为人提起损害赔偿的集体诉讼，无疑会在经济上对市场操纵者施加沉重的压力，剥夺其获得的利益。

集团诉讼的优点是提高司法效率，避免同一案件重复诉讼和作出互相矛盾的判决。以“银广夏”为例，“银广夏”共有 5 万(1999 年年底)多名流通股股东，在这种情况下，单独诉讼根本不可能。郎咸平提出的反操纵两剂猛药之一即是集体诉讼。④美国证券法权威罗思(Loss)教授认为，

---

① 2020 年 7 月 17 日，为规范证券期货行政处罚相关执法行为，证监会就《证券期货违法行为行政处罚办法》公开征求意见，“明确‘直接刑事移送’、‘先处罚后刑事移送’、‘处罚、刑事移送并行’三种模式，加强证券行政执法与刑事司法的有机衔接”，同时，对立案调查条件和调查权限等进行了明确规定，有利于证监会进一步打击价格操纵等违法犯罪。http：//www. csrc. gov. cn/pub/newsite/zjhxwfb/xwdd/202007/t20200717_380249.html.

② http：//stock.hexun.com/2011-03-22/128124839.html.

③ 集体诉讼指允许一个或一个以上的人，为自己和其他被认为具有类似受损害的人起诉或应诉，由法院来处理这种存在共同利益案件的诉讼形式。在证券市场上，指监管法令赋予中小股民集体诉讼的权利，只要一人诉讼得胜，利益即归于全体受损股民。

④ 郎咸平：《操纵》，东方出版社 2004 年版。

美国证券法律反欺诈的救济措施，很大程度上取决于集团诉讼机制。[①]它利用集体的力量，具有广泛的影响力，索赔数额巨大，具有很强的威慑力。

四、充分利用和解制度，降低执法成本[②]

证券市场和解分为证券行政复议和解、证券行政诉讼和解和证券行政执法和解，此处指的是最后一种。[③]和解协议的让步包含实体和程序两方面的内容，其中主要分为当事人对违法的承认问题，以及将采取的处罚措施和就第三方利害关系人的利益达成和解协议。[④]和解制度可以提高执法效力、节约执法成本，避免诉讼程序冗长、法院审批耗时长、成本高的弊端。美国商品期货委员会鉴于市场操纵案件查处难、举证难的特点，广泛适用和解制度。事实上，美国证券交易委员会过半数的案件在采取正式的诉讼程序前被和解，诉中和解的案件也众多，经过一个完整的诉讼程序并予判决的案件只占10%左右。[⑤]

行政和解具有传统行政处罚方式所不具备的特有优势。首先，在应对证券期货市场不法行为查处、执法问题上将发挥积极作用；其次，有利于破解制度供给不足或缺陷的现实难题，可以巧妙地解决执法难点，同时教育当事人，实现监管目的；最后，将大幅度降低行政争议发生的可能性，通过当事人全面参与磋商协调，倾听当事人及相关利害关系人的意见，使监管机构的一方行为模式过渡为双方甚至多方共同参与的模

---

① Louis Loss & Joel Seligman, Securities Regulation(3d ed., Aspen L. & Bus. 1989).

② 刘凤元等：《期货市场操纵行为相关法律问题研究》，中国金融出版社2020年版。

③ 《中国证监会行政和解试点实施办法》第2条：证券行政执法机构在对行政相对人涉嫌违反证券法律、行政法规和相关监管规定行为进行调查执法过程中，根据行政相对人的申请，与其就改正涉嫌违法、违规行为，消除涉嫌违法、违规行为不良后果，交纳行政和解金补偿投资者损失等进行协商而达成执法和解协议，并据此终止调查执法程序的行为。

④ 李东方：《论证券行政执法和解制度——兼评中国证监会〈行政和解试点实施办法〉》，《中国政法大学学报》2015年第3期。

⑤ 高承志、兰晓为、刘戈、刘蕊：《美国期货市场操纵相关立法沿革及实施效果研究》，《证券法苑》第22卷。

式，更有助于实现纠纷解决、恢复秩序。

我国证监会2015年3月29日开始实施行政和解试点，由操纵者和证监会达成和解，和解金用于赔偿投资者损失，整个过程没有法院的参与。但和解制度在我国并未受到广泛的应用。2019年4月，证监会同高盛亚洲、高华证券等相关当事人达成行政和解。此案是证监会自2015年开展行政和解试点以来的首次实践应用。①《行政和解试点实施办法》为投资者获得补偿开辟了一条通道，日益增多的违法违规行为对传统监管执法体制形成巨大挑战，行政和解是一种有效提升执法效率、及时恢复市场秩序的补充性执法方式。②然而，按照《行政和解实施办法》第6条、③第7条，④和解的适用存在过多的限制，例如只适用于调查后案件事实或法律关系尚不明晰的案件，在和解协议的启动上，也严格限制只有行政相对人一方才能提起，行政机关不能主动提出适用。因此，应放宽和解制度的适用范围和条件，充分发挥该制度的优越性。

五、改进举报人制度⑤

证券、期货市场价格操纵行为隐秘度、复杂度日益提高，给监管部门带来了更高的监管难度，凭借其一己之力难以完全实现有效监管。有奖举报制度有助于提高监管效能的软实力，激发市场力量参与到证券、

---

① 证监会与高盛亚洲等相关申请人达成行政和解协议，http://www.cs.com.cn/sylm/jsbd/201904/t20190423_5942144.html。

② 证监会令[第114号]《行政和解试点实施办法》，http://www.csrc.gov.cn/zjhpublic/G00306201/201502/t20150227_269159.htm。

③ 《行政和解试点实施办法》第6条："行政相对人涉嫌实施虚假陈述、内幕交易、操纵市场或者欺诈客户等违反证券期货法律、行政法规和相关监管规定的行为，案件符合下列情形的，可以适用行政和解程序：(一)中国证监会已经正式立案，且经过了必要调查程序，但案件事实或者法律关系尚难完全明确；(二)采取行政和解方式执法有利于实现监管目的，减少争议，稳定和明确市场预期，恢复市场秩序，保护投资者合法权益；(三)行政相对人愿意采取有效措施补偿因其涉嫌违法行为受到损失的投资者；(四)以行政和解方式结案不违反法律、行政法规的禁止性规定，不损害社会公共利益和他人合法权益。中国证监会派出机构负责查处的案件，试点期间不适用行政和解程序。"

④ 《行政和解试点实施办法》第7条："案件有下列情形之一的，中国证监会不得与行政相对人进行行政和解：(一)行政相对人违法行为的事实清楚，证据充分，法律适用明确，依法应当给予行政处罚的；(二)行政相对人涉嫌犯罪，依法应当移送司法机关处理的；(三)中国证监会基于审慎监管原则认定不适宜行政和解的。"

⑤ 刘凤元等：《期货市场操纵行为相关法律问题研究》，中国金融出版社2020年版。

期货市场的监管体制之中。

美国对举报人制度作了较为完善的规定。为进一步打击市场欺诈、价格操纵以及内幕交易行为，保护相关举报人，2011 年 5 月 25 日，美国证券交易委员会颁布“举报人计划”（Whistleblower Improvement Act）的最终规则，该规则是对美国《1934 年证券交易法案》第 21F 条《举报人奖励和保护》的补充。该规则规定：对于主动向证券委员会提供原始信息的人士，如果该等信息导致联邦证券执法成功并产生超过 100 万美元的罚款，证券委员会将向举报人授予现金奖励。奖金额是证券委员会及任何相关行动产生罚金的 10%至 30%。该法案还就防止雇主报复规定了广泛的保护措施。举报人计划出台后，2012 年 8 月美国证券交易委员会进行了第一例奖励，奖金约 50000 美元。2013 年 10 月，美国证券交易委员会宣布给予一位告密者 1400 万美元奖金，引起全球关注。该告密者提供的信息使美国证券交易委员会帮助受证券欺诈的受害者成功追回巨额资金。①2019 年 3 月 26 日，美国证券交易委员会奖励 2 位举报人共 5000 万美元，因他们向其提供关于摩根大通未能向财富管理客户披露利益相关信息的证据，使得美国证券交易委员会顺利与摩根大通达成罪案和解，摩根大通被罚 3.07 亿美元。②2020 年 6 月 4 日，美国证券交易委员会对一位举报者奖励 5000 万美元，创下了对个人的最高金额奖励，此前最高纪录为 2018 年发出的 3900 万美元奖金。③从 2011 年“举报人计划”实施至 2019 年，通过该制度对证券市场的财务披露问题、操纵、内幕交易等可能的违法犯罪活动举报数量持续增长（参见图 8.1）。

类似地，2011 年 10 月 24 日，美国商品期货委员会提交的举报人计划开始实施，将允许委员会对导致成功处罚决定的举报人发放罚款额度

① 美国证券交易委员会为举报人提供超过 1400 万美元奖励，https：//www.sec.gov/news/press-release/2013-209。

② 美国证券交易委员会向两名举报人颁发 5000 万美元奖金，https：//www.sec.gov/news/press-release/2019-42。

③ 美国证券交易委员会向举报人颁发 5000 万美元创纪录奖励，https：//www.sec.gov/news/press-release/2020-126。

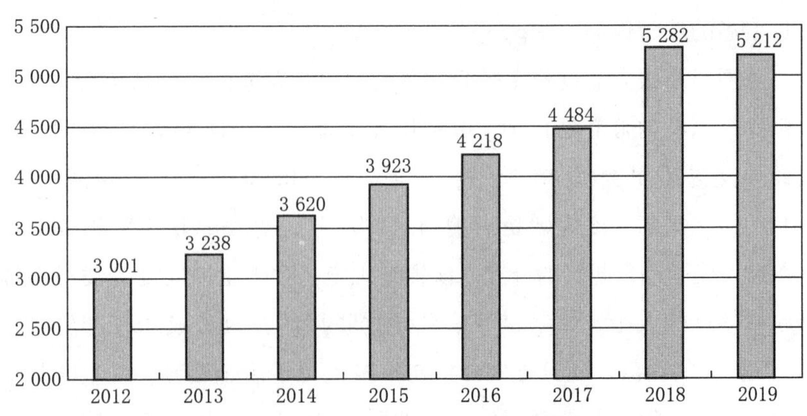

图 8.1　美国"举报人计划"历年举报数量(件/年)①

10%到 30%的奖励。同时，根据这项提案，对发生在该法案正式成为法律的 7 月之前的违规行为进行举报也可以获得相应奖励。

2014 年 6 月 27 日，中国证监会发布《证券期货违法违规行为举报工作暂行规定》，明确对于操纵证券、期货市场的行为，知情人可以通过实名举报的方式获得一定数额的物质奖励，这是我国举报人制度的直接依据。2019 年 8 月 2 日，证监会发布公告称，拟对提供廖某某操纵市场(行政处罚决定书〔2018〕22 号)、江苏雅百特科技股份有限公司信息披露违法(行政处罚决定书〔2017〕102 号)、任子行网络技术股份有限公司信息披露违法违规(行政处罚决定书〔2017〕103 号)3 起案件线索的举报人根据上述规定给予奖励，②此举是举报人制度在我国实践中的具体应用，对打击欺诈发行、信息披露违法违规、操纵市场、内幕交易和利用未公开信息交易违法案件将发挥积极作用。

对比证券期货市场发达国家的监管制度(例如美国)，我国证券期货市场法律规制手段有待完善，举报人的积极性也有待提高。监管部门通过知情人举报来获取相关线索和证据的比例依然偏低，这也是导致违法

① 举报人计划年报：https：//www.sec.gov/files/sec-2019-annual%20report-whistleblower%20program.pdf。

② 证监会拟对 3 起案件线索的举报人给予奖励，http：//www.csrc.gov.cn/pub/newsite/zjhxwfb/xwdd/201908/t20190802_360152.html。

违规行为屡禁不绝的一个重要原因。①同时，从美国“举报人计划”指控类型看(表 8.1)，除了其他类别以外，美国证券市场被举报的主要问题分别是公司披露和财务状况(21.24%)、发行欺诈(13.28%)和操纵(10.26%)。这些问题也正是近年来困扰我国证券市场的主要问题，也是监管机构关注的重大事项。②

表 8.1　2019 年“举报人计划”指控类型

指控类型	数量(件)	比例 (%)
公司披露与财务状况(Corporate Disclosures and Financials)	1107	21.24
发行欺诈(Offering Fraud)	692	13.28
操纵(Manipulation)	535	10.26
加密货币(Crypto Currency)	289	5.54
内幕交易(Insider Traiding)	222	4.26
交易与定价(Trading and Pricing)	201	3.86
海外反腐败法(FCPA)	200	3.84
未注册发行(Unregistered Offerings)	138	2.65
市场事件(Market Event)	48	0.92
市政保险和公共养老金(Municipal Secruities and Public Pension)	35	0.67
其他(Other)	1614	30.97
未报道(Not Reported)	131	2.51
合计	5212	100.00

资料来源：同图 8.1：“举报人计划” 2019 年年报。

因此，为更好地发挥举报人制度的优越性，应对该制度予以进一步

① 俞志方、刘沛佩：《“罚没分成”的证券监管有奖举报制度构建》，《江西社会科学》2018 年第 5 期。

② 金融委 96 天四次表态　对资本市场造假行为“零容忍”，http：//money.people.com.cn/n1/2020/0714/c42877-31782520.html。

完善。首先，切实保障举报人的权益、利益，不因其举报行为而受损害，可以以《多德-弗兰克法案》为借鉴模版，在反报复、保密以及程序等方面设置专门条款，确保举报人没有“后顾之忧”；其次，提高举报的奖励金额以调动市场监督的积极性，目前我国施行的1%的奖励标准、针对不同情况10万元、30万元和60万元封顶额度的金额标准相比举报人所承担的风险，的确没有很大的吸引力；①最后，要对举报内容的真实性进行审查，审核大量无用信息将严重浪费行政执法资源，因此也要加强对举报人恶意举报的筛查并予以严厉惩治。

第二节　合约设计方面

一、合约权重设计

目前推出的国内第一个金融衍生品——沪深300指数期货样本股票有300种，一般来说，操纵者很难有如此雄厚的财力能够同时操纵这些样本股票的市场价格，以影响期货结算价格；同时，样本股票中最大权重仅有7.56%左右。②因此，想通过操纵个股来控制股指期货价格非常困难，成本很高；就目前沪深指数期货设计而言，不易产生现货市场和衍生品市场间的操纵行为。

从目前的合约结构看，该指数初期倾向于让机构投资者参与，而将中小投资者排除在外。将来应该会推出适合所有投资者参与的指数衍生品，如分类股价指数期货，由于分类股价指数组成股票较少，为避免因

① 《证券期货违法违规行为举报工作暂行规定》（2020年修订）第13条：举报事实清楚、线索明确，经调查属实，已依法作出行政处罚且罚没款金额在10万元以上的，按罚没款金额的1%对举报人进行奖励；已依法移送司法机关后作出生效的有罪判决的，酌情给予奖励。奖励金额不超过10万元。对于举报在全国有重大影响，或涉案数额巨大的案件线索，经调查属实的，奖励金额不受前款规定的限制，但最高不超过30万元。内部知情人员提供了重大违法案件线索，经调查属实的，最高奖励额度不超过60万元。

② 根据2019年11月1日数据计算。

操纵成本降低，而发生现货市场和衍生品市场间的操纵行为，因此建议在设计分类指数期货合约时，应慎重考虑现货指数样本股票的多少和其权重分配情况。

二、使用现金交割

现金交割又称价格交割，是指事先规定的，对在最后交易日仍未平仓的头寸，以交易所或权威机构公布的基本上反映相应品种的现货市场价格的一个基准价格，来结算合约买卖方之间的价差，并进行盈亏划转和结算。现金交割源于金融期货中的非实物标的物期货合约的交割。期货市场的交易不论是套期保值，还是投机交易，他们大都在交割之前以一个自己认定的或比较满意的或能承受得起的价格，平仓了结，退出交割。这样一个交易者自己认定的或比较满意的或能承受得起的价格，可以认为是与临近交割日的现货市场价格相近的。因为，随着交割期的临近，相应合约的期货价格与现货价格具有趋同性。从理论上讲，在正常交易情况下，进入交割月份的期货合约的买卖双方都会认可临近交割日期的现货市场价格。因此，如果有一个权威报价机构，以科学的统计方法计算出能反映现货市场的真实价格，那么，合约的买卖双方无论其是套期保值者或是投机者都会承认这一价格，并接受此价格平仓，退出实物交割。所以，对于操纵者来说，这一价格会使其操纵目的难以实现，因为他不得不承认这一基本反映真实现货市场的价格。

三、合理的交割期权设计

因严重的价格操纵问题，20 世纪 90 年代，包括国内第一个金融期货在内的国内众多期货品种都因为期货价格操纵或现货价格和期货价格联合操纵而退市。如 1992—1995 年国内交易所进行国债期货试点，因为“327”国债期货价格操纵事件导致品种退市；同样，1994 年钢材期货品种被国务院叫停。1998 年《国务院关于进一步整顿和规范期货市场的通知》取消了当时绿豆、红小豆、咖啡、啤酒大麦、高粱、胶合板、籼米等 23 个期货交易品种，这些品种退市的原因都是因为严重的价格操纵问题。上述品种被叫停的原因还包括保证金设置不合理、监管不严等。但其中，最重要的原因则是国债期货和钢材期货都采用单一品种交割(即只能用合约标明的单一品种交割)，没有设置交割期权，如此不合理的交割规则设计，导致了严重的价格操纵问题。数据显示，1994 年我国市场可流通的债券现货只有 900 亿左右，但期货市场交易量达 2.9 万亿。在单一品种交割制度下，“327”国债期货价格操纵事件的发生就不足为奇了。

为了降低合约被操纵的可能，活跃交易，除了后期监管者对市场的监控以外，作为合约设计者的交易所在合约交易之前可以从以下几个方面入手：

① 通过质量期权设计虚拟品种解决交割问题

对一些较为复杂的金融产品，如国债期货，为避免价格被操纵，可以参考其他国家交易所的做法，设计虚拟品种作为标的进行期货交易。该虚拟债权期货要交割时则采用上文提到的质量期权交割方式，卖方可以选择对自己有利的债权品种、日期或具体时间进行交割。如此避免部分债权流通量太小而出现的价格操纵问题。

② 合理设置交割期权

交割期权的设计要公正合理，防止合约失衡，偏向多头或空头，要保证买卖双方在期货市场上利益的平衡，防止出现大量交割，降低期货市场效率。多空头在合约权利上的不均衡，最终可能会导致市场流动性问题或价格操纵出现。

总之，国债等金融衍生品需要进行现货交割的期货品种，在设计时可以考虑嵌入适当的交割期权，主动增加交割标的的供给，降低单一市场和跨市场的价格操纵可能性。

第三节　日常监管方面

对证券价格操纵的监管，根据证券交易过程可以分为事前监管、事中监管和事后监管。事前监管即对股价操纵的监察，通过提前设计的系列指标进行动态监察；事中监管即对正发生的价格操纵事件进行查处和处理；事后监管是指价格操纵发生后，监管者才对股价操纵事件进行查处和处罚。La Porta et al(2006)的研究显示了事后监管的低效率。①说明了要提升投资者信心，打击价格操纵等证券违法行为，重点是前期与事中的监察，如类似股票市场“涨停板敢死队”这种典型价格操纵案例。

而对于股票现货与衍生品市场的日常监管，则可以从以下几个方面入手：

一、采用适宜的保证金跟踪制度

从“327”国债期货价格操纵事件来看，保证金监控在抑制现货和期货间操纵是非常重要的。我国期货市场目前采用的“逐笔盯市”风险监控模式，由计算机首先控制交易者下单的数量、价格和保证金比例，再由计算机从其结算账户中扣除其保证金。一旦有效保证金不足，计算机可自动禁止其开新仓，只允许平仓操作。在这方面，通过计算机实时监控远比人工控制效率更高，反应更敏捷，“逐笔盯市”比“逐日盯市”更加符合国情。可以有效抑制操纵者利用信用资金对一些交易不活跃或现货供给有限的期货品种进行操纵。

期货保证金制度，是期货交易所控制风险的最有效的手段。操纵市场者主要是凭借其资金优势来大量建仓，影响价格。从“327”国债期货价格操纵事件中也可以看出：当发现有人试图操纵市场时，期货交易所应该适当对多空双方或某一方提高保证金，提高其交易成本，使操纵市场者无法进行操作；对进入交割月份的合约，为防止逼仓，可实行分阶段逐步提高保证金的办法，保证实物交割的顺利进行。

二、促进重大信息之公开

重大信息充分而及时公开，不仅可以减少内幕交易发生，同时也可

① La Porta，R.，Lopezde-Silanes，F.，Shleifer，A.，2006，“What Works in Securities Laws?” The Journal of Finance 61，1—32.

以保护投资人，以防操纵者散布虚伪或不实消息操纵市场。

对证券市场而言，发行公司的重大信息即为内幕消息，而期货市场的内幕消息却可能是市场消息，例如，有关现货供需的各种市场消息，均会显著影响期货交易价格；就指数期货而言，任何影响股价指数的消息(如利率走势、货币或财政政策、重要经济数据、市场管理措施等)，或者在期货市场中，管理机构为稳定市场，而准备采取的紧急应变措施，这类信息在未公开前，都可能被人事先知道而进行跨市场内幕交易，或有人故意散布有关这类消息的不实言论，而产生跨市场操纵行为。

因此，加强对上市公司信息披露及时性、准确性、完整性的监管，可以有效地消除信息型市场操纵的基础，使具有信息优势的操纵者难以利用这种优势获利，从根本上打击市场操纵行为。另外，由于互联网的日渐普及，网络的信息传播速度更快，因此，改进上市公司信息披露的手段，逐步建立信息披露电子化系统，提高信息传播效率。

三、加强网上信息披露监管和优化

加强对网上信息披露的监管。互联网的快速发展和普及使投资者能方便、快捷获取各种信息。与此同时，互联网也使虚假信息的传播变得更加容易。监管部门在利用互联网建设信息披露制度的同时，应该注意防范虚假信息和价格操纵信息在互联网中的披露和传播。

可以借鉴美国证券交易委员会或者日本以及新加坡的监管经验，配备专门的工作人员或网络检查小组(Internet Surveyor)进行每日的网络监视，或举行冲浪日活动，不定期检查投资者经常点击的网站及其链接，规范网站行为，随时监控网络欺诈与操纵等金融犯罪。

同时，考虑到网络交易的爆炸式增长，以及投资者对网络信息依赖程度的增加，可以尝试建立涵盖所有现货与衍生品投资品种的相关法规和知识，让投资者了解最新的法规和知识。特别地，如建立“金融衍生品”、“股指期货”、“结构化产品”等栏目，使投资者更加容易了解最新金融产品的风险。

四、严密监控大额交易，建立头寸限制制度

操纵者在现货和衍生品市场间试图通过交易行为操纵市场价格时，通常必须以大额交易来达到目的，因此，监控现货和期货市场中的大量买卖或持有大量头寸的交易者，可以预先采取若干防范措施来制止跨市场间的操纵行为。

同时，过度的投机会导致现货或期货价格突然或不合理的波动，而使市场操纵者或内幕交易者有机可乘，而且，不论是采取何种操纵形式，操纵者都需持有大量现货或期货头寸，才能达到操纵目的，以获取巨额利润，此外，内幕交易所得多少，也和内部人持有头寸大小密切相关，因此，各国对于期货交易人持有或控制的头寸数量都设定限制，以防范现货与期货市场中操纵和内幕交易发生。

五、加强对将到期期货合约的监控

从理论上讲，由于指数期货的最后结算价格以股价现货指数为准，因此在指数期货将到期之前，现货和期货价格会逐渐趋于一致，即现货与期货价格的相关性增强，只要在其中一个市场中进行操纵，就可显著影响另一个市场的价格，在一个市场中所获得的内幕消息，在另一市场中也可能发生作用，因而，合约到期前，发生现货和衍生品市场间的操纵行为的可能性比较大。

以国外经验而言，在指数期货、指数期货期权及个股期货、个股期权同一天到期日，股市行情波动通常都十分剧烈，因此监管人员应该拟订具体监管措施，加强注意合约即将到期前的大额头寸或集中交易等情况，并深入分析，以了解是否有人进行市场操纵或内幕交易行为。

六、落实交易实名制

在提升监察效率方面，落实实名制显得至关重要。因为非实名交易

导致交易所的监察机构很难判断股票的实际控制人，从而为打击对倒、合谋等形式的操纵价格带来了困难。前文显示，操纵者在证券和期货市场对价格的操纵，不论是通过何种方式进行都有一个共同点，即大量使用他人身份证开户进行交易。因此，如果能够落实实名制，则这类价格操纵将明显减少。如西安航标操纵案中，西安航标从 1998 年 4 月 8 日起至 6 月 9 日，利用 104 个账户，持有海鸥基金的股数最高时占 74%，价格从 2 元猛升至 5.99 元，近 200%的升幅，这样明显的操纵手法直到 7 月 21 日，西安航标已牟取暴利之后才被揭穿，这充分暴露出缺乏实名制的支持，交易所的监察效率明显下降。

但在当前国情下，要实质上推进实名制仍有难度，其中一个关键因素是证券经纪公司。[①]因证券公司自身利益关系(通过交易获取佣金手续费等收入是券商收入的主要来源之一)，大部分时候证券公司不仅没有发挥协助监察的功能，从已发生案例看，反而为操纵者提供便利，成为价格操纵的“帮凶”。[②]同时，IT 技术的进步也使得一些公司对账户管理进行创新，规避实名制监管。如恒生电子因其 HOMS 系统通过“允许母账户拆分出多个子账户管理”实现了证券的非实名制交易和管理，被证监会罚款 4 亿元。

因此，应该明确证券公司、期货公司的监察责任，当发现客户相关违规交易时，可以停止其交易并向交易所或主管机构报告。2020 年修订后的新《证券法》对证券和期货的实名使用进行了更加明确和严格的规定：“第 58 条：任何单位和个人不得违反规定，出借自己的证券账户或者借用他人的证券账户从事证券交易。”另外，在第 107 条规定：证券公司为投资者开立账户，应当按照规定对投资者提供的身份信息进行

① 另一个重要原因可能是网上交易的盛行。

② “朱大户”操纵百科药业案中，朱某某以每张 10 元到 50 元不等的价格买来身份证去开户。当时的证券公司为了能拉到“朱大户”，不仅不认真审查开户人与身份证所示是否相符，还会允许一个账户下，挂若干个“子账户”，业内俗称“拖拉机账户”。证券公司还向朱某某提供一种交易软件，即大户下一次单，就可向成千上百个账户同时发出买入指令，即便买入 100 万股票，由于分散在多个小账户中，也不会出现在十大流通股东表中引人注目，这能直接保护幕后操盘手。

核对。证券公司不得将投资者的账户提供给他人使用。投资者应当使用实名开立的账户进行交易。虽然上述规定无助于对借用他人账户的违规活动进行事前监督，但有利于事后处罚。①

第四节　跨市场信息共享和联合监管

国际证券交易委员会组织的调查表明信息共享对于监管合作具有重要的意义。2010 年股指期货的推出，标志着国内金融衍生品时代的到来。2019 年 11 月 7 日，国务院发布《关于进一步做好利用外资工作的意见》，2020 年取消证券公司、证券投资基金管理公司、期货公司、寿险公司外资持股比例不超过 51%的限制，②这预示着我国金融市场开放稳步推进。金融衍生品与现货同时交易，以及市场持续开放的运行，使得价格操纵监管面临一些新的挑战，特别是跨市场和跨境监管的挑战。这些挑战主要表现为全球化投资者的参与同一国多交易所同时上市、现货与衍生品同时交易，以及不同国多重上市交易等价格操纵监管问题。2020 年修订后的新《证券法》在第 2 条和第 177 条对跨境信息披露、跨境监管合作以及境外证券监管机构调查取证权等方面进行了重新规制。③建议管理机构充分利用前述提及的跨市场信息互换合作机制，密切携手合作，规划建立资金流动、头寸状况等各项跨市场监管标准，以利于监管操纵与内幕交易等不法行为和市场的安全与稳定，从而促进证券和衍生品市场健全发展。就国内而言，信息共享应该包括交易所之间的合作、交易所和监管者间的合作、监管者和其他相关部门的合作。建

① 在修订前的 2014 年版《证券法》中，第 80 条规定：禁止法人非法利用他人账户从事证券交易；禁止法人出借自己或者他人的证券账户。可见，该版本没有涉及个人借用他人账号交易的情况。但在以往的操纵案例中，操纵者借用其他人账户进行操纵的情况很常见。

② 《国务院关于进一步做好利用外资工作的意见》，国发[2019]23 号。

③ 2019 年版《证券法》第 2 条："……在中华人民共和国境外的证券发行和交易活动，扰乱中华人民共和国境内市场秩序，损害境内投资者合法权益的，依照本法有关规定处理并追究法律责任。"

议建立各交易所之间的信息交流系统，以便随时跟踪整个金融市场的交易和资金情况，当一个市场出现异常时，其他市场可以暂停或者提高警惕，避免跨市场间的操纵发生。①

目前由于期货交易所本身职权方面的原因，无法对交易人的资金流向进行追踪调查，将来如果通过加强主管机关或自律组织的调查权限，通过了解大额交易者买卖和资金运用情况，以及该交易者所从事现货和期货市场间的避险策略，监管人员可及时、及早找出异常的交易状况和可能的不法行为，以便采取适当防范措施。

就国际角度而言，国际上的合作包括：国际监管者间的合作、国内监管者和国外监管者之间的合作、国内监管者和国外交易所的合作以及不同国家交易所之间的合作。但目前国内跨境监管仍然存在如下问题：跨境监管体制先天不足；国际监管协作模式与经验不足等问题，有待进一步改革。②

第五节　建立跨市场危机处理程序

跨市场危机处理主要包括两个方面的内容，一方面，当现货或者衍生品价格出现异常时，应该停止或暂停衍生品市场交易，甚至同时停止或暂停现货市场和相关衍生品市场交易，以减低市场风险，给投资者重新思考的机会。

另一方面，当市场价格或交易量出现异常时，应该限制现货及相关衍生品的买卖数量，对于杠杆交易品种（包括现货），应该采取调整杠杆

① 2019 年 11 月 15 日证监会就《期货交易所管理办法》向社会公开征求意见，在《期货交易所管理办法（征求意见稿》》中的第 133 条规定，期货交易所可以根据法律、行政法规和中国证监会有关规定，在中国证监会与境外期货监督管理机构建立的监督管理合作机制框架下，开展跨境业务合作，实施跨境管理，处置跨境市场风险。http：//www.csrc.gov.cn/pub/newsite/zjhxwfb/xwdd/201911/t20191115_366025.html.

② 刘凤元、邱铌：《证券市场跨境监管研究——以 EMMOU 为视角》，《金融监管研究》2019 年第 12 期。

比例、限制会员头寸、变更交易时间、修改交割规则等手段对市场进行疏导，避免操纵出现。

由于沪深300指数各权重股设计相对合理，操纵者要想利用交易型模式对股指期货和个股现货进行价格操纵十分困难。不过，随着国内金融创新的深化，不远的将来，个股期货、个股期权将上市交易，此时利用个股衍生品与个股现货进行价格操纵成为可能。而目前沪深证券交易所的交易规则和中国金融期货交易所交易规则对于股指期货成分股、股票与股指套利等交易的跨市场监管与处置都没有进行说明。

基于散户比重偏高、理性程度有待提升、金融产品不够丰富等中国金融市场现状，笔者因此建议借鉴日本与韩国的监管规则，制定与美国Rule 80A类似的监管规则可以在金融市场发展初期很好地应对跨市场监管问题，减少金融市场波动。因此，交易所或监管部门可以考虑协调监管规则，对股指期货成分股、现货与衍生品套利相关交易中的跨市场冲击进行处置与监管。

结　论

证券业和金融衍生品在我国尚处于起步阶段，不可避免地存在着一些不尽如人意之处，特别是监管制度和制裁措施并不完善。但随着监管层对打击市场违法犯罪的重视，近年来越来越多的价格操纵机构和个人受到经济和刑事处罚。相信随着我国证券市场国际化步伐的推进，对价格操纵的监察、监管将更加高效。

与欧美等成熟证券市场相比，我国大陆证券市场和衍生品市场从20世纪90年代建立至今不过30年的历史。并且从产品丰富角度看也远远滞后于成熟证券市场，如证券现货的融资融券交易、股指期货交易时间尚短，而证券现货的信用交易和个股的期货期权等交易还没有提上日程。

2010年股指期货的推出，标志着国内金融衍生品时代的到来。同时，近年来持续推出的金融市场的各种开放政策，将使我国证券市场的国际化更上一层楼。但金融衍生品与现货同时交易，以及市场的进一步开放，将使价格操纵监管面临一些新的挑战，特别是跨境操纵的监管问题。一方面，国内投资者会到其他国家和地区或经济体金融市场投资，另一方面，其他国家和地区的投资者会到中国市场参与金融现货与衍生品市场投资。由于国家和地区间的资金流动更加复杂，同时各国和地区监管规则不统一，不协调、各国和地区金融与监管机构间信息沟通的时滞性，以及操纵者可能身处国外等因素，导致跨境(cross boarder)的现货与衍生品价格操纵监管更加困难。

另外，随着经济和投资的全球化，公司可以选择在多个国家或经济体融资，形成公司同时既在境外交易所上市，又在国内交易所上市的多重上市局面(如 2018 年拟推但未推的 CDR)；另一种情形是以某现货指数为标的的股指期货同时在多国交易，典型的如道琼斯指数、日经指数等。

与前述同一公司两个交易所上市的情况类似，假如操纵者在某国交易所和我国交易所同时持有在两地分别上市的同一个公司股票，如果通过价格操纵在境外市场拉升股票，虽然此时操纵者并没有在我国市场操纵价格，但由于金融的全球化和股票来源于同一公司等原因，我国市场上该股票一般也会上涨。类似地，操纵者可能在境外市场操纵以我国某指数为标的的衍生品，从而导致国内该指数衍生品不正常的价格波动。此时，对于这种间接操纵价格，损害其他投资者的行为应该如何处置？信息如何共享？日常交易时应该如何监察？

总之，随着国内证券市场的国际化步伐的加快，新的金融形势下出现的价格跨市场与跨界价格操纵与监管的新问题，值得我们进一步研究。

参考文献

(一) 英文文献

1. Aggarwal, Rai, Ramesh P. Rao and Takato Hiraki (1990), "Regularities in Tokyo Stock Exchange Security Returns: P/E Ratio, Size and Seasonal Influences", Journal of Financial Research 13 (No.3, Fall), pp.249—263.

2. Aggarwal, R.K., & Wu, G.(2006). Stock market manipulations. Journal of Business, 79(4), 1915—1953.

3. Albert S Kyle, S Viswanathan How to Define Illegal Price Manipulation American Economic Review(2008) Volume: 98, Issue: 2, pp.274—279.

4. Allen and Douglas Gale(1992), Stock-Price Manipulation, The Review of Financial Studies, Vol.5, No.3.(1992), pp.503—529.

5. Allen, Franklin & Gorton, Gary, 1992. "Stock price manipulation, market microstructure and asymmetric information," European Economic Review, Elsevier, Vol.36 (2—3), pp.624—630, April.

6. Allen Franklin, Lubomir Litov, Jianping Mei. Large investors, price manipulation, and limits to arbitrage: An anatomy of market corners[R]. 2006.

7. Back, Kerry, and Shmuel Baruch. 2004, Information in Securities Markets: "Kyle meets Glosten and Milgrom," Economet-rica,

72:433—465.

8. Banz, R.W., 1981, "The Relationship between Return and the Market Value of Common Stocks," Journal of Financial Economics (March), 3—18.

9. Benabou, Roland; Laroque, Guy (1992), Using Privileged Information to Manipulation Market: Insiders, Gurus, and Credibility, Quarterly Journal of Economics, Aug 92, Vol.107 Issue 3, pp.921, 38.

10. Berkowitz et al.(1988), The total cost of transaction on the NYSE, Journal of Financ 43, pp.97—112.

11. Blocher, Jesse, Joseph Engelberg, and Adam V.Reed, 2010, The Long-Short Wars: Evidence of End-of-Year Manipulation by Short Sellers, University of North Carolina Working paper.

12. Carole Comerton-Forde and Tālis J. Putninš, Measuring closing price manipulation, Journal of Financial Intermediation, Volume 20, Issue 2, April 2011, pp.135—158.

13. Chamberlain, Trevor W.; Cheung, C. Sherman; Kwan, Clarence C. Y. (1989), Expiration-Day Effects of Index Futures and Options: Some Canadian Evidence. Financial Analysts Journal, Sep/Oct.89, Vol.45, Issue 5, pp.67—72.

14. Chakraborty, Archisman, and Bilge Yilmaz. 2004, "Manipulation in Market Order Models," Journal of Financial Markets, 7:187—206.

15. Chakraborty, Yilmaz. Informed Manipulation. Journal Economics Theory[J], 2004(114):132—152.

16. Cherian, J.A. and R.A. Jarrow(1995), "Market Manipulation", Chapter 20 of Handbook of Operations Research and Management Science, Vol.9, Finance, North-Holland.

17. Chou, H.C., W.C. Chen, and D.H. Chen, (2006), "The expiration effect of stock-index derivatives", Emerging Marks Finance

and Trade, Vol.42, pp.81—102.

18. Cici, Gjergji, Alexander Kempt, and Alexander Puetz, 2010, Caught in the Act: How Hedge Funds Manipulate their Equity Positions, Working Paper, William and Mary College.

19. Chao Chen, Zhongguo Zuo. The Rise and Fall of the Government Bond Futures Market in China: 1993—1995. Working paper, 2003.

20. Chow, Y.F., Yung H.H. M.and Zhang H., 2003, "Expiration Day Effects: The Case of Hong Kong", The Journal of Futures Markets, 23, 67—86.

21. Christian Hilpert, Price Manipulation and Dynamic Arbitrage, working paper: http://www. iam. uni-bonn. de/people/ankirchner/lectures/No-Dynamic-Arbitrage.pdf.

22. Collins, B. and F. Fabozzi, 1991, "A Methodology for Measuring Transaction Costs", Financial Analysts Journal 47, 27—36.

23. David J.Cooper, R.Glen Donaldson. A strtategic analysis of corners and squeezes[J]. Journal of financial and quantitative analysis, 1998, 33(1):117—137.

24. David Diaz, Babis Theodoulidis, Pedro Sampaio, Analysis of stock market manipulations using knowledge discovery techniques applied to intraday trade prices, Expert Systems with Applications, Volume 38, Issue 10, 15 September 2011, pp.12757—12771.

25. Department of Commerce, A Study of the Economic and Legal Aspects of the Proposed Federal Securities Act, Hearing Before House Committee on Interstate and Foreign Commerce of H.R. 4314, 73rd. cong; 1st Sess. 99—101(1933).

26. Dittmar, A.K. 2000. Why do firms repurchase stock? Journal of Business 73(3):331—356.

27. Easterbrook, Frank H Monopoly, Manipulation and the

Regulation of Futures Markets 1986(59).

28. Ernan Haruvy and Charles N. Noussair(2006), The Effect of Short Selling on Bubbles and Crashes in Experimental Spot Asset Markets, THE JOURNAL OF FINANCE, Vol. LXI, No. 3, JUNE 2006.

29. Fama, E F.(1970). "Efficient Capital Markets: A Review of Theory and Empirical Work," Journal of Finance, 25, 2, 1970, pp.383—417.

30. Feinstein, S.P. and Goetzmann, W.N., 1988, "The Effect of the Triple Witching Hour on Stock Market Volatility", Economic Review, 73, 2—18.

31. Felixson, Karl, and Anders Pelli, 1999, Day end returns-stock price manipulation, *Journal of Multinational Financial Management* 9, 95—127.

32. Fishel, D. R, Ross, D. T., Should the Law Prohibit "Manipulation" in Financial Market?[J]. Harvard Law Review, 1991, 105, 503—553.

33. Foster, F. Douglas, and S. Viswanathan. 1990, A Theory of Interday Variations in Securities Markets, The Review of Financial Studies, 3(4):593—624.

34. Foster, F. Douglas, and S. Viswanathan. 1994, "Strategic Trading With Asymmetrically Informed Traders and Long-Lived Information, Journal of Finance and Quantitative Analysis," 29:499—518.

35. George Steven Swan, The Law and Economics of Insider Trading and The Talented Tenth: Who is Despoiled by Insider Trading? 5 Fl. Coastal L.J. at 67(Spring, 2004).

36. Goldman, Eitan and Steve L Slezak, 2006, An equilibrium

model of incentive contracts in the presence of information manipulation, Journal of Financial Economics 80, 603—626.

37. Glosten, L., and P.Milgrom(1985): "Bid, Ask, and Transaction Prices in a Specialist Market with Heterogeneously Informed Traders," Journal of Financial Economics, 13, 71—100.

38. Hanson, R. & Oprea, R., Manipulators increase information market accuracy, George Mason University, Working paper, 2004.

39. Harris, L.E.(1989), A Day-End Transaction Price Anomaly. Journal of Financial and Quantitative Analysis 24, 29—45.

40. Herbst, A.F. and Maberly, E.D., 1990, "Stock Index Futures, Expiration Day Volatility, and the 'Special' Friday Opening: A Note", The Journal of Futures Markets, 10, 323—325.

41. Itzhak Ben-David, Francesco Franzoni, Augustin Landier, Rabih Moussawi, Do Hedge Funds Manipulate Stock Prices? The Ohio State University Working paper.

42. J.Gatheral, No-dynamic-arbitrage and market impact, Quantitative Finance, forth-coming(2010).

43. Jarrow, R.A., 1992, "Market Manipulation, Bubbles, Corners, and Short Squeezes," Journal of Financial and Quantitative Analysis, 27(3), September, 311—336.

44. Jarrow, R.A., 1994, "Derivative Security Markets, Market Manipulation, and Option Pricing Theory", Journal of Financial and Quantitative Analysis, 29, 241—261.

45. Jeroen J.M. Kremers, Dirk Schoenmaker, Peter J. Wierts, Financial Supervision in Europe, edited by Netherlands Ministerie'. Edward Elgar Pub, 2003/03/01.

46. Jiang G, Mahoney P, Mei J.Market manipulation: A comprehensive study of stock pools[J]. Journal of Financial Economics, 2005, 77:147—

170.

47. Hillion, Pierre, and Matti Suominen, 2004, The manipulation of closing prices, *Journal of Financial Markets* 7, 351—75.

48. Keim, D.B.(1983), Size-related anomalies and stock return seasonality, Journal of Financial Economics 12, North Holland.

49. Khanna, T and Sunder, S. 1999. "A Tale of Two Exchanges", Harvard Business School Case Study.

50. Khwaja, Asim Ijaz & Mian, Atif, 2005, "Unchecked intermediaries: Price manipulation in an emerging stock market", Journal of Financial Economics, Elsevier, Vol.78(1), pp.203—241, October.

51. Klemkosky, R.C. "The impact of option expirations on stock prices", Journal of Financial and Quantitative Analysis, 1978, pp.507—518.

52. Kose & Narayanan, 1997, "Market Manipulation and the Role of Insider Trading Regulations," (with R. Narayanan), Journal of Business, 1997, Vol.70, No.2.

53. Kumar, P., and Seppi, D., "The Manipulation of Cash Settled Futures Contracts", Journal of Finance 47, 1992, 1485—1502.

54. Kyle, A.S.(1985): "Continuous Auctions and Insider Trading", Econometrica 53, 1315—1335.

55. Kyle, Albert S. 1989, "Informed Speculation with Imperfect Competition," The Review of Economic Studies, 56(3):317—355.

56. Kyle, Albert S. 2007, "Cash Settlement, Price Manipulation and the Miller-Modigliani Theorem," University of Maryland working paper.

57. La Porta, R., Lopez-de-Silanes, F., Shleifer, A., Vishny, R., 1998, Law and finance. Journal of Political Economy 106, 1113—1155.

58. Lombardo, D., Pagano, Marco, “Law and Equity Markets: A simple model,” published in corporate governance regimes: convergence and diversity, oxford university press, pp.343—362, 2002.

59. Louis Loss and Joel Seligman, Fundamentals of Securities Regulation, at 1136 (2004, 5th edition, Aspen Publishers. A Wolters Kluwer Company).

60. Ma, Tai, M.H. Hsieh and J.H. Chen, 2000, “The Probability of Informed Trading and the Performance of Stock in an Order-Driven Market”, The Paper of 9th Conference on the Theories and Practices of Securities and Financial Markets.

61. Mahoney, P., 1999. The stock pools and the securities exchange act. Journal of Financial Economics 51, 343—369.

62. Malkiel, B.G. & Radisich, A.(2001). The Growth of Index Funds & the Pricing of Equity Securities [J]. Journal of Portfolio Management, Winter, 9—21.

63. Mei, Jianping, Guojun Wu, and Chunsheng Zhou, 2004, Behavior based manipulation—Theory and prosecution evidence, Unpublished manuscript, New York University.

64. Mark Bagnoli & Barton L. Lipman, 1996, “Stock Price Manipulation Through Takeover Bids,” RAND Journal of Economics, The RAND Corporation, Vol.27(1), pp.124—147, Spring.

65. Mwenda, K.K. and J.M. Mvula, “A framework for unified financial services supervision: Lessons from Germany and other European countries”, Journal of International Banking Regulation, Sep 2003.

66. Naveen Khanna, Ramana Sonti, Value creating stock manipulation: feedback effect of stock prices on firm value, Journal of Financial Markets, Volume 7, Issue 3, June 2004, pp.237—270.

67. Ogden, J.P.(1990) "Turn-of-the-month evaluations of liquid profits and stock returns: a common explanation for the monthly and January effects" Journal of Finance, 55, 1259—1272.

68. Oscar Gelderblom & Joost Jonker, Completing a Financial Revolution: The Finance of the Dutch East India Trade & the Rise of the Amsterdam Capital Market, 1595—1612, The Journal of Economic History. 64(2004), 03(September), pp.641—672.

69. Pagano, Marco and Ailsa Roell. 1996, "Transparency and Liquidity: A Comparison of Auction and Dealer Markets with Informed Trading," Journal of Finance, 51(2):579—611.

70. Park, C.G. and Lim, K.M.(2004). Expiration Day Effect in Korean Stock Market: Wag the Dog? Econometric Society 2004 For Eastern Meetings from Econometric Society, No.758.

71. Peng, Lin and Röell, Ailsa, 2008b. Manipulation and Equity-Based Compensation, American Economic Review 98:2, 285—290.

72. Perold & Sirri(1995), Day end Returns-stock price manipulation, Journal of multinational Financial Management, 1999(9). pp.95—127.

73. Pierre Hillion & Matti Suominen(2004) The Manipulation of Closing Prices, Journal of Financial Markets, Volume 7, Issue 4, October 2004, pp.351—375.

74. Pirrong S C, and Olin J M.Detecting Manipulation in Futures Markets: the Ferruzzi Soybean Episode, American Law and Economics Review, 2004, 6:28—71.

75. Pope, P.F. and P.K. Yadav(1992), "The Impact of Expiration on Underlying Stocks: the UK Evidence," Journal of Business Finance and Accounting, Vol.19, pp.329—344.

76. Praveen Kumar, Duane J. Seppi. Futures Manipulation with "Cash Settlement" . The Journal of Finance, 1992, 47(4), 1485—1502.

77. Reinganum, M. R., 1983, "The Anomalous Stock Market Behavior of Small Firms in January: Empirical Tests for Tax-Loss Selling Effects," Journal of Financial Economics(June), 89—104.

78. Rozeff, M.S. and Kinney, W.R.(1976) Capital Market Seasonality: The Case of Stock Returns, Journal of Financial Economics, 3, 379—402.

79. Ruud J.S., 1993, "Underwriter price support and the IPO underpricing puzzle", Journal of Financial Economics 34, 135—151.

80. Samuelson, P.A. 1965, "Proof that Properly Anticipated Prices Fluctuate andomly," Industrial Management Review, 6, 41—49.

81. Schlag, C.(1996), "Expiration Day Effects of Stock Index Derivatives in Germany," European Financial Management, Vol. 1, pp.65—69.

82. Schwartz(1988), A Proposal to Stabilize Prices, The Journal of Portfolio Management, 5—11.

83. Siddiqi, Hammad, 2007, "Stock Price Manipulation: The Role of Intermediaries," MPRA Paper 6374, University Library of Munich, Germany.

84. Steve Thel, The Original Conception of Section 10(b) of the Securities Exchanges Act, 42 Stanford Law Rev.(1990, Jan), at 385, 393, 396—421.

85. Stoll, H.R., and R.E. Whaley,(1986), "Expiration day effects of index options and futures," New York University: Monograph Series in Finance and Economics.

86. Stoll & Whaley, 1987, Stoll, Hans and Robert Whaley, "Program Trading and Expiration-Day Effects," Financial Analysts Journal 453, 1987, pp.16—28.

87. Stoll, H.R., Whaley, R.E., 1991, Expiration-day effects:

What has changed? Financial Analysts Journal 47，58—72.

88. Sung-Chang Junga，Yong-Gyo Leeb，John H. Thornton Jr. c，2005，An empirical comparison between operations of stabilization funds and stock repurchases in Korea Pacific-Basin Finance Journal 13(2005) 319—341.

89. Taylor，M.(1995)，Twin Peaks：A Regulatory Structure for the New Century，London，Centre for Study of Financial Innovation，December.

90. Thel，Steve(1995)，“$850,000 in Six Minutes—the Mechanics of Securities Manipulation”，79 Cornell Law Review，219—298.

91. Wang C. A Dynamic Model of Futures Manipulation with Incomplete Information，Working paper，National University of Singapore，1999.

92. Wissam Abdallah，Marc Goergen (2008)，Does corporate control determine the cross-listing location? Journal of Corporate Finance 14(2008) 183—199.

93. Yu，C.H.，Y.J. Liu and W.I. Dai，1998，“The Effect of Taiwan Stock Stabilization Fund under the Military Exercise from Mainland China”，The Paper of 6th Conference on The Theories and Practices of Security and Financial Markets.

（二）中文文献

1. 尚福林主编：《证券市场监管体制比较研究》，中国金融出版社2006年版。

2. 曾筱清：《金融全球化与金融监管立法研究》，北京大学出版社2005年版。

3. 郑顺炎：《证券市场不当行业的法律实证》，中国政法大学出版社2007年版。

4. 李明良:《证券市场热点法律问题研究》,商务印书馆 2007 年版。

5. 李志君:《证券市场政府监管论》,吉林人民出版社 2006 年版。

6. [美]哈威尔·E.杰克逊等编:《金融监管》,吴志攀等译,中国政法大学出版社 2003 年版。

7. 顾功耘:《金融衍生工具与法律规制的创新》,《法学》2006 年第 3 期。

8. 顾功耘:《经济法教程》,上海人民出版社 2006 年版。

9. 吴弘、胡伟:《市场监管法论——市场监管法的基础理论与基本制度》,北京大学出版社 2006 年版。

10. 吴弘、陈贷松、贾希凌:《金融法》,格致出版社 2011 年版。

11. 刘凤元:《证券价格操纵及监管研究》,北京大学出版社 2011 年版。

12. 刘凤元:《股指衍生品:国际经验与借鉴》,社会科学文献出版社 2012 年版。

13. 查里斯·吉斯特:《华尔街史》,敦哲、金鑫译,经济科学出版社 2004 年版。

14. 蔡奕:《解读〈证券法〉关于市场操纵的法律规范》,《证券市场导报》2005 年第 5 期。

15. 胡祖刚、袁国良、黄正红:《中国证券市场股票价格操纵的实证研究与政策建议》,《上海证券报》2003 年 4 月 1 日。

16. 宋颂兴等:《上海股市市场有效实证研究》,《经济学家》1995 年第 4 期。

17. 施红俊、陈伟忠、刘元海:《中国股市早尾盘操纵的实证分析》,《金融教学与研究》2004 年第 2 期。

18. 贾洁:《中外股指期货市场监管架构比较研究》,《时代金融》2011 年第 23 期。

19. 熊玉莲:《美国场外金融衍生品规则演变及监管改革》,《华东政法大学学报》2011 年第 2 期。

20. 王素珍:《国外跨市场金融风险监管及其启示》,《海南金融》2004 年第 2 期。

21. 郑庆寰、林莉:《跨市场金融风险的传递与监管》,《南方金融》2006 年第 8 期。

22. 谢群:《现阶段我国跨行业跨市场金融风险监管制度探析》,《现代商业》2007 年第 29 期。

23. 曹元芳、吴超:《跨市场金融风险与金融监管合作》,《上海金融》2007 年第 1 期。

24. 石晓波:《股指期货市场与股市的跨市监管研究》,《财政研究》2007 年第 12 期。

25. 张雪莹:《股票现货市场与期货市场的联合监管问题初探——基于 1987 年 10 月美国股市和期市暴跌的经验》,《上海金融》2007 年第 5 期。

26. 张雪莹:《现货与衍生品市场的跨市场操纵研究——基于大额交易者的分析》,《经济论坛》2008 年第 1 期。

27. 邢精平:《香港衍生品跨市场监管机制与启示》,《深交所》2008 年第 3 期。

28. 何晓春:《基于反跨市场联合操纵的监管探讨》,《现代商贸工业》2008 年第 11 期。

29. 王春峰、卢涛、房振明:《股票、股指期货跨市场信息监管的国际比较及借鉴》,《国际金融研究》2008 年第 3 期。

30. 张维、韦立坚、熊熊、李根、马正欣:《从波动性和流动性判别股指期货跨市场价格操纵行为》,《管理评论》2011 年第 7 期。

31. 陈筱彦、魏嶷、许勤:《收盘价被操纵了吗?来自沪市高频数据的证据》,《南方金融》2010 年第 5 期。

32. 天津大学金融工程研究中心:《股票与股指期货市场风险关联性及跨市场监管研究》,《上证联合研究计划》2007 年第 16 期。

33. 浙江财经学院、上海中大经济研究院联合课题组：《股指期货跨市场监管——基于投资者跨市场交易行为的理论及实证研究》，上证联合研究计划第 21 期。

34. 上海证券交易所、招商证券联合课题组：《股票与股指期货跨市场交易监管研究》，上证联合研究计划第 21 期。

35. 吴世农：《我国证券市场效率的分析》，《经济研究》1996 年第 4 期。

36. 奉立城：《中国股票市场的“周内效应”》，《经济研究》2000 年第 11 期。

37. 范钛、张明善：《中国证券市场周末效应研究》，《中国管理科学》2002 年第 4 期。

38. 董安生、郑小敏、刘燊：《我国操纵市场行为的监管：现状、反思与进路》，《法学家》2005 年第 1 期。

39. 托马斯 · 李 · 哈森：《证券法》，张学安等译，中国政法大学出版社 2003 年版。

40. 莱瑞 · D.索德奎斯特：《美国证券法解读》，胡轩之、张云辉译，法律出版社 2004 年版。

41. 李建军、费方域：《证券价格网络欺诈和操纵的对策研究》，《价格理论与实践》2009 年第 1 期。

42. 陆蓉、陈小琳：《股票操纵行为市场表现及其判别研究》，《证券市场导报》2009 年第 4 期。

43. 张保华、李晓斌：《欧盟关于市场操纵行为的监管与立法实践》，《证券市场导报》2005 年第 1 期。

44. 张保华：《操纵市场行为的几个基本问题》，《安徽大学学报》2005 年第 2 期。

45. 梅君、操仲春、姜欣欣：《中国证券市场典型案例》，中国人民大学出版社 2001 年版。

46. 何基报、徐洪涛：《市场操纵行政法律责任构成要件比较研究》，深交所 2006 年研究报告。

47. 何基报：《证券交易中违法违规行为的监控研究》，《证券市场导报》2002 年第 10 期。

48. 黄长青、陈伟忠、杜少剑：《我国证券市场股价操纵的实证研究》，《同济大学学报(自然科学版)》2004 年第 9 期。

49. 中国证券监督管理委员会编：《中国资本市场发展报告》，中国金融出版社 2008 年版。

50. 上海证券交易所：《上海证券交易所市场监察质量报告》，2008 年。

51. 各年《上海证券交易所自律管理工作报告》。

52. 李军民：《证券市场操纵行为法律规制研究》，西南政法大学 2002 年硕士学位论文。

53. 胡华勇：《从行为特征角度论股票市场操纵行为之有效监管》，对外经济贸易大学 2004 年博士学位论文。

54. 崔明霞：《西方证券法律制度的新发展》，《当代法学》2000 年第 4 期。

55. 程啸：《论操纵市场行为及其民事赔偿责任》，《法律科学》2001 年第 4 期。

56. 白建军：《证监会 60 个处罚决定的实证评析》，《法学》1999 年第 11 期。

57. 张晨颖：《股市中操纵市场行为及防范的法律对策》，《法学》2000 年第 5 期。

58. 张鸿：《证券操纵行为民事责任制度的缺陷及完善》，《甘肃政法学院学报》2000 年第 4 期。

59. 鲍荣振：《操纵行情的禁止》，《外国法译评》1994 年第 4 期。

60. 郭丽红：《论操纵证券交易价格的法律控制》，《现代法学》2000 年第 4 期。

61. 张竹英：《操纵证券交易价格的归责问题研究》，《政法论坛》

1999 年第 5 期。

62. 周友苏、罗华兰：《论证券民事责任》，《中国法学》2000 年第 4 期。

63. 刘胜军：《股价操纵与反操纵监管》，《证券市场导报》2001 年第 7 期。

64. 胡金霞：《基于神经网络的股票价格操纵行为研究》，上海交通大学 2010 年硕士学位论文。

65. 郭军勇：《论我国证券市场操纵行为之法律规制》，对外经济贸易大学 2005 年硕士学位论文。

66. 李新路、张文修：《中国股票市场个体投资者“处置效应”的实证研究》，《当代经济科学》2005 年第 5 期。

67. 郭文强、李雪灵：《中国股票市场信息不对称对策研究》，《工业技术经济》2003 年第 6 期。

68. 田君、陈伟忠：《基于反操纵的证券交易信息披露制度分析》，《海南金融》2005 年第 5 期。

69. 张志波、白莽：《中国股票市场信息不对称成因及对策分析》，《哈尔滨工业大学学报(社会科学版》》2001 年第 1 期。

70. 王瑞英、谢清喜：《上市公司内部人控制与关联交易研究》，《经济论坛》2007 年第 12 期。

71. 李璐：《我国证券市场的信息不对称研究》，《今日湖北(理论版》》2007 年第 5 期。

72. 刘元海、陈伟忠、叶振飞：《金融市场操纵理论评述》，《经济学动态》2002 年第 10 期。

73. 刘元海、陈伟忠：《市场操纵过程的实证分析》，《经济科学》2003 年第 5 期。

74. 刘笑梦：《政府防范证券市场风险的行为研究》，《金融研究》2001 年第 12 期。

75. 刘钰善、刘海龙：《无新股配售权限制下的操纵行为》，《系统工程理论与实践》2009 年第 4 期。

76. 李强：《中国股票市场监管效率优化分析》，《晋阳学刊》2003 年第 3 期。

77. 倪全宏、邹小山：《股票市场中交易操纵的一般模式和实证研究》，《广西社会科学》2004 年第 11 期。

78. 马其家：《美国证券法案例选评》，对外经济贸易大学出版社 2007 年版。

79. 万国华：《论我国证券监管体制若干法律问题》，《南开学报（哲学社会科学版》》2000 年第 2 期。

80. 秦立东：《上市公司治理结构中存在的问题及政策建议》，《内蒙古社会科学（汉文版》》2003 年第 3 期。

81. 袁婷：《神经网络在股票市场预测中的应用》，《软件导刊》2006 年第 5 期。

82. 黄长青、陈伟忠、杜少剑：《我国证券市场股价操纵的实证研究》，《同济大学学报（自然科学版》》2004 年第 9 期。

83. 孔东民、王茂斌、赵婧：《订单型操纵的新发展及监管》，《证券市场导报》2011 年第 1 期。

84. 向中兴：《关于股价操纵的股本规模实证研究》，《西南农业大学学报（社会科学版》》2006 年第 3 期。

85. 汪炜、周宇：《中国股市“规模效应”和“时间效应”的实证分析》，《经济研究》2002 年第 10 期。

86. 王金栋：《中国股票市场操纵行为的制度因素分析》，华东师范大学 2006 年博士学位论文。

87. 文淑惠：《理性与非理性：证券市场投资者行为分析》，《四川大学学报（哲学社会科学版》》2001 年第 2 期。

88. 史永东、蒋贤锋：《政府在防范市场操纵中的作用》，《中国金融学》2003 年第 3 期。

89. 孙培源、郭剑光、施东晖：《证券市场收盘价格决定方式及发展趋势探讨》,《证券市场导报》2002 年第 12 期。

90. 施东晖、孙培源:《市场微观结构:理论与中国经验》,上海三联书店 2005 年版。

91. 刘凤元、陈俊芳、孙培源:《上海市场股票收盘价格的窗饰效应研究》,《证券市场导报》2003 年第 10 期。

92. 徐高:《内部交易与价格操纵》,《浙江社会科学》2007 年第 3 期。

93. 薛继锐、顾岚:《中国股票市场的日历效应分析》,《数理统计与管理》2000 年第 3 期。

94. 尹筑嘉、黄建欢:《内部公司治理与股价操纵的关系——基于中国上市公司的实证研究》,《经济经纬》2008 年第 2 期。

95. 张启銮、刘知强:《证券市场监管的博弈分析》,《现代管理科学》2005 年第 2 期。

96. 张圣平:《偏好、信念、信息与证券价格》,上海三联书店、上海人民出版社 2002 年版。

97. 张永鹏、邱沛光:《市场操纵过程的进化博弈分析》,《系统工程理论方法应用》2005 年第 3 期。

98. 张保华、李晓斌:《欧盟关于市场操纵行为的监管与立法实践》,《证券市场导报》2005 年第 1 期。

99. 周春生、杨云红、王亚平:《中国股票市场交易型的价格操纵研究》,《经济研究》2005 年第 10 期。

100. 周青:《浅析〈证券法〉关于操纵市场行为法律规范的难点问题》,《哈尔滨学院学报》2008 年第 6 期。

101. 邹晓峰、傅强:《增发新股博弈中承销商的交易操纵行为》,《系统工程理论与实践》2008 年第 4 期。

102. 张梅琳:《我国股票市场监管效应:流动性监测与评价》,《财经研究》2006 年第 7 期。

103. 孙培源、郭剑光、施东晖:《证券市场收盘价格决定方式及发展趋势探讨》,《证券市场导报》2002 年第 12 期。

104. 黄鑫、沈艺峰:《承销商托市与新股折价》,《证券市场导报》2002 年第 11 期。

105. 杨记军、赵昌文:《中国 IPO 市场存在承销商托市吗》,《财经科学》2006 年第 6 期。

106. 徐文燕、武康平:《承销商托市对新股初始回报的影响——对上海 A 股市场的实证研究》,《当代经济科学》2002 年第 1 期。

107. 徐爱农:《股票市场操纵行为的模型分析》,《同济大学学报(自然科学版》》2007 年第 7 期。

108. 李学:《庄家的交易行为及其对股价的影响》,《中国证券市场实证分析》2002 年第 4 期。

109. 张宗新、潘志坚、季雷:《内幕信息操纵的股价冲击效应:理论与中国股市证据》,《金融研究》2005 年第 4 期。

110. 夏昕阳、杨之曙:《市场操纵:最新研究进展》,《证券市场导报》2004 年第 148 期。

111. 祝红梅:《资产重组中的内幕交易和股价操纵行为研究》,《南开经济研究》2003 年第 5 期。

112. 赵涛、郑祖玄:《信息不对称与机构操纵——中国股市机构与散户的博弈分析》,《经济研究》2002 年第 7 期。

113. 陈筱彦、魏嶷、许勤:《收盘价被操纵了吗? 来自沪市高频数据的证据》,《南方金融》2010 年第 5 期。

114. 唐延明:《操纵证券市场行为民事责任研究》,《东北财经大学学报》2004 年第 5 期。

115. 金泽刚:《操纵证券交易价格行为的认定及其法律责任》,《华东政法学院学报》2002 年第 1 期。

116. 孙开连、杜娟、陈金贤、刘宽虎:《股价操纵危害性的经济学分析》,《武汉科技大学学报》2002 年第 12 期。

117. 梁玉梅、李红刚:《内幕交易与市场信息效率》,《北京师范大学学报(自然科学版)》2007年第4期。

118. 沈冰:《我国证券市场信息不对称探讨》,《商业研究》2006年第4期。

119. 陈野华、甘煜:《证券市场中的信息、自律管理与监管》,《财经科学》2005年第1期。

120. 游士兵、吴圣涛:《中国证券违法犯罪的实证研究》,《证券市场导报》2001年第6期。

121. 申屹、刘希普:《我国证券执法权限缺陷对执法效率的影响》,《证券市场导报》2002年第6期。

122. 蔡继荣:《默契合谋下的市场价格操纵机理分析》,《重庆工商大学学报(自然科学版)》2011年第3期。

123. 韩丹:《上市公司股权再融资中的股票价格操纵及其监管研究》,《现代管理科学》2009年第12期。

124. 徐龙炳:《中国股市机构投资者多账户交易行为研究》,《经济研究》2005年第2期。

125. 刘熀松:《股票内在投资价值理论与中国股市泡沫问题》,《经济研究》2005年第2期。

126. 高鸿桢、林嘉永:《信息不对称资本市场的实验研究》,《经济研究》2005年第2期。

127. 董锋、韩立岩:《中国股市透明度提高对市场质量影响的实证分析》,《经济研究》2006年第5期。

128. 杨立功:《开盘价操纵模式及防范对策》,《大家》2011年第10期。

129. 沈晨、胡代平:《中国证券市场股价操纵预警指标研究》,《科学技术与工程》2011年第4期。

130. 胡金霞、胡代平:《我国股票市场价格操纵交易特征实证研究》,《科学技术与工程》2009年第18期。

131. 方圆、胡代平:《基于案例推理的股价操纵行为判别系统研究》，《科学技术与工程》2011 年第 5 期。

132. 洪登永、俞红海：《高管交易行为、信息不对称与公司治理》，《财经理论与实践》2009 年第 5 期。

133. 严武、董承勇：《虚假信息影响股价波动分析：来自沪深股市的证据》，《当代财经》2010 年第 4 期。

134. 汪贵浦、池仁勇、陈伟忠：《中国证券市场内幕交易的信息含量及与操纵市场的比较》，《中国管理科学》2004 年第 4 期。

135. 王春峰、蒋祥林、韩冬：《中国股市的内幕交易及监管——国际经验与中国的对策》，《国际金融研究》2003 年第 3 期。

136. 金山、许建春、乔耀莹：《中国证券市场操纵行为研究——基于动态面板数据的实证分析》，《广东金融学院学报》2010 年第 5 期。

137. 万先运、徐冉：《英国规制市场操纵的新发展》，《求索》2010 年第 5 期。

138. 马江河：《美国证券市场操纵认定标准研究》，《证券市场导报》2005 年第 8 期。

139. 叶斯俊：《非理性市场下的庄家操纵股价行为研究》，《科技创业月刊》2010 年第 11 期。

140. 李心丹、宋素荣、卢斌、查晓磊：《证券市场内幕交易的行为动机研究》，《经济研究》2008 年第 10 期。

141. 王军生、李登武：《股票市场操纵行为的微观机理分析》，《财经问题研究》2005 年第 4 期。

142. 胡正宗：《中国创业板市场操纵行为研究》，《现代商贸工业》2010 年第 6 期。

143. 肖淑芳、张超：《上市公司股权激励、行权价操纵与送转股》，《管理科学》2009 年第 6 期。

144. 罗富碧、冉茂盛、张宗益：《股权激励、信息操纵与内部监控博弈分析》，《系统工程学报》2009 年第 6 期。

145. 姚斌：《股票流动性、机构操纵及操纵周期的研究——基于数据挖掘的尝试》，《当代财经》2006 年第 11 期。

146. 余向华、胡平、陈雪娟：《不完全监管下股市投机性的博弈均衡与演化动态》，《南方金融》2010 年第 4 期。

147. 张磊：《操纵证券市场行为的法律透视》，《江苏警官学院学报》2004 年第 2 期。

148. 李朝晖：《操纵证券交易价格罪之“操纵”行为解析》，《广西社会科学》2004 年第 10 期。

149. 张胜、陈金贤：《深圳股票市场“庄股市场”特征的实证分析》，《经济科学》2001 年第 3 期。

150. 宋晓慧、陈德棉：《股票市场价格操纵分析与识别》，《价格理论与实践》2008 年第 3 期。

151. 王震：《中国股票市场价格操纵预警方法》，《浙江社会科学》2006 年第 4 期。

152. 马林江、赵建英：《操纵证券交易价格的民事责任》，《中国律师》2008 年第 11 期。

153. 徐华、于海燕：《IPO 定价操纵行为与承销费用》，《统计与决策》2007 年第 3 期。

154. 徐高：《内部交易与价格操纵》，《浙江社会科学》2007 年第 3 期。

155. 杨柏：《基于证券交易的市场操纵行为博弈机制研究》，《经济问题探索》2006 年第 7 期。

156. 孙有发：《基于集合竞价算法的股价短线操纵研究》，《统计与决策》2011 年第 4 期。

157. 林志平：《市场操纵司法界定、惩治比较及其启示》，《证券市场导报》2006 年第 3 期。

158. 王明涛：《基于真实信息的股票市场操纵与市场过度反应》，《经济经纬》2007 年第 1 期。

159. 周小梅：《商品期货市场价格操纵的经济学分析》，《商业研究》2000 年第 12 期。

160. 张红娜：《我国期货市场操纵行为防范的研究》，《南方金融》2004 年第 8 期。

161. 刘庆富：《中国期货市场波动性与价格操纵行为研究》，《东南大学》2005 年博士学位论文。

162. 毛小云：《防止期货市场操纵：监管措施及其效率评价》，《河北经贸大学学报》2006 年第 1 期。

163. 马卫锋、黄运成：《期货市场操纵的认定：美国经验及其启示》，《上海管理科学》2006 年第 2 期。

164. 郑尊信、吴冲锋：《防范操纵下的股指期货现金结算价设计》，《管理科学》2006 年第 19 期。

165. 邢精平、张鹏、宋福铁：《股指期货市场操纵风险及其防范》，《中国金融期货交易所 2006 年研究报告》。

166. 胡茂刚：《我国股指期货三层监管体系的法律思考》，《政治与法律》2008 年第 5 期。

167. 王郧、张宗成：《外资操纵中国股指期货的路径猜想及防范分析》，《华中科技大学学报》2008 年第 4 期。

168. 孙秀琳、宋军：《基于权重股的股指期货操纵模式研究——2007—2008 交易数据的实证检验》，《世界经济情况》2009 年第 1 期。

169. 熊熊、许金花、张今：《中国股指期货市场操纵风险的监控体系研究》，《财经理论与实践》2009 年第 5 期。

170. 王少飞、郑享清：《境外股指期货市场监管体制对比研究》，《特区经济》2011 年第 10 期。

171. 李志辉、王近、李梦雨：《中国股票市场操纵对市场流动性的影响研究——基于收盘价操纵行为的识别与监测》，《金融研究》2018 年第 2 期。

172. 姚远、翟佳、曹弋：《基于量化特征的价格操纵行为监测模型研究》，《系统工程理论与实践》2016 年第 11 期。

173. 李志辉、邹谧：《中国股票市场操纵行为测度与影响因素研究——基于上市公司特征角度》，《中央财经大学学报》2018 年第 12 期。

174. 蒋云鹤、刘海龙：《基于价格信息的期货市场交易操纵模型及其应用》，《管理工程学报》2016 年第 1 期。

175. 邢精平：《跨市场操纵模式与监管》，科学出版社 2014 年出版。

176. 石启龙：《跨市场操纵：生成、模式与法律监管》，东北大学出版社 2017 年版。

（三）互联网资料

1. U.S. Securities and Exchange Commission，Report On Intermarket Coordination，May 31，1995.

2. Council Recommendation 77/534/EEC of 25 July 1977 concerning a European code of conduct relating to transactions in transferable securities.

3. www.eif.europa.eu/Attachments/pub_corporate/bod_code_of_conduct.pdf.

4. Tokyo Commodity Futures Markets Regulators' Conference，October 1997.

5. IOSCO's Secretary General，"Report on the improvement of cooperation and coordination in the surveillance of securities and futures transactions"，September 1996.

6. Financial Services and Market Act www. opsi. gov. uk/acts/acts2000/20000008.htm.

7. Australian Securities and Investments Commission Act 2001.

8. www.austlii.edu.au/au/legis/cth/consol_act/asaica2001529/.

9. www.amf-france.org/.

10. 美国证监会网站，www.sec.gov/。

11. CFTC 官方网站，www.cftc.gov/。

12. 《多德-弗兰克法案》，www.sec.gov/about/laws/wallstreetreform-cpa.pdf。

13. 中国证监会，www.csrc.gov.cn。

14. 沪深交易所，www.sse.com.cn，www.szse.cn/。

15. 中国金融期货交易所，http：//www.cffex.com.cn/。

16. 中国香港证监会，www.sfc.hk/sfc/html/TC/。

17. 《德国有价证券交易法》，www.taxchina.cn/StatuteLib_statuteDetail.asp?StatuteId=455777&key=。

18. www.6law.idv.tw/law/证券交易法.doc。

19. 中国台湾期货交易所，www.taifex.com.tw。

20. 中国台湾证券交易所，www.tse.com.tw/。

附录一　2000 年至 2019 年债券市场价格操纵处罚统计

涉及品种（交易所）	处罚时间	发生与持续时间	操纵方式	涉案账户数	账户来源	被操纵证券数	操纵目的	获利金额	处罚对象（个人/公司）	经济处罚	行政处罚	处罚公告号或链接
芜湖市建设投资有限公司债(2010)；丹东城开市政项目建设债(2010)；青海市国有资产投资管理有限公司债(2009)	2012 年 8 月 28 日	2011 年 7 月 19 日—21 日；8 月 22 日—24 日；9 月 2 日	打压价格，低价买入	4	自然人账户	3	降低买入成本	—	陈某某	对陈某某处以 20 万元罚款	—	〔2012〕41 号
兴林业(122508)等公司债	2015 年 12 月 18 日	2014 年 1 月 2 日—2014 年 2 月 12 日	19 次在其操控的证券账户间对倒交易，2 次在即将收市时拉升债券价格	3	信托计划证券账户	17	价差获利	—	北京艾亿新融资本管理有限公司、张某林、张某恒	处艾亿新融 100 万元罚款；处张某林 20 万元罚款，处张某恒 10 万元罚款	对直接负责的主管人员张某林、张某恒给予警告	〔2015〕90 号
国债 1002；国债 1412；国债 1425；国债 1507；国债 1512	2018 年 6 月 5 日	2014 年 9 月—2016 年 1 月	利用交易所债券收盘价形成机制，频繁互为对手方交易；通过国债质押式回购向中国证券登记结算有限责任公司超额融入资金(与以中债估值为基础能够融入的资金相比)	4	自然人账户＋法人账户	5	以影响债券收市价格进而在国债质押回购业务中多融入资金、减少融资成本	账户组节约利息支出约 12.63 万元	陈某	对陈某处以 100 万元罚款	—	〔2018〕45 号

资料来源：证监会公告。

附录二　我国期货市场价格操纵案件处罚情况

违法主体	发生时间	处罚时间	操纵方式	处　罚	涉及品种	处罚文号
刘某/胶南粮库	2011年5月3日—5月5日	2012年5月15日	特定时间的价格操纵	对胶南粮库、刘某分别处20万元、2万元罚款；对刘某给予警告	硬麦105	〔2012〕15号
黄某某/宝尔胜	2011年7月14日—7月15日	2012年5月28日	特定时间的价格操纵	对宝尔胜、黄某某分别给予20万元、3万元罚款；对黄某某给予警告	螺纹钢1107	〔2012〕22号
陈某某、苏某/厦门宝拓	2012年9月7日—9月12日	2016年1月12日	账户间对倒交易，提高交割结算价	责令厦门宝拓改正，没收违法所得387658.12元，并处以相同金额罚款；对陈某某、苏某分别处以3万元、1万元罚款并给予警告	焦炭1209	〔2014〕35号
姜某	2014年11月14日—12月16日	2014年3月26日	集中资金优势，连续买卖，操纵价格	100万元罚款、终身市场禁入、有期徒刑2年6个月	甲醇1501	〔2015〕31号
陶某、傅某某	2014年12月19日—12月31日	2015年9月16日	集中资金优势，连续买卖，操纵价格	没收违法所得1140444元并处以两倍罚款、三年市场禁入	胶合板1502	〔2016〕5号

（续表）

违法主体	发生时间	处罚时间	操纵方式	处　罚	涉及品种	处罚文号
刘某某	2013 年 12 月—2014 年 10 月	2016 年 11 月 11 日	自买自卖、连续交易，操纵价格	50 万元罚款	聚氯乙烯 1501	〔2016〕119 号
廖某某	2015 年 11 月 25 日—12 月 23 日	2017 年 5 月 31 日	利用持仓优势连续买卖、自买自卖	60 万元罚款	普麦 1601	〔2017〕58 号
高某、梁某某、金某某/伊世顿	2015 年 6 月 1 日—7 月 6 日	2017 年 6 月 23 日	逃避期货公司资金和持仓验证，非法获取交易速度优势，大量交易	伊世顿：3 亿元/高某：100 万元/梁某某：80 万元/金某某：60 万元	中证 500 股指期货/沪深 300 股指期货	〔2016〕沪 01 刑初 78 号
邹某某、刘某	2020 年 6 月 19 日	2015 年 12 月 9 日—2016 年 1 月 15 日	集中资金优势、持仓优势连续交易；自买自卖；利用持仓优势，逼使空方接受账户组的报价，按照账户组的价格平仓	对邹某某处以 70 万元罚款，对刘某处以 30 万元罚款	玉米淀粉 1601	〔2020〕30 号

资料来源：证监会公告。

图书在版编目(CIP)数据

现货与衍生品跨市场监管研究/刘凤元著.—上海:
上海人民出版社,2020
(华东政法大学国际金融法律学院上海“五个中心”
建设丛书)
ISBN 978-7-208-16837-4

Ⅰ.①现… Ⅱ.①刘… Ⅲ.①股票市场-现货市场-
监管制度-研究-中国 ②金融衍生产品-金融衍生市场-
监管制度-研究-中国 Ⅳ.①D922.280.4

中国版本图书馆 CIP 数据核字(2020)第 225583 号

责任编辑 夏红梅
封面设计 一本好书

华东政法大学国际金融法律学院上海“五个中心”建设丛书
现货与衍生品跨市场监管研究
刘凤元 著

出　　版 上海人民出版社
(200001 上海福建中路 193 号)
发　　行 上海人民出版社发行中心
印　　刷 常熟市新骅印刷有限公司
开　　本 635×965 1/16
印　　张 15.75
插　　页 2
字　　数 212,000
版　　次 2020 年 12 月第 1 版
印　　次 2020 年 12 月第 1 次印刷
ISBN 978-7-208-16837-4/D·3685
定　　价 58.00 元